노인교육의 실제

기영화 저

학지사

머리말

고령화 사회, 고령사회로의 이동은 중요한 이슈로 논의된다. 그러나 정작 그 변화의 주역인 노인에 관한 사회적 관심은 어떠한가?

'노인' 하면 흔히 죽을 날을 얼마 남겨 놓지 않은 존재 혹은 생산자라기보다는 소비자, 사회적 부양을 필요로 하는 부담스러운 존재라고 생각한다. 우리의 부모님들이 그렇게 했듯이 그저 사는 날까지 편안히 지내게 하는 것이 노인을 위하는 길이라고 여겨 왔다. 그러므로 교육이라는 단어는 노인에게 어울리지 않는다고 생각할 것이다.

우리 사회가 본격적인 고령화 사회로 진입함으로써 13세 이하의 인구보다는 65세 이상의 인구가 양적으로 우위를 점하는 시대가 되었다. 인구분포의 변화는 세대간 자원 할당문제를 거론하게 한다. 생산성 없는 노인세대에게 자원을 할당해야 할 것인가? 이런 물음은 노인집단의 인식에 대한 근본적인 물음을 제기하게 한다. 노인은 정말 사회적으로 유용하지 못한 존재인가? 죽을 날만을 기다리는 존재인가? 노인이 사회적으로 최고의 자원으로 인정받을 수 있는 방안은 없는가?

고령화 사회에 살고 있는 우리는 노인을 더 이상 의존적인 존재이거나 소외집단으로 보아서는 안 된다. 누구나 삶의 과정에서 피할 수 없는 것이 노화현상이다. 물론 개인차는 있지만 한 개인의 삶에 노화는 반드시 포함된다. 그런데 노화에 접어든 인간, 즉 노인을 사회적 소외집단으로 혹은 무능력한 집단으로 간주한다면, 모든 인간은 필연적으로 불평 등의 시기를 겪을 수밖에 없다. 그것은 개인적으로나 사회적으로 대단히 불행한 사태이며, 우리 모두에게 반드시 해결해야 할 숙제를 남길 것이다. 노화는 인간발달과정의 자연스러운 현상으로 가치중립적 입장에서 받아들여야 한다. 이러한 점을 고려할 때, 노인들이 그에 걸맞은 역할과 기능을 수행하기 위해 필요한 노인교육의 중요성은 더 말할 나위가 없다. 또한 고령화 사회와 노인들의 인력 활용이라는 면에서뿐만 아니라, 노인교육은 노인들에게 존재의미와 활동기회를 실현하기 위해서도 요구된다.

이 책은 필자가 노인교육에 관련된 모든 분들이 고령화 사회에서의 '노인'을 제대로 이해하길 바라는 마음으로 노인학습에 초점을 두고, 그동안 집필한 글들과 함께 몇 편의 논문을 한데 엮어서 저술한 것이다. 이 책은 총 4부 14장으로 구성되었으며, 노인교육에 대한 이론적 기초를 시작으로 노인학습자와 노인학습전략으로서 프로그램 개발과 교수방법을 다루고 외국의 노인교육 정책을 분석하여 우리나라에 시사점을 얻고자 하였다.

제1부는 평생학습사회의 노인에 대해 기술하고 노인교육의 필요성을 다루고 있다. 특히, 평생학습사회에서 학습권을 논의하는 데 소외된 노인들의 학습권을 다룸으로써, 노인교육의 중요성을 부각시키고자 하였다.

제2부는 노인교육의 이론적 기초를 기술한다. 노인교육이 하나의 학문으로서 가능한가, 성인교육과는 어떤 관계에 있는가를 논의하는 과정에서 노인교육의 학문적 정체성을 재고하는 기회가 될 것이다. 노인들이 학습을 하는 목적은 어디에 있는가, 학습이 노인들에게 행복감을 가져다줄 것인가 하는 문제를 다루고, 노인들의 학습능력을 조명한다. 또한 노인학습을 위한 노인교육 프로그램을 중심으로 노인교육의 지원체

계에 대해 기술한다.

제3부는 노인교육 실천 부분으로 노인교육 방법과 프로그램을 논의한다. 노인들의 경제적 자립을 위한 노인 직업교육, 다른 세대와의 화합을 위한 세대간 교육 그리고 퇴직준비교육과 죽음준비교육에 대해 다룬다.

제4부는 외국의 노인교육 정책을 살펴보며 21세기 노인교육을 전망한다.

필자는 이 책에서 성인교육자들에게 노인이 중요한 학습집단으로 자리매김할 수 있는 이론적 기초와 노인교육의 실태를 부각시키고자 노력하였다. 이러한 노력이 평생교육을 전공하는 학생들과 노인교육 현장 전문가들에게 조금이나마 보탬이 되었으면 한다.

이 책이 완성되기까지 자료 검토와 수정에 도움을 준 허영숙 선생님, 원고 교정에 참여한 안지영, 전계향, 김남숙 님께 감사의 마음을 전한다. 늘 학문을 업으로 하는 엄마에게 자랑스러운 마음을 전해 주며 격려해 준 나의 사랑이와 보배 그리고 삶의 동반자에게 감사드린다. 무엇보다도 나의 삶에 학문의 참사랑 기회를 지원해 주신 부모님께 존경과 사랑을 드립니다.

저자
기영화

차 례

제 1 부 노인교육의 기초

제1장 평생학습사회의 노인

제2장 고령화와 노인교육

제 1 장

평생학습사회의 노인

개발도상국과 선진국, 그 어느 곳이든 세계적으로 인구패턴은 동일하게 변하고 있다. 50년 전보다 더 오래 살 것이라고 예상하고 있다는 점이다. 이런 변화로 단순한 사회복지 서비스가 아니라 성인교육이 필요하게 되었다. 다시 말해 교육은 노인들이 독립적인 생활을 할 수 있게 하고, 사회변화에 적응할 수 있게 해 주며, 자아실현을 할 수 있도록 도와주는 필수불가결한 것으로 인식되기에 이르렀다. 평생학습사회로의 발전은 고령화 현상과 맞물려 노인교육을 부각시키게 된 것이다.

노인교육은 노인들이 독립적인 생활을 할 수 있게 하고, 사회의 변화에 적응할 수 있게 해 주며, 자아실현할 수 있도록 도와주는 것이다. 노인들은 이미 교육이 종료된 세대가 아닌, 21세기 새로운 노인으로 그들의 지위를 정립하기 위해 이제 막 교육이 시작되는 세대다.

1 고령화 사회의 특성

고령인구의 증가는 국제사회의 공통된 현상이다. 선진국과 개발도상국을 불문하고 고령인구는 증가하고 있다. 인구의 고령화는 전 인구수에서 고령화 비율이 높아지는 것이다. WHO의 정의에 의하면, 고령화 사회는 전 국민 중 65세 이상 비율이 7% 이상인 사회를 말한다. 우리나라의 경우, 평균연령은 2005년 36.0세에서 2050년 53.9세로 급격히 늘어날 것으로 전망되고 있다(통계청, 2005). 이미 고령화 사회에 진입한 미국의 경우, 평균연령은 1960년 약 28세에서 1990년 약 33세, 2020년 약 40세로 추정되고 있다(IUCAR 1999).

인구의 고령화는 의학발달과 생활패턴의 변화로 인한 수명 연장과 출산율 감소로 인한 젊은 층의 유입 저하가 그 원인이다. 현재 60세 이상의 연령층은 세계 성인인구의 25% 이상을 차지하고 있다. 물론 노인인구의 구성비는 지역에 따라 편차를 보이고 있다. 어떤 지역은 노인인구의 구성비가 40% 이상으로 예상되는 곳도 있다. 이는 의학의 발달과 경제적 발전뿐만이 아니라 교육에 의해서도 영향을 받았다.

국제적으로 고령화 사회의 공통점은 다음의 네 가지로 요약된다.

첫째, 고령인구 증가는 지역에 따라 다르다. 1990년에서 2030년 사이의 노인인구는 세계적으로 3배 정도 증가할 것으로 보인다. 개발도상국의 경우 65세 이상 인구만도 15억 명에서 32억 5천 명으로 증가할 것이며, 선진국의 경우도 13억 천 명에서 18억 8천 명으로 증가할 것으로 추정된다(통계청, 2005).

인구증가 추이는 남미에서는 다소 낮은 추세이지만 이들 국가의 총인구가 높은 비율로 증가함으로써 상쇄되고 있다. 60세 이상 세계 인구는 1995년에만 무려 1억 2천 명이 증가했고, 그중 약 80%는 개발도상국에서 증가한 것이다. 남미의 경우, 60세 이상 노인은 1975년 2억 명이었고, 2025년에는 9억 5천 명으로 예측되고 있다. 이는 평균수명의 증가로 인한 것이다.

둘째, 고령인구의 증가는 성에 따라 다르다. 평균수명은 성에 따라 다르게 나타나고, 남성노인보다 여성노인의 수명이 길다. 80세 이상 노인의 경우, 여성노인 100명당 남성노인의 수는 69명에 불과하다. 성별 평균수명의 차이는 국제사회에 공통적으로 드러나는 특성이다(IUCAR, 1999).

셋째, 고령화 현상은 연령구조를 변화시킨다. 세계 어느 곳에서든 노인인구의 비율은 증가하고 있고, 인구의 연령구조가 변하고 있다는 지표이기도 하다. 인구의 고령화 현상은 개인의 라이프스타일의 변화와 함께, 사회적인 변화까지 수반하게 된다. 개인들은 젊었을 때 저축하고, 퇴직한 고령자가 되면 저축을 찾아서 생활하는 방식으로 변하여 연금생활자가 된다. 그러나 전 세대적인 차원에서 고령화 현상은 젊은 층의 감소를 뜻하고, 연금을 충당하게 될 젊은 세대의 감소는 사회전체의 저축을 부족하게 하여, 연금 지급을 어렵게 한다. 우리 사회에서 논의되는 연금의 문제도 이런 현상에 기인한다.

넷째, 고령화는 사회적으로 노동력의 부족을 수반한다. 젊은 층의 감소는 노동력의 양적, 질적 차원의 감소를 가져온다. 일할 사람이 부족하다는 것이다. 현재는 생산인구 5명에 대해 고령자가 1명이지만, 앞으로 2명으로 가정한다면, 실버산업과 서비스산업 등 제3차 부문에 대한 노동수요가 매우 높아질 전망이다. 노동자수는 줄어들고, 현실적으로 양질의 노동자가 부족해질 것이다.

고령화 사회로 진입하는 국가들은 산업사회로 고도성장을 이루었고,

이제 그 속도가 완만해지는 시기로 가족체제와 커뮤니케이션의 변화, 개인주의 등이 성숙한 사회가 되고 있다. 고령화 사회의 특징은 다음의 〈표 1-1〉에 드러나 있다.

〈표 1-1〉 고령화 사회의 특징

구분	산업사회	고령화 사회
시기	20세기 말	21세기 진입
특성	산업화, 도시화, 핵가족화	분권화, 규제완화, 개성화, 인공가족
주요가치	능률, 효율, 진보, 발전	자립, 공생, 참여, 공평
중점산업	중화학공업, 건설업	교육, 의료, 복지산업
생산-소비형태	생산 → 소비 → 폐기	생산 → 소비 → 리사이클
소비양식	금전소비	시간소비
생활양식	획일성, 단선적	다양성, 복선적
가족형태	핵가족	다양한 가족형태
성분업	성별분업사회	성별공동참여형 사회
연령변수	연령제한사회 (생물적 연령 분화)	연령초월사회 (기능적 연령 분화)
문화형태	젊은 세대 중심	연령초월문화

출처: 후지이 다카시(藤井 隆) 편저, 1996 & AED(1975)에서 자료편집.

인구의 고령화는 선진국의 경우 더욱 가속화되고 있고, 이를 위한 국가 간의 준비는 차이를 나타내고 있다. 프랑스는 이미 100년 전부터 고령화 사회에 진입하여 고령화 대응책을 추진해 왔다. 영국도 반세기 전에 '요람에서 무덤까지'라는 슬로건을 내걸고 인구의 고령화에 대비한 사회보장제도를 구축해 왔다. 선진국의 고령화 대응책은 어느 나라든 경제발전과 불가분의 관계를 형성하고 있다. 고령화와 경제와의 관계는 국가의 역할로 드러난다. 국가는 고령화를 관리하는 주체의 역할을 행하는 것에서 현재는 고령화의 보장급부를 국민 부담으로 바꾸고 있다. 영국과 미국은 고령화 관리 주체를 국가로부터 국민으로 바꾸어 경제 활성화를 꾀하고 있다.

고령화 사회의 주요특징은 경제를 조정하는 기구가 변화하는 것이다. 고령화 사회에서 시장메커니즘의 기능은 점차 비시장적인 것으로 대체되어 간다. 시장메커니즘은 고령화 사회에서도 여전히 중요하게 작용하지만 시장보다는 비시장적 메커니즘이 가격을 조정한다. 이로 인해 노인들을 위한 사회적 투자의 개념이 변화하게 된다. 다시 말해 복지와 경제를 양립, 보완시켜 고령화 사회는 복지사회가 아닌, 복지경제사회로 변화하고 있다.

고령화 사회로의 이행은 사회경제적인 변화와 함께 가치관의 변화를 수반한다. 고령화 사회를 위한 복지경제사회의 각종 제도가 성공적으로 운영될 수 있도록 사회 가치관도 함께 변화하고 있다. 고령화 사회는 비경제적 조건에 의해 시장조정이 이루어지고, 이러한 메커니즘은 사회복지 기능을 강화하게 된다. 사회복지 기능은 사회적으로 계층 간의 차이를 해소하는 각종 정책을 수반한다. 특히 사회적 소외계층으로서 노인집단과 저소득층을 배려하는 정책을 필요로 한다. 물론 조정의 폭을 정하는 것은 국민의 선택이나, 그 조정과정에서 사회집단의 이해관계의 대립을 겪게 될 것이다. 그 과정에서 집단 간의 배분, 세대 간의 배분에 대한 가치의 대립을 어떻게 조정할 것인가 하는 것이 중요한 이슈로 등장한다.

2 노인의 지위

노인의 지위는 국가에 따라, 복지정책의 여부에 따라 다른 양상을 보이고, 같은 국가 내에서도 개인의 상황에 따라 다르다. 노인들은 다양하고 이질적인 경험을 가진 집단으로 존중되어야 함에도 불구하고, 사회적으로 노인은 힘없고 쓸모없는 존재로 획일적으로 간주되고 있다.

1) 소외된 존재로서 노인

노인들은 가족과 지역, 사회로부터 소외된 집단이다. 노인들은 비생산적인 존재로 혹은 소모의 존재로 간주되는 경향이 있다. 퇴직금과 연금이 충분한 노인은 극히 소수로 노인들은 경제적으로 불안해한다. 그래서 노인들은 퇴직 후에도 경제적인 이유로 일자리를 원한다. 그러나 노인들의 직업은 대체로 소외된 직종이고, 저임금과 산업안전문제를 갖고 있다. 노인들이 퇴직 후에 돈을 버는 것은 대부분 인생의 말년을 활동적이고 생산적으로 보내려는 바람이 아니라 생계를 위해서다. 연금이 불충분하고 직장을 갖지 못한 노인들은 가족이나 친구들의 도움을 요청하고 있다.

노인의 지위는 사회와 국가, 가족 혹은 지역사회에 따라 서로 다른 처우를 받고 있다. 북미처럼 자기방어형 복지정책을 사용하는 국가에서 불우한 노인들은 자신의 노후를 미리 준비해두지 않았다는 사회적 비난을 면하기 어렵다. 반면 아시아권의 국가에서 노인은 가족과 지역사회에서 존경받고 있다. 그러나 이 경우, 노인들은 가난과 건강문제로 지역사회에서 기대하는 만큼 활동적으로 일하지 못하고 있다. 건강이 나쁜 노인들은 주로 가정에 머무르고, 의사나 간호사를 찾아 병원에 가는 것마저 불가능하다. 많은 노인들은 연금을 받지 못하고 경제적 안정을 취하기 위한 독자적인 방법을 강구해야 한다. 이들 노인들에게 있어 경제는 바로 생존문제다.

노인들은 경제적 상황만 열악한 것이 아니라 젊은 세대와 비교할 때 상대적으로 저학력자들이다. 이는 특히 여성노인들에게서 두드러진다. 노인들은 다른 세대에 비해 학교교육을 받을 기회가 적었고, 여성노인들은 성차별로 인해 남성노인에 비해 교육기회가 더 적은 청소년 시절을 가졌던 세대다. 노인들의 기능적 문해 수준은 젊은 세대에 비해 낮고, 비문해자의 비율이 매우 높다. 노인들은 읽기와 쓰기의 능력 부족으로 정보와 서비스에 접근하는 것이 어렵다. 이런 이유로 노인들은 더욱 의존적이고 남의 도움을 필요로 하게 된다. 비문해 노인의 경우, 약 처방전의 내용을 알기 위해 누군가의 도움을 받아야 하는 것을 일례로 들 수 있다.

노인들은 동질적 집단으로 간주되어서는 안 된다. 이질성은 바로 노인집단의 특성이다. 건강하고 활동적인 노인들도 있지만, 많은 노인들은 매우 열악한 환경에서 살고 있다. 노인들은 고립과 가난, 사회적 소외, 인간존엄성 상실 등의 위협을 받고 있다. 이런 상황은 개발도상국과 선진국에서 같은 현상으로 드러난다. 많은 노인들이 가난 속에서 적절한 의료 혜택을 비롯한 기본 서비스조차 받지 못하고 있다. 심지어 한 국가 내에서도 인종차이에 의해 다른 처우를 받기도 한다. 남아프리카 공화국이 바로 그 예다.

2) 노인에 대한 편협성

다른 세대들은 노인세대에 대해, 그리고 노인들의 생활방식에 대해 매우 편협한 견해를 갖고 있다. 노인을 수동적이고 의존적인 존재로, 경제적인 부담이자 사회적인 부담으로 여기고 있다. 노인들이 가족과 지역사회, 사회에 기여한 것이 과소평가되고 있다.

노인들의 신체적, 지적 능력에 대한 긍정적인 견해들이 의학과 노년학에서 강력히 주장되고 있다. 그럼에도 불구하고 많은 사람들은 아직도 노인이란 병리적, 생물학적 쇠퇴이며 지적 능력의 상실을 의미한다고 여기고 있다. 이러한 잘못된 견해들이 대중의견이나 공공정책을 형성하는 데 지배적이다. 교육 분야에서마저 노인은 교육하기 어려운 집단으로 가정되고 있다. 노인들은 학습속도가 늦고 수동적이며, 암기력이 부족한 존재로 인식되고 있다. 그러나 노인들의 지적 능력은 젊은이와 비교할 때 속도 면에서의 차이를 제외하면 큰 차이가 없는 것으로 받아들여지고 있다.

3 노인인력의 활용

노인들의 노동력은 노인세대의 경제적 자립을 위한 중요한 수단이다. 노인들의 노동시장 참여가능성은 노인들의 권한과 직결되어 있다. 21세기 노동시장의 주요변화는 노인인력을 사회적으로 활용해야만 하는 여건임을 보여 주고 있다. 노동시장변화예측보고서에 따르면 21세기 노동시장의 변화는 다음과 같다.

첫째, 노동력의 증가속도가 점차 감소할 것이다. 미국 노동성의 예측에 따르면, 21세기 초 노동력의 증가는 20세기 마지막보다 오히려 떨어질 전망이다.

둘째, 서비스산업의 발달로 노동의 형태와 종류가 급증하면서 노동력도 다양화될 것이다.

셋째, 국제화, 글로벌화의 증대는 국가 간 노동자의 교류를 확대하고 노동력의 이동을 증가시킬 것이다.

넷째, 모든 국가들에서 공통적으로 인구의 노령화가 진행되고 출산율이 저하되면서 노동력은 고령화될 것이다.

다섯째, 45세 이상 노령노동인구가 증가할 것이다. 전후 베이비붐 세대의 노인기 진입과 출산률 감소로 인한 사회적 차원의 노동가능인력이 노화되기 때문이다.

여섯째, 산업중심적 노동력은 서비스중심의 노동력으로 이동할 것이다. 총 산업의 약 70%가 서비스업에 이를 것으로 보인다.

일곱째, 직종의 변화와 전직이 증가할 것이다.

여덟째, 전문직의 현저한 증가현상이 나타날 것이다. 전 직종의 2/5가 전문교육을 요구하는 직종이 되고, 직종의 18/25이 대학학위 취득을 요구할 것이다.

아홉째, 전 직종이 컴퓨터와 정보기술의 영향을 받을 것이다.

이상의 노동력 변화는 개발도상국과 선진국, 그 어느 곳이든 공통적으로 예측되는 현상이다. 물론 국가에 따라 노동력 변화추이에 대한 속도의 차이는 있지만, 변화양상은 동일하게 예측되고 있다. 이에 따라 사회복지 서비스만이 아니라 노인교육이 필수 불가결하게 되었다.

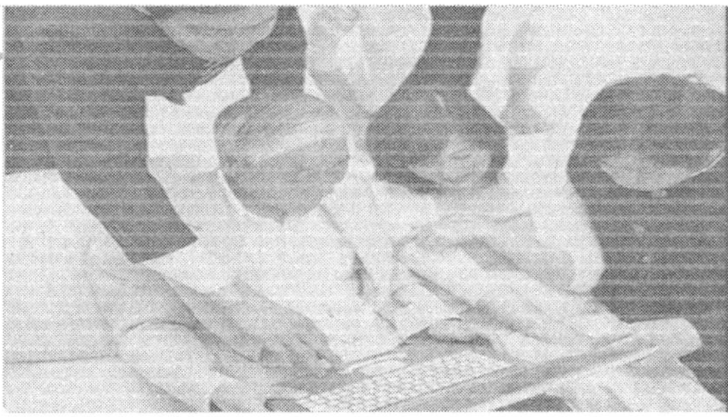

제 2 장

고령화와 노인교육

1 노인인구의 증가

고령화 현상은 노인인구의 양적 · 질적 변화와 함께 노인기의 연장이라는 새로운 변화를 가져왔다.

노인인구의 양적 증가는 다른 세대가 부양해야 하는 인구가 그만큼 늘어난다는 의미인 동시에, 그들을 부양할 생산연령인구는 상대적으로 감소한다는 의미를 갖는다. 노인관련 예산은 증가하고 생산연령인구가 져야 할 세금부담은 더욱 증가하게 된다. 이에 따른 문제들은 노인복지의 천국이라 불리는 서구 여러 나라들이 이미 겪고 있는 사회 · 경제적인 문제들로 노령연금의 삭감, 연금수혜연령의 연기 등의 방법으로 이를 해결하려고 했지만 부분적인 효과만 거두고 있는 실정이다.

뿐만 아니라 노인인구의 양적 증가는 사회 각처에서 노인들과 부딪치고 상호작용하게 될 기회가 증가함을 의미한다. 공원, 백화점, 극장, 도서관, 지하철 속에서 더 많은 노인들과 만나게 될 것이고, 더 많은 대화를 나누게 될 것이며, 노인들과 관련된 문제에 더 많이 연관되게 될 것이다.

노인인구의 양적인 증가가 질적인 향상과 직결되는 것은 아니지만, 양적인 증가는 질적인 향상에 대한 요구를 가져올 것이다. 노인인구의 양적 증가는 경제상황의 개선과 교육여건의 향상 속에서 노인들에게 보다 향상된 교육적, 경제적 지위 보장에 대한 요구를 높이고 있다. 노인들은 양적인 다수로서뿐 아니라 질적으로도 중요한 사회의 구성집단으로서의 지위를 인정받고자 한다. 따라서 노인은 사회의 주요 의사결정권을 지닌 세력으로서, 또 자신들의 권리에 상응하는 정부의 투자를 당당히 요구하는 권리집단으로서, 사회의 주변인이 아닌 중심세력으로서, 부양받고 보호받아야 하는 종속적인 대상이 아닌 사회의 생산적인 부분의 중요한 역할을 담당하는 자활의 주체로서 인정받도록 요구하고 있다. 교육 요구의 다양화, 직업에 대한 요구의 증가, 노인관련 시설과 서비스에 대한 수요 증가, 의료와 보건에 대한 요구의 증대, 노인들의 구매력 및 구매욕구의 증대 등 노인들의 질적 향상에 따른 많은 변화들을 예상할 수 있다.

고령화는 노인기의 연장을 수반한다. 노인의 수가 증가했다는 의미뿐 아니라 평균수명 자체가 연장되어 한 개인이 노인으로서 살아가야 하는 기간, 즉 개인의 일생에서 노인기가 더욱 늘어난다는 것을 의미한다. 노인기의 연장은 노인기의 소득문제를 포함한 경제적 문제가 야기될 가능성을 증대시킨다. 이는 노령연금의 수혜기간이 늘어나고 자녀나 사회가 노인을 부양해야 하는 기간이 더욱 길어짐을 의미한다. 이러한 문제들은 노인을 대상으로 하는 연금, 의료, 각종 복지시설과 수용시설 등 노인과 관련된 각종 복지정책의 확대를 요청할 것이다. 노인시설의 설립 증가와 시설 입소 기준의 조정, 노령연금 수혜 연령 기준의 조정은 물론이고, 노인들의 취업 경로의 다양화와 퇴직의 연장, 그리고 노인을 부양하는 자녀에 대한 다양한 지원책들을 요구하게 된다.

노인인구의 증가와 변화는 다양한 형태의 실버산업들을 발전시키고, 더 많은 노인시설들이 생겨나고, 노인들의 경제참여와 사회참여가 증대할 것이며, 노인들의 교육 참여가 증가할 것으로 예상된다.

2 노인교육의 필요성

고령화 사회에서 노인들에게 교육은 배움으로서뿐만 아니라 여가로서 혹은 생활활동을 제공해 주게 된다. 노인교육의 필요성은 다음의 네 가지로 요약될 수 있다.

첫째, 노인교육은 노인들에게 학습의 주체로서 성장기회를 제공한다. 보다 많은 노인들이 사회에 참여할 수 있고, 자신들의 주장을 펴고 권리를 당당히 요구할 수 있도록 돕는 교육, 그리고 노인기의 여러 가지 변화에 효과적으로 적응할 수 있도록 도우며, 늘어난 노인기를 보다 보람있고 유익하게 보낼 수 있도록 돕기 위한 교육이 요구된다. 평생교육적 차원에서 노인기는 쇠퇴의 시기가 아닌 계속적인 발전과 성장의 시기로 간주되기 때문이다.

둘째, 노인교육은 젊은 세대가 노후를 설계하고 노인에 대한 이해를 증진시키도록 한다. 계속적인 평균수명의 증가로 노인기의 연장은 노후를 새로운 인생의 과정으로 설계하여야 할 필요성이 크다. 젊은 세대들은 앞으로 다가올 노인기 동안을 효율적으로 적응하고 준비하기 위해서는 노인기에 이르기 이전부터 자신의 노후를 설계하고 준비해야 한다. 그러므로 노인기에 대비하고 성공적인 노후를 계획할 수 있도록 돕는 교육이 요구된다. 노인에 관한 지식의 습득과 올바른 태도의 형성은 노인들과 효과적으로 관계 형성을 할 수 있는 가능성을 높여 주고 세대간의 화합과 이해를 증진시켜 더불어 사는 사회를 만드는 데 기여한다.

셋째, 노인교육은 고령화 사회에서 노인의 역할을 새롭게 모색한다. 노인들이 사회의 중요한 일원으로서 참여하고 공헌하며 봉사하기 위하여 복지와 경제적인 뒷받침과 더불어 교육의 주체로서의 중요성이 높아지고 있다. 노인들이 일생을 통해 축적한 귀중한 경험과 지식, 기술이 버려지지 않고 사회에 다시 환원되어 부가적인 가치를 발휘하도록 해야 한다. 노인들로 하여금 사회 참여의 보람과 자신의 존재 가치를 맛볼 수 있도록 하기 위해 교육이 필요하다.

넷째, 노인교육은 젊은 세대에게 노인과 노화에 관한 자연스런 교육이 이루어지게 한다. 노인들은 중요한 교육자원으로서 지역사회에 참여하여 다른 세대와 공유하고 함께 경험하는 기회를 확산시킴으로써 세대간의 화합을 증대시킬 수 있다. 특히 다양한 자원봉사활동을 통해 젊은 세대들에게 생활의 지혜를 전수하는 기회를 갖게 된다.

노인기는 발달의 과정중에 있는 시기로 노인들은 학습이 가능하고, 활동할 수 있으며, 사회에 영향력을 갖는, 사회에 기여하는 존재로서의 새로운 모습이 요구된다. 따라서 노인의 모습은 주변인이 아닌 중심인, 쇠퇴와 조락의 노인기가 아닌 계속적인 성장과 발달을 위해 준비하고 노력하는 노인기, 실패의 노인기가 아닌 성공의 노인기, 망각의 시기가 아닌 계속적인 학습과 자기계발의 시기, 무능과 정체의 시기가 아닌 활동과 힘의 노인기, 피부양인이 아닌 자활인으로서의 노인이다. 노인은 다양한 개인차를 지닌 존재로서 돈으로도 환산할 수 없는 삶의 지혜와 경험을 축적한 이들이다. 따라서 노인의 모습은 소비하며 부담을 주는 존재가 아니라 봉사하고 기여하고 생산하는, 그리고 힘과 자기주장과 실천력을 가진 존재다. 이러한 노인들의 욕구가 충족되기 위해서는 우선 건강과 학습, 경제력, 환경이 뒷받침되어야 한다. 이는 노인에 관한 이해와 전문적인 도움, 그리고 교육을 통해서 실현될 수 있다. 더 이상 경로사상에 의한 노인의 위상 정립이 아니라 자기계발을 통한 노인의 정체성이 확립되도록 노인교육의 역할이 모색되어야 한다.

3 노인학습자의 개별성과 집단성

1) 개인 간 차이

노인학습자에게는 개인적 차이가 교수-학습과정의 핵심적인 측면이 된다(Belbin & Belbin, 1972). 나이가 들어감에 따라 개인별 차이가 현저해진다는 것은 노인들의 교육방법을 논하는 데 매우 중요하다. 교육적 필요와 욕구, 학습스타일, 학습기대, 학습과정의 이용, 학습결과의 다양성은 노인교육을 어렵게 만들기도 하지만, 한편으로는 노인교육을 흥미롭게 만들기도 한다.

개인별 인지적 학습스타일에 관한 정보가 학습자의 연령비율에 따라 중요해지고 있다. 사람들은 학습할 때 인식하고 생각하며 학습자원이나 방법, 환경과도 상호작용한다. 개인적 경험으로부터 오는 학습자의 성향이나 선호도는 학습상황에서의 정보, 감정, 행동하는 방법의 특징인

학습유형을 결정하게 된다(Price, 1983).

최근 연구에서 학습유형의 선호도가 학습수행의 만족적인 결과와 밀접한 관련이 있음이 드러났다. 노인학습자와 젊은 학습자의 차이는 그들의 연령에 의해서라기보다 학습자의 경험에 기초하고 있다. 중년 이후의 성인들은 자신의 인생 경로를 되돌아보고 자신들이 경험을 반성해 보는 기회를 가질 가능성이 높다. 따라서 연령이 아닌 경험은 학습의 발생 정도와 효과에 중대한 해석 기준으로 작용할 수 있는 것으로 보인다. 독립변수로서의 연령은 노인학습자들의 학습방법과 크게 관련이 있는 것은 아니지만 교수-학습과정을 변화시키는 연령과 관련된 몇 가지 변화가 있는 것은 사실이다.

노인학습을 촉진시키기에 가장 적합한 전략에 대해 명확히 밝힌 연구는 없지만, 학습과정과 결과에 대한 기대나 접근방법을 노인들도 각자 다르게 인식하면서 학습할 수 있다는 것이다. 노인들의 학습방법이 독특할 수는 있지만, 노인들도 학습할 수 있다는 원칙은 기억되어야 한다.

2) 연령집단 간 차이

연령집단(cohort)은 5년을 터울로 태어난 세대를 지칭하며, 연령집단 간에는 상당한 차이가 있다. 연령집단 효과는 노인교육 접근방법과 직접적인 관계가 있다. 첫째, 인생의 경로에 영향을 미치는 요인은 각 발달단계마다 다르다. 예를 들면, 20세기 초반에 태어난 사람들은 어린 시절에 건강관리에 관심을 쏟을 여유가 없었다. 1900년대에 태어난 사람의 평균수명은 47세였다. 1986년 당시 평균수명은 75세였다. 현재 70세인 사람들이 어린 시절, 건강관리에 지대한 관심을 가졌다 하더라도 다양한 질병에 시달리고 있다. 점증적으로 2010년에 70세가 되는 사람들과 비교한다고 가정하면 건강상태가 더 떨어질 수도 있다. 이러한 건강상태는 학습참여와 교육환경과 밀접한 관계가 있다.

노인기의 각 연령집단이 삶을 통하여 얻게 된 보편적인 역할은 그 연령집단의 교육방법에 중요한 요인으로 작용한다. 어떤 사람들은 완고함, 엄격함, 권위적, 종교의존적, 독단적이라는 수식어를 사용하여 노인들의 특성을 부정적이고 진부하게 본다. 노인들에 대한 부정적 수식어는 사회에서 다양한 역할을 수행하도록 기대되기 때문에 갖게 된 것들이다. 예를 들어, 1920년대 초반의 가정을 살펴보면 어린이들은 수동적으로 무조건 배워야 했고, 아버지는 모든 것을 가장 잘 알고 있는 사람이었으며, 훈련이 무엇보다 중요했고, 개인에 대한 통제가 가해졌으며, 교육은 단순히 읽기, 쓰기, 셈하기에 머물러 있었다.

인생경로의 변수로서 수명이 노인을 위한 교육전략을 수립하는 데 중요한 의미를 지니게 된다. 수명은 과거와 현재의 건강상태에 따라 달라질 뿐 아니라 학습자의 동기를 유발하는 중요 변수로 작용하게 된다. 노인들은 미래와 관련된 학습문제, 즉 미래를 준비하는 도구적 활동에는 관심이 없고 현실의 문제를 해결하는 학습에 참여하고자 한다.

펄뮤터(Perlmutter, 1983)는 인지적 수행능력의 감소는 연령집단 차이와 직접적으로 관련이 있다고 하였다. 시간의 경과는 '각 세대마다 독특하게 경험된다.'고 보고, 이러한 시간의 경과는 개인의 인생경험에 뚜렷한 조정자가 된다고 언급했다. 이를 잘 설명해 주는 예가 바로 학습결과에 대한 교육경험의 영향이다. 70세인 사람이 공식교육을 12년 동안 받았다 할지라도 그러한 경험들은 그 공식교육이 끝난 이후로 개인의 인생사와 맞물려 뒤섞이게 된다. 따라서 교육적 설계에서 필수적으로 고려되어야 하는 것은 교육량과 정규교육 이후 경과된 기간이다. 개인 인생에서 일어난 사건이 뒤이어 일어나는 학습과 상호작용할 수 있을 것인지도 반드시 고려되어야 한다.

4 노인의 학습 요구

노인들의 학습 요구는 노인들이 받은 공식 교육이 끝난 이후, 사회가 변하고 개인개발이나 개인적 · 심리적 성장을 위한 평생의 욕구로서 노인들이 가진 지식, 태도, 기술, 가치에 있어서의 결핍이나 약점을 인지하는 것이다. 노인들의 교육적 요구는 일반적으로 교육의 개입을 통해 전형적으로 드러난 이론의 적용과 가정을 통해서 결정되었고 여러 학자들이 노인들의 학습 요구를 논의하였다.

그 가운데 하워드 맥클러스키(Howard McClusky)가 노화에 관한 백악관회의의 노인교육에 대한 배경으로 논의한 내용은 노인의 학습 요구로 잘 알려진 예다.

하워드 맥클러스키(H. McClusky, 1974)는 노년기 학습 요구를 다음의 다섯 가지로 분류하였다.

- 대처적 요구: 노인은 노화과정에서 일어나는 감퇴된 기능을 회복하고 사회에 적응하기 위해서 교육을 받으려고 한다. 건강을 돌보고, 사회적 상호작용을 자극하고, 소비자로서의 자격, 일상생활을 영위할 수 있는 기능, 의식주를 통제할 수 있는 능력 등을 포함한다. 이러한 대처 요구는 런더너(Londoner, 1978), 힘스트라(Hiemstra, 1973), 마커스(Marcus, 1978)가 제시한 도구적 요구와 유사하며 도나휴(Donahue, 1952), 프랭크(Frank, 1955)의 적응적 요구와 유사하다.
- 공헌의 요구: 노인들은 정년퇴임 이후 또는 홀로 외로이 생활하는 동안 의미 있는 삶을 살아가고자 한다. 이들은 교육을 통해서 새로운 기술을 연마하여 직업을 가지거나 사회에 공헌하고 싶어한다.

• **영향력 요구**: 노인들은 주변 사람들의 삶에 영향을 주고 싶어한다. 손자들의 가치 형성에 영향을 줄 수 있는 새로운 방법들을 알아 가는 것 또는 지역사회에서 제공하는 노화와 관련된 프로그램에서 자원봉사하는 것 등이 포함된다.

• **표현적 요구**: 사회적 활동이나 혹은 단체활동에 참여하여 만족과 기쁨을 얻고자 한다. 시나 예술적 표현, 사진 촬영, 바느질 또는 정원 가꾸기와 같은 창의적인 활동이 포함된다.

• **초월적 요구**: 신체적인 노화현상을 겪으면서 노인들은 신체적인 젊음보다는 더 중요한 곳에서 삶의 의미를 찾고자 한다. 의미를 탐색하는 것은 때로 삶의 관조를 형성한다(Butler, 1975; Burler & Lewis, 1977). 훌륭한 문학작품을 읽거나 영화를 감상하는 것, 종교생활을 하는 것, 그리고 죽음이나 이별로 인한 상실의 아픔을 경험하는 것 등이 여기에 해당된다.

제2부
노인학습의 이론적 이해

제3장 노인학습자

제4장 노인학습능력

제5장 노인교육의 방법

제6장 노인교육 프로그램

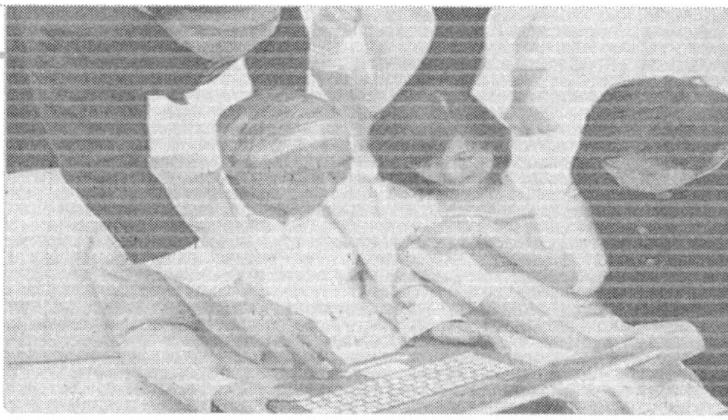

제 3 장

노인학습자

1 노인학습자의 신체적 변화

노인들의 신체적 변화는 노인교육 실천에 영향을 미친다. 노화에 관한 생리학적 관점에서 다음과 같은 신체적 변화들을 발견할 수 있다.

1) 감각

시각, 청각, 미각, 촉각 그리고 후각은 나이가 들어감에 따라 쇠퇴한다. 노인들의 교육은 감각의 쇠퇴를 보완하는 환경적인 조건들이 충족되어야 효과를 거둘 수 있다. 예를 들면, 조명을 밝게 하고, 에어컨의 소음을 없애는 것은 교수자와 노인학습자 간에 의사소통을 하는 데 도움을 줄 것이다. 노인들은 미각, 촉각 그리고 후각이 떨어지기 때문에 가족이나 봉사자들은 노인들이 음식을 지나치게 짜게 먹지 않도록 항상

주의를 기울여야 한다. 예를 들면, 후각이 떨어지기 때문에 음식을 태웠을 경우 알지 못해 화재의 위험까지 있을 수 있으므로 이를 방지하기 위해 집안에 비상벨이 작동하도록 환경적 조건을 구비해야 한다. 환경에 적응할 수 있도록 도와주는 보청기나 안경과 같은 보조장치들은 감각의 쇠퇴에 따른 이러한 악영향들을 줄이는 데 기여할 것이다.

2) 신체

노인들은 나이가 들면서 부분적으로 척추의 완충작용이 딱딱해지기 때문에 키가 줄어든다. 골다공증의 경우 남자보다 여자에게 두 배나 많이 나타나며, 뼈의 손실을 가져오며, 뼈가 쉽게 부서지게 한다. 골다공증이 있는 사람은 뼈에 금이 가기 쉽고, 넘어지면 많은 뼈 손상이 생기게 된다. 미국에서 매년 백만 명 이상의 노인들이 매년 골절상을 입고 있는 예에서 보듯, 노인들의 생활안전을 점검함으로써 넘어지거나 다른 사고가 일어날 위험을 줄여야 한다(Rowe & Kahn, 1987). 균형 잡힌 영양도 신체 변화의 영향을 줄일 수 있다.

3) 인지기능

노화에 관한 가정과는 대조적으로, 최근 많은 연구들(Schaie & Willis, 1986; Hertzog & Schulenberg, 1987)은 노인들의 인지기능이 쇠퇴하지 않을 수 있다고 제시하고 있다. 활동과 자극을 유지하는 노인들은 실질적으로 인지능력과 지능이 상승할 수 있다. 노인들의 인지기능은 IQ 검사 등의 획일적인 검사도구로 측정하기 어렵다. 노인들의 인지기능은 개인들의 경험과 교육의 참여 정도에 따라 다르며, 인지 종류에 따라서도 다르다.

4) 근육체계

근육은 나이가 들어감에 따라 딱딱해지며 탄력성을 잃게 된다. 그러므로 노인들은 계속해서 근력을 이용하는 것이 중요하다. 특히 병이나 사고 이후 운동을 다시 하는 것은 더욱 중요하다. 힘의 상실은 운동의 정도에 따라 달라질 수 있기 때문이다(Deobil, 1989; Goldberg & Hagberg, 1990).

5) 소화체계

노화와 관련된 많은 변화들은 실질적으로 생활방식과 열악한 영양상태, 운동 부족, 약물 등과 밀접하게 관련되어 있다(Ausman & Russell, 1990). 균형 잡힌 영양과 적당한 운동은 노화와 관련된 많은 문제들을 개선할 수 있다. 미각 돌기의 상실과 낮은 소화능력은 사실상 적응이 필요하다.

6) 항상성

나이가 들어감에 따라 몸은 다르게 반응한다. 항상성(homeostasis)이란 신체적으로 적응하는 능력을 의미한다. 항상성의 변화는 에너지 수준이나 체온, 수면습관, 신진대사 기능 그리고 면역체계의 효과성 등에 영향을 줄 수 있다. 이러한 변화를 거부하기보다는 적응하도록 노력하는 것이 삶의 질을 개선하고 유지하는 데 도움이 된다.

7) 신경체계

나이가 들어감에 따라 놀이나 운전, 질문에 대한 반응시간이 느려진다. 정년퇴임한 노인들이 그들이 일했던 작업현장으로 다시 가려고 결심할 때, 젊었을 때처럼 빠르게 일을 수행하기 어려울 것이라는 두려움을 갖게 된다. 그러므로 노인들이 보다 효과적으로 수행할 수 있는 일로 전환하는 것이 중요하다. 예를 들면, 조립공장 직원이었던 사람은 친절과 인내를 요구하는 안내원과 같은 직종에서 나이가 들어 더 우수성을 보이기도 하기 때문이다(Atchley, 1987; Bass, 1993; Butler & Gleason, 1985).

8) 피부 변화

나이 든 사람에게서 나타나는 반점과 주름살은 전형적인 피부 변화다. 태양에 많이 노출되지 않은 사람은 이러한 변화가 비교적 덜 발생한다. 피부 변화와 함께 주목할 만한 것은 머리숱이 줄어 가는 것과 흰머리가 나는 것, 땀이 줄어드는 것 그리고 피부가 점점 건조해지는 것이다(Perlmutter & Hall, 1992; Spence, 1989).

9) 수면형태

노인들은 젊은 사람들보다 적게 자는 경향이 있다. 25세의 평균수면시간은 7시간이며, 60세는 6시간, 75세는 5시간이다(Atchley, 1994). 노인들은 수면시간의 감소와 함께 숙면도 줄어들어 밤에도 몇 번씩 깬다. 그러므로 일상생활을 충분히 해 나갈 수 있는 적당한 수면방법을 터득해야 한다.

10) 죽음의 원인

노인들의 죽음의 대표적인 원인에는 심장질환, 암 그리고 뇌질환 등이다. 영양상태나 운동과 같은 환경적 요소, 심리적인 요소 그리고 사회적 배경과 같은 요소들이 중요한 원인이라 할 수 있다. 더 나아가 일생동안의 환경과 삶의 방식 선택은 신체의 노화와 관련된 특성들을 개선하는 데 중요한 역할을 한다는 보고도 있다.

2 노화의 이해

인간발달을 전생애 발달적 관점에서 이해하려는 연구가 활발히 진행되어 왔다. 인간은 죽기 직전까지 계속적으로 발달한다는 것이다. 이것은 발달의 개념 정의를 새롭게 하는 데서 비롯되는 것으로, 성장으로서의 변화뿐만 아니라 퇴보에서 비롯되는 적응양식의 변화까지도 발달의 개념 속에 포함하고 있다. 발달을 시간에 따른 하나의 과정이나 구성체 그리고 개방적인 체계로 봄으로써 일시적인 평형화의 상태를 이루는 각 단계 내에서 경험을 강화하거나 정보를 조작하는 것도 발달의 과정 속에 포함시키고 있다. 특히 전통적 발달이론들에서 정체나 퇴보의 시기라고 보아 왔던 노년기도 하나의 발달과정으로 봄으로써 전생애 동안의 발달을 강조하고 있다. 울프와 베티(Wolf & Beatty, 1996)는 노화를 이해하기 위한 원리를 다음과 같이 제시하고 있으며, 노화의 원리는 노인학습자를 이해하는 데 기초가 된다.

1) 노화는 발달과정이다

사람들은 나이가 들어감에 따라 나타나는 신체적인 변화 때문에 나이 든 사람들에 대해서 부정적인 생각을 가지고 있다. 그러나 많은 노인들이 건강한 삶을 살아가고 있다. 질병이 없는 정상적인 인간이 갑자기 늙지는 않는다. 노화는 태어나서 죽음에 이르는 과정의 한 부분이다. 성장해 가는 과정에서 여러 가지 변화가 나타나게 되고 삶은 성숙이라는 지속적인 이벤트다.

에릭 에릭슨(Erik Erikson, 1963, 1982)은 발달단계 모형에서 평생 동안의 성장에서 반드시 수행되어야 할 발달과업을 제시하였다. 이 단계들은 순환적이며 예측 가능하다. 즉, 위기의 기간, 침체의 기간 그리고 성장의 기간들이 번갈아 나타나게 되지만 나이가 들어가면서 완성되어 간다. 에릭슨의 발달단계 모형을 살펴보면 노화가 발달과정임을 이해할 수 있을 것이다(〈표 2-1〉 참조).

〈표 2-1〉 에릭슨의 8가지 발달단계 모형

단계	단계명	연령	발달과업
1	기본 신뢰감 대 불신감	출생~18개월	안전과 편안함, 신뢰를 느끼는 과업으로 이 단계는 생후 초기 영아기의 수개월에 일어나며 이후 모든 단계의 기초가 된다.
2	자율성 대 수치심과 회의	18개월~3세	안정감과 소속감을 달성한 어린이는 부모로부터 떨어져 관심이 있는 세상 밖으로 나가는 탐색을 시작하며 자신감을 실험해 본다.
3	주도성 대 죄책감	3~6세	모험심이 생겨 주변 세상에 대한 탐색을 즐기게 된다. 그러나 바깥세상으로 나가는 일이나 기술, 독립의 느낌 등은 부모와의 연계와 신뢰관계가 성공적이어야 가능하다.
4	근면성 대 열등감	6~12세	학교에서 아동은 일의 성취를 통해 인정을 받는다. 이 단계에서 각자는 자신의 능력을 신뢰하게 되고 스스로를 일꾼으로, 학생으로, 회원으로, 친구로 보기 시작한다.
5	정체감 대 역할혼미	12~18세	사춘기의 젊은이들이 개인적인 자아를 찾게 된다. 어떤 정체감은 일꾼으로서 또는 미래의 계획이라는 관점에서 발달한다. 이 시기는 실험해 보고 활동반경을 테스트하는 단계다.

6	친근성 대 고립감	성인 초기	자아정체감을 맛보며 젊은 성인은 동반자나 그가 합류할 집단을 찾기 시작한다. 이 단계에서 신뢰감이란 과업을 성공적으로 수행하는 핵심이 된다.
7	생산성 대 침체성	중년기	성인으로서 가정을 꾸미고 물건을 생산하며 다른 사람들의 복지를 위한 의미 있는 일에 기여한다. 이 단계는 전체 성인기에 걸쳐 지속된다.
8	자아통일 대 절망감	노년기	모든 다른 단계의 수확의 단계다. 이전의 발달단계에 잘 적응한 개인들은 이 시기에 삶의 통합감을 느끼거나 그렇지 못한 경우 절망감을 갖게 된다.

출처: Erickson, 1963, pp. 247-274 재정리.

시간이 흘러감에 따라 인간은 많은 변화를 겪으면서 많은 기억들을 갖게 된다. 좋은 경험이나 나쁜 경험들은 인생의 어떤 연령 단계에서든지 영향을 미친다. 최근에 많은 연구들은 과거의 힘들었던 삶과 성공을 기억해 내는 일이 정신적인 건강과 안녕에 도움이 된다고 하였다(Birren & Deutchman, 1991; Butle, 1982; Kaminsky, 1984; Wolf, 1990).

노인들이 새로운 단계와 의미 있는 완결체 속으로 그들의 경험을 통합할 수 있는 새로운 길과 새로운 통찰력을 갖게 하기 위해서 다음의 방법들을 이용할 수 있다.

첫째, 회상활동을 권장한다.

둘째, 학습기회를 제공한다.

셋째, 의미 있는 시간을 보내게 한다.

2) 노인들은 독특한 존재다

대부분 사람들은 노인이면 모두 같을 것이라고 생각한다. 그러나 72세 여성 노인이 59세 남자보다도 더 젊을 수 있고, 더 건강하고 더 활력이 있을 수 있다. 그리고 더 전문적인 직업을 가질 수도 있다. 노인들을 노인 초기(65~74세), 노인 중기(75~84세), 노인 후기(85세 이상)와 같이 유형화시키는 데 큰 영향을 끼친 뉴라텐(Bernice Neurarten)은 이렇게 유형화하는 것은 노인들의 특성을 잘못 이해한 것이라고 주장한다. 노화는 욕구, 건강, 복지 등으로 고려되어야지 단지 신체나이로 판단되어서는 안 된다고 하였다. 노인들은 요양소에서 생을 마친다거나, 노인들은 모두 불행하거나, 노인들은 모두 다 비슷하다는 편견은 버려야 한다. 노인들은 그들만의 독특한 인생경험들을 가지고 있으며, 삶의 도전을 해결해 갈 수 있는 능력을 가진 독특한 존재들이다.

3) 노인들의 생리적 · 심리적 능력은 극대화되어야 한다

정상적인 노화에는 표준적인 신체적 특징이 있으나, 이것은 유전적 · 환경적인 특성들에 의해 더 영향을 받게 된다. 신체적 조절은 노화의 중심역할을 한다. 노화현상은 신체적인 건강과 관련이 있는 것이지 나이 먹는 것과는 관련이 없다. 따라서 노화과정에는 상당한 개인차가 존재한다.

로우와 칸(Rowe & Kahn, 1987)은 신체가 성숙되어 가는 정상적인 과정을 분류한 30년간의 연구를 발표하였다. 이 연구는 노화되어 가면서 발생하는 질병들로부터 벗어난 '성공적인 노화'를 이해하는 데 도움이 되고 있다.

4) 자율성은 삶 전반에 걸친 중심과제다

노인들의 의사결정은 자율성과 연관이 깊다. 내적 혹은 외적일 수 있는 통제의 위치, 즉 자율성(locus of control)의 개념은 삶 전반에 걸친 의사결정을 의미한다. 인간은 성장해 감에 따라서 서로 의존하고 있다는 사실을 알게 됨과 동시에 자율적인 존재가 되고자 하고, 또 의사결정에 대해서 책임을 지려고 한다. 이것이 내적 자율성이다. 외적 자율성은 외부의 힘에 의해서 자신의 의사와는 상관없이 의사결정이 이루어지는 것을 의미한다.

자신의 환경에 대한 자율성의 상실이라는 공포는 노인들에게서 흔히 볼 수 있다(Feingold & Werby, 1990). 어떤 학자들은 공공시설에 살고 있는 노인들에게 의사결정에 관한 권한을 주었을 때 신체적 · 심리적으로 향상됨을 느꼈으며, 보다 건강해졌다는 느낌을 갖게 되었다고 했다(Feingold & Werby, 1990; Langer & Rodin, 1977; Rodin, 1986; Rodin & Langer, 1997).

5) 자아의 연속성은 평생 지속된다

사람들은 나이가 들어감에 따라 자신이 다르게 변화한다고 생각하지 않는다. 다만 약간 늙었을 뿐이지 크게 변화하지는 않았다고 생각한다. 이것이 자아의 연속성이다. 비록 우리가 성장하고 발달하고 있을지라도 우리 모두는 삶과 경험의 산물이다. 노년학에서는 평생에 걸친 인성(personality)의 연속성을 강조한다(Fiske & Chiriboga, 1990; MacCrae & Costa, 1984; Neugarten, 1979). 일생 동안 인간 특성을 연구해 온 맥크래와 코스타(MacCrae & Costa, 1984)는 어떻게 삶의 경험들이 인성을 변화시키는가를 묻지 말고, 어떻게 인성이 삶을 형성하는가를 물으라고 하였다.

6) 노인들은 의미 있는 사회적 연계가 필요하다

인간은 지역사회의 일부분이며, 사회 속에서 다양한 역할들을 수행해 가고 있으므로 상호의존적이다. 또한 나이가 들어감에 따라 다른 사람을 위해 헌신하는 것이 자신의 자아개념(self-concept)을 고양시킬 뿐 아니라 사회와 연계를 맺어 가기 위한 하나의 수단이 된다는 사실을 깨닫게 된다. 에릭슨(Erikson, 1963, 1982)을 비롯한 몇몇의 학자들(Erikson, Erikson, & Kivnick, 1986)은 성인기에는 보다 관대해져야 하며, 다른 사람을 돌보아야 하고, 다음 세대를 위해 무엇인가를 해야 한다고 제시하였다. 에릭슨에 의하면, 인간은 생성(generativity)을 통해 성장하며, 만일 우리가 성장하지 않으면 우울증이나 자신의 생각에 몰두하는 침체에 빠질 수도 있다고 한다. 따라서 전문가들은 노인들이 헌신하고자 하는 욕구를 발산할 수 있는 방법들이 제공되어야 한다고 말한다. 최근 많은 성인 교육자들이 젊은 사람의 삶 속에 노년기 성인들이 함께 할 수 있는 세대통합적인 교육과정을 제시하고 있다(Birren & Duechman, 1991; McClusky, 1990; Moody, 1988, 1990; Wolf, 1992a). 노년기 성인들이 정치적인 활동을 할 수 있고, 그들이 주변 친구들을 도울 수 있는 능력을 향상시켜 주는 프로그램들이 그 대표적인 예다.

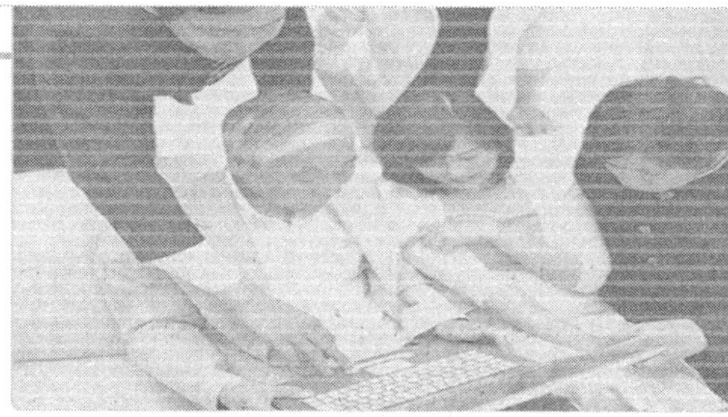

제 4 장

노인학습능력

1 학습이론

학습은 다양한 개인적 변화를 포함하는 하나의 과정이다. 학습은 언제, 어디서나 이루어지고 환경 변화에 적응하거나 환경을 만들어 가고 자신의 잠재력을 실현시키는 개인의 변화과정을 의미한다. 즉, 학습은 외국어 단어의 학습처럼 의식적으로 이루어지기도 하지만, 배우자를 잃은 극심한 슬픔에서 자신과 같은 처지에 놓인 다른 사람들을 돕는 멘토의 역할을 수행하고 있는 자신을 발견하고 스스로 놀라는 것처럼 무의식적으로 이루어질 수도 있다.

학습에 대한 이해를 돕기 위해 몇 가지 관점에서 학습이론을 간단히 요약한다.

1) 행동주의

손다이크(Thorndike)와 스키너(Skinner)가 대표적인 학자들로서 학습이란 단지 행동의 변화일 뿐이라고 보고 내적인 심리 변화에는 관심을 두지 않는다. 행동주의자들은 학습을 원하는 반응, 학습 혹은 행동변화는 외부자극에 의해서 생긴다고 설명한다. 새로운 행동은 기분 좋은 결과와 결합되면 새로운 행동유형이 되고, 긍정적인 상황에서 계속 연습하면 학습된 행동은 더욱 강화된다. 만일 특정한 행동이 보상을 받고 강화되면 그 행동은 반복되고 그렇지 않은 것은 소멸된다. 이러한 행동수정 방법이 너무 조작적으로 보이지만, 실제로는 건강과 관련된 라이프스타일 프로그램에서 사용되어 유용성이 확인되었다.

과제는 행동변화를 원하는 각 개인에게 적합한 보상이 무엇이고, 어떻게 하면 그 행동을 계속하도록 할 수 있으며, 어떻게 그 행동을 강화할 수 있는가 하는 것이다. 노인들을 돕는 사람들이 직면하고 있는 문제는 노인들이 그들이 원하는 행동변화를 만드는 데 더욱 능숙해지도록 돕는 것이다.

2) 인지주의

인지주의적 관점은 학습이란 무엇이며 어떻게 발생하는가에 대한 이해가 무엇보다 중요하다고 제시한다. 브루너(Bruner, 1973)는 학습을 학습자가 다른 비슷한 경험과 의미 있는 관계를 통해 새로운 경험을 발견해 가는 과정으로 보았다. 학습자가 그 과정을 촉진하도록 도울 수는 있지만 누구도 학습자를 대신하여 그 일을 해 줄 수 없다. 모든 학습자들은 각기 다른 경험세계를 갖고 있기 때문에 그들은 다른 것들을 배우고, 학습된 것에 다른 의미를 부여하고, 새로운 상황에서 각기 다른 방식으로 문제를 해결할 것이다. 변화의 과정에서 개인의 적극적인 참여는 학습의 핵심이다.

오즈벨(Ausubel, 1968)은 의미 있는 학습이 되려면 그 사람의 기존 지식이나 이해하고 있는 것과 연결되어야 한다는 점을 강조했다. 그러나 그 발견의 과정이 학습에 과오를 범할 수 있다. 따라서 새로운 지식을 조직화하고 분류해서 학습자에게 제공하는 것이 중요하다.

가네(Gagné, 1970)에 따르면, 모든 학습은 쉬운 과제에서 보다 복잡한 과업으로 진행되어야 하며, 복잡한 학습도 하위 학습과업을 점진적으로 달성함으로써 이루어질 수 있다.

3) 사회학습이론

반두라(Albert Bandura, 1977, 1986)는 행동주의와 인지이론을 통합하고자 노력했다. 그는 모든 학습이 행동에 반영되어야 한다는 것과 이것이 개인의 외부자극의 결과라는 개념은 거부하지만, 행동변화와 외부자극이 어떤 종류의 학습을 적절하게 설명하고 있다는 것은 인정한다. 한편, 내적 과정의 변화의 중요성을 인식하고 자기결정(self-determination)이 높은 수준의 학습에서 중요한 역할을 한다고 주장한다.

반두라에 의하면, 인간은 도전적이고 명확하지 않고 예측할 수 없는 미래의 상황에 얼마나 잘 대처할 수 있는지 서로 다른 판단을 내린다. 인간은 판단을 내릴 때 어떤 결정에 대한 결과를 상상하고 그로 인해 자신의 행동을 관리하게 된다. 인간의 상징화와 기대감에 대한 능력이 이런 결과에 반영된다(Lefrancois, 1991). 우리는 과거의 성취, 관찰 혹은 다른 유험한 경험, 언어적인 설득 등 사회적인 영향, 신체적인 자극 등에서 추출된 근거를 바탕으로 결정을 내린다. 이렇게 상호 연결된 정보들은 우리가 믿는 자신의 모습 혹은 우리가 되고자 하는 모습을 갖도록 도와준다.

4) 인본주의

인본주의 학자들은 행동 변화 혹은 인지과정보다는 그 사람의 총체적인 모습, 즉 마음, 인식, 감정, 가치관, 동기, 열망 등에 초점을 맞춘다. 매슬로우(Maslow)의 '욕구 위계'(1970)는 낮은 단계에서 시작하는 구체적 욕구들의 만족이 보다 높은 단계의 욕구를 어떻게 만족시키는지를 보여 준다. 제1단계 생존의 욕구, 제2단계 안전의 욕구, 제3단계 애정·소속감의 욕구, 제4단계 자아존중의 욕구는 욕구의 마지막 단계인 제5단계 자아실현을 수행하는 데 동기로서 작용한다. 학습은 궁극적으로 자아실현의 목적 달성을 향해 진행된다.

로저스(Rogers)는 내담자 중심의 심리치료를 토대로 개인의 성장과 발달을 이끄는 학습유형을 제시했다. 전체적인 개인의 참여, 자기발견, 학습자 개개인의 보편적인 모습 형성, 자기반성 및 과정의 평가 그리고 경험의 의미성에 초점을 맞추는 것 등이 그 특성이다.

5) 비판이론

비판이론은 '지식은 가르쳐지는 것이 아니고 학습자에 의해서 만들어져야 하며, 학습은 양적인 추가가 아니라 이해의 질적인 변혁이다.'라고 주장한다. 비판이론을 주장하는 학자들은 지배적인 문화 속에서 무비판적으로 수용된 가치, 믿음, 가정들에 대한 비판적인 관찰을 통해서 우리들의 인생경험을 의미 있게 하고 개인의 성장과 발달을 향한 중요한 걸음을 내디딜 수 있다고 말한다. 이러한 학습과정은 학습자들로 하여금 자신들이 갖고 있는 가정들에 도전하고, 맥락의 중요성을 성찰하고, 대안을 탐구하고, 성찰적인 회의를 허용하도록 요구한다. 변혁적인 학습은 의식과 세계관의 변화를 포함한다. 이러한 관점의 변화는 새로운 관점이 필요하거나 기존 관점을 허무는 경험에 의해서 시작되어, 자신의 진단, 가정에 대한 비판적인 진단, 한 사람의 경험이 완전히 독특한 것은 아니라는 인식, 미래를 위한 대안의 탐색, 미래계획, 필요한 지식과 기술의 습득, 선택된 대안으로 가는 길의 개발, 새로운 현실로의 재통합으로 이어진다(Mezirow, 1991).

2 노인의 학습능력

노인이 되면 새로운 것을 배우는 것도 어렵고 그들에게 새로운 것을 가르치는 것도 불가능하다는 사회적 편견이 있다. 노인이 되면 학습이 불가능하다는 주장은 대체로 세 가지 이유에서 기인한다. 첫째, 노인이 되면 학습능력이 결여된다는 것이다. 둘째, 지능은 노화할수록 감퇴하고 더욱 소멸된다는 것이다. 셋째, 노년화될수록 창의력이 감소된다는 것이다. 이 모두는 노인의 학습이 중요하지도 않을 뿐만 아니라, 노인의 학습이 어렵다는 것을 직·간접적으로 암시하며, 노인의 학습가능성을 부정하게 하였다. 따라서 노인의 학습능력이 불가능하다는 사회적 편견은 노인 스스로 학습활동에 참여하는 것을 주저하게 만들었다.

그러나 노인은 학습능력을 결여하고 있다는 것은 사회적으로 만들어진 편견일 뿐이다. 아무리 나이를 먹었다 하더라도 학습은 가능하고 그것은 여러 연구결과에 의해 이미 입증되었다.

1) 노화와 학습능력의 상관성

아그루소(Agruso, 1978)는 이미 오래전에 노인들의 지적 발달과 학습 간의 상관성을 연구한 여러 가지 실증적인 자료를 종합하였다. 데난트와 포그손(Tennant & Pogson, 1995)은 아그루소(Agruso)와 비슷한 연구를 하여 유사한 결과를 가져왔다. 노인과 학습능력에 관계된 대부분의 연구들은 공통적으로 한 가지 점에 동의하고 있다. 인간이 생물학적으로 노화되면 학습능력이 젊었을 때에 비해 다소 떨어진다는 점이다. 예를 들어, 20대, 30대 피험자에게 언어학습에 관해 시험을 본 후, 그로부터 35년 정도가 지난 후 다시 동일한 시험을 실시한 결과들이 학습의 노화현상을 지적하고 있다. 노인이 되었을 때의 시험성적은 청년이었을 때에 비해 낮아, 노인이 되면 학습능력이 젊었을 때보다 떨어진다는 것을 의미하는 것일 수도 있다. 그러나 실험 연구의 결과를 주의해서 해석할 필요가 있다. 그것은 연령의 차이로 학습능력의 여부를 해석하는 데는 보다 더 세심한 주의를 기울여야 한다는 것이다. 왜냐하면 노년의 학습능력과 학업성취 간의 차이에 대한 논란은 서로 다른 개념이라는 점이다. 노년의 학습능력은 새롭게 배워야 되는 기술이나 정보의 획득을 의미하는 반면, 노인의 학습성취는 그런 학습을 통해 관련된 성적의 정도나 점수를 의미한다.

노인이 되어도 학습능력은 떨어지지 않는다. 노인이 되어도 자신이 필요로 하는 지식을 배울 수 있고 인지할 수 있다. 물론 어떤 조건 아래에서는 노인 스스로 자기가 배운 지식을 재생해 내는 데 실패할 수 있다. 왜냐하면 노인은 학습을 성공적으로 수행할 수는 있으나 학습한 내용을 아주 빠른 속도로 재생할 수는 없기 때문에 학습능력과 학습성취 간의 차이가 나타날 수 있다.

노인의 학습능력을 결정하는 것은 학습의 속도감이다. 노인의 학습능력에 있어서 학습의 속도는 정보의 수용과 산출 간의 비율을 의미한다. 정보 수용과 정보 산출 간에는 노인 개인이 활용할 수 있는 시간이 변수로 작용한다. 따라서 노인의 학업성취와 학습능력에 있어서 정보 수입, 감지, 암기, 취사선택과 같은 학습의 능력을 결정하는 요인들과 이것을 학습결과로 재생하는 학업성취 간의 비교를 하기 위해서는 노인학습에 있어서 학습의 속도와 학습시간이라는 변인을 진지하게 고려해야 한다.

일반적으로 노인의 학습능력에서 중요한 요소는 시간인데, 노인에게는 장시간의 학습시간이 요구된다. 노인들은 짧은 시간 안에 문제를 풀거나 학습을 하는 것보다는 긴 시간 속에서 오랫동안 생각하면서 공부하게 하는 것이 중요하다. 학습이 일어나도록 긴 시간을 제공하였을 때 노인들에게는 학습성취력, 말하자면 정보 산출의 성공률이 높아진다. 예를 들어, 문제풀이와 노인의 학습능력을 측정하는 연구에서 노인에게 1.5초의 시간적 여유를 주었을 때보다 3초의 여유를 주었을 때, 노인이나 젊은이들은 비교적 정확한 학습반응을 보여 주었다는 연구결과가 있다. 특히 노인학습자의 경우, 젊은이에 비해 더 긴 시간적 여유를 주었을 때 보다 성공적인 학습의 효과를 경험했다는 연구결과는 시간의 길이가 아주 중요한 요소임을 보여 주고 있다.

노인 학습능력을 논의하는 데 있어서는 정보의 축적 여부가 아니라 축적된 정보의 재생조건이 중요하다. 성공적인 정보의 재생을 위해 시간적 여유가 영향을 준다. 노인에게는 학습하는 동안 수용한 정보를 성공적으로 탐색, 회생, 재생, 반응시킬 수 있는 충분한 시간적 여유를 제공해야 한다. 시간적 여유만 충분히 주어진다면, 노인의 학습은 성공적으로 진행될 수 있다. 결국 노인에게 학습능력이 결여되어 있다는 주장보다는 노인학습의 조건과 학습의 환경을 바꾸는 일이 더 중요하다는 것을 인지해야 한다. 따라서 노인을 위한 학습에서는, 마치 유아학습이 보통의 학교 교육환경과 다른 것처럼, 학생들에게 가르치는 종래의 학습환경과 전혀 다른 교수·학습방식이나 환경을 제공해야 한다. 또한 노인 스스로도 새로운 교육환경이나 학습조건을 형성하게 해야 한다.

2) 노인의 지능과 학습

연령 변화에 따른 지능과 세대 변화에 따른 지능의 문제가 노인의 학습능력과 관련될 때는 유의하여야 한다. 지능이라고 정의된 조작적 개념을 받아들여 지능의 변화를 노인의 학습능력과 관련시켜 해석할 때는 연령적 차이, 세대적 차이를 고려해야 한다.

예를 들어, 노인의 지적 능력 연구에 있어서 전문가인 샤이에(Schaie)는 피험자 500명에게 P.M.A.와 T.B.R., 사회경제적 지위에 관한 질문지를 제시하고 응답하게 한 적이 있다. 피험자 500명에 대한 실험결과는 종단적 연구 분석방법을 토대로 분석한 후, 다시 종단적, 횡단적으로 각 사례의 연구결과를 분석했다. 피험자 중 302명은 개인적 지능변화를 7년 간격으로 추적하기 위해 P.M.A., T.B.R.을 실시한 지 7년 만에 다시 P.M.A., T.B.R.을 재차 투입, 실시했다. 반면 500명은 20세부터 70세에 이르기까지 5년 간격으로 연령순으로 25명씩 선정한 후 P.M.A., T.B.R. 등을 투입, 반응케 했다(Bengston & Schaie, 1999).

샤이에(Schaie)는 연구결과를 통해 세대 간 지능적인 언어학습의 결과로 두 가지 현상을 분명하게 지적했다. 첫째, 종단적인 연구입장에서 판단했을 때, 즉 개인의 연령별 성장을 하나의 연대기로 늘어놓아 그의 학습능력을 알아보았을 때, 개인의 언어능력과 지능이 최고 절정에 이르는 시기는 55세쯤이었다. 결국 개인의 지능은 대체로 55세에 이르기까지는 지속적으로 상승한 후 그 연령을 기점으로 서서히 감소하기 시작했다. 그러나 개인차가 심했다. 개인의 지능이 55세를 고비로 하향한다고 하더라도, 70세 때의 지능이 결코 그가 25세 때 보여 주었던 지능에 비해 더 감소된 것은 아니었다. 오히려 70세 때의 지능은 35세 때 보여 주었던 지능과 거의 비등한 상태를 유지하고 있었다.

둘째, 횡단적인 연구입장에서 해석할 때, 다시 말해서 같은 연령대의 학습자들이 보여 주는 지능에서 볼 때, 개인의 지능이나 언어능력의 절정을 보여 주는 연령은 약 35세 정도였다. 즉, 인간의 지능이 최고의 능력을 보여 주는 연령대는 약 35세 전후였다. 그러나 이것을 세대별로 견주어 본다면 70세 연령층 노인집단이 보여 준 지능은 다른 연령층의 지능에 비해 최하위에 머물러 있었다. 평균적으로 이야기할 때 노령인구 간의 개인차가 엄격하게 있음에도 불구하고, 노년층의 지능은 젊은이에 비해 상대적으로 낮음을 나타냈다. 따라서 노년층들에게는 젊은이들에게 적용되는 학습과는 질적으로 다른 새로운 학습방법이나 학습활동이 필요하다는 점을 시사받을 수 있다.

이 연구결과는 노인의 학습을 연구하는 학자들에게 새로운 사실, 즉 개인의 지능은 연령의 변화에 따라 급작스럽게 감소하거나 변화하지는 않는다는 점을 보여 준다. 노인의 지능 변화는 상당한 개인차가 있음을 알 수 있다. 지능검사에 의한 노인의 지능점수는 노인의 지능 그 자체뿐만 아니라, 사회적 환경 조건에 의해서도 영향을 받고 있어서 노인들에게 실시되는 지능검사는 세심한 주의가 필요하다.

또 다른 연구에 의하면, 노인들의 학습활동에는 여러 가지 새로운 조건들이 새롭게 부과되어야 한다. 실험은 연령에 따라 세 집단으로(11~14세, 30~50세, 51~80세) 나눠 P.M.A. 검사를 하였다. 실험은 전체 피험자를 두 집단으로 분류, 한 집단에게만 20분짜리 사전검사를 실시했다. 사전검사의 목적은 피험자에게 피로효과를 주기 위해서였다. 사전검사가 끝난 후 곧이어 모든 피험자에게 본 검사를 실시했다. 연구의 목적은 학습 전에 피로를 경험한 학습자들이 실제 학습에서 어느 정도의 학습 부작용을 경험하는가를 알기 위해서였다.

이 연구결과는 연령과 피로 간에 상호작용 효과가 있음을 보여 주었다. 첫째, P.M.A. 검사 중 언어적 의미 파악력과 추리력에 관한 세부검사에서 학습 전 피로효과가 지속적으로 남아 있는 노인집단은 낮은 점수를 기록했다. 이에 비해 11~14세, 30~50세 집단은 피로효과에 의해 큰 영향을 받지 않았다. 둘째, 51세 이후의 연령집단과 30~50세 연령집단은 P.M.A. 언어사용의 유창성 세부검사에서 피로효과의 영향을 받지 않았다. 그러나 아동집단(11~14세)은 피로효과 때문에 그 검사에서 낮은 점수를 기록했다. 즉, 성인집단은 소년집단보다 언어사용의 유창성 검사에서 월등히 높은 점수를 기록하고 있었는데, 그것은 성인집단이 아동집단에 비해 아무런 피로효과도 느끼지 않았기 때문에 그랬던 것이다.

한마디로 말해 노인집단은 아동집단과 마찬가지로, 피로 같은 요인들이 각종 시험결과에 있어서 아주 부정적인 영향을 끼치는 요인임이 드러났다. 연구결과 첫째, 지능검사에서 피로 같은 정신적 · 생리적 요인은 노인들의 지능검사 점수성적에 영향을 준다. 둘째, 노인의 지적 능력을 문제시할 때 피로, 교육 정도, 연령 같은 요인을 고려하지 않은 채 노인지능의 변화나 인지능력 저하로 일반화할 수 없다.

3) 노인의 인지발달과 지혜

인지발달 과정은 성인기에도 지속된다. 노인이 되면 기억이 감퇴한다는 주장은 논란의 여지가 있다. 일반적으로 기억은 4단계로 분류하여 설명된다. 환경으로부터 들어오는 정보를 처리하는 첫 단계인 감각기억

(sensory memory)에서는 엄청난 양의 정보가 잠깐 동안 저장된다. 나이가 들어감에 따라서 들어오는 정보의 처리속도가 늦어지고, 그 결과 두 번째 단계에서 처리되지 못한 정보는 다음 단계로 갈 기회를 놓치게 되고, 이 단계를 통과한 정보는 두 번째 단계인 초보적 기억 단계(working or primary memory)로 넘어간다. 이 단계는 기억용량은 작지만 전단계의 기억에 비해서 오랫동안 유지된다. 이 단계에서의 기억 손실은 정보를 조직화하고 반복적으로 사용하기 위한 전략의 활용능력 감소와 관련된다. 세 번째 단계는 2차적 기억(secondary memory)으로 우리들의 일상적인 생활을 회상하는 능력이 나이와 함께 감소할 수 있는데, 그것은 주로 정보를 조직화하고 인출하는 전략이 사용되지 않기 때문이다. 오래된 과거의 기억인 장기기억(tertiary or long-term memory)은 나이의 영향을 별로 받지 않는 것으로 보인다(Cavanaugh, 1993).

창의성에 관한 여러 가지 정의와 측정도구들은 연구자들에 따라서 서로 다른 결과를 가져온다. 이에 대해서 스티븐-롱(Steven-Long, 1984)은 창의성을 측정할 수 없다면 창의성을 발전시키는 것도 어렵다고 지적했다. 또한 창의성은 자연적인 표현, 기술적인 숙달, 새로운 것을 만드는 것, 아이디어를 새롭게 만들거나 재조립하는 것 그리고 순순한 독창성으로 삶 전반에 걸쳐서 나타나는 사고의 형태라고 보는 견해도 있다(Kimmel, 1990).

지혜란 교육적인 개념 혹은 교육시킬 수 있는 대상이 아니라 학습의 결과로 생긴다. 지혜란 '지식, 경험, 이해, 상식 그리고 통찰력을 활용하여 생각하고 행동할 수 있는 능력 혹은 그 능력에서 생긴 결과물' 그리고 '축적된 지식, 박학함 혹은 깨달음'으로 정의되고 있다. 지혜는 어떤 측면에서 오랜 세월을 살아오면서 습득된 지식, 의견 그리고 관점의 보고다(Jarvis, 1992). 사람들은 흔히 나이가 들수록 더 지혜로워진다고 한다. 이 주장에 대한 충분한 근거를 찾기는 쉽지 않지만, 대부분의 사람들은 오래 살면 살수록 경험의 폭은 넓어지고 편견은 줄어든다.

무디(Moody)에 따르면, 지혜롭다고 인정받는 노인들은 전혀 새로운 상황에서 과거의 경험에서 얻은 교훈들을 새롭게 사용하는 사람들이다. 그들은 과거의 경험을 버리지 않고 경험에서 학습한 것을 비유적으로 사용한다는 것이다. 즉, 어떤 조직의 현명한 지도자가 되기 위해서는 수십 년간의 경험이 뒷받침되어야 한다는 것은 나이가 들수록 폭넓은 관점으로 삶을 조망할 수 있기 때문이다.

노인이 지혜롭다는 또 다른 이유는 다른 사람의 공감대를 불러일으킬 수 있는 지혜는 어느 정도 시간이 흘러서야 비로소 체득되기 때문이다. 간디, 톨스토이, 아인슈타인이 젊었을 때도 현명하긴 했지만 우리의 마음속에는 노인이 된 그들의 모습이 훨씬 강하게 남아 있다.

이처럼 지혜는 성공적인 노화의 필수요소라 할 수 있다.

노인들이 가진 지혜를 활용할 수 있는 영역

- 문화의 보존을 돕는 것
- 자신이 학습하고 소중하게 생각하는 것을 다른 사람들에게 전달하고 멘토로서 역할을 수행하는 것
- 자원봉사와 사회참여를 통해서 보다 좋은 사회, 보다 좋은 삶을 만드는 것을 돕는 것
- 현대 사회에서 소홀하게 취급되기 쉬운 영적, 미적인 영역의 가치를 재조명하는 것

제 5 장

노인교육의 방법

노인교육은 보통 학습자가 원하고 필요로 하는 것, 학습자의 지식수준, 학습태도, 인생경험, 원하는 교수방법 등에 의해 정해지게 된다. 그렇다고 각 개인의 교육적 배경을 바탕으로 독특하고 유일한 교수방법을 기획해야 한다는 것은 아니지만, 학습을 하게 될 노인들의 특성이 수업의 방향을 결정하는 요인이 된다. 학습자로서 노인들의 특성은 그들이 가진 다양한 경험과 학습 참여 동기 및 자기주도성을 들 수 있다. 노인교육 교수자들은 노인학습자의 독특한 특성을 잘 이해하고, 노인학습자들이 어떻게 학습하고 그것을 어떻게 사용하는지를 교수자에게 전달하도록 기회를 주어서 학습자들이 원하는 방향과 다른 학습을 하지 않도록 해야 한다.

1 노인교육의 원리

노인교육에서는 노인학습자들의 자기주도성, 경험, 문제해결력, 내적 동기를 고려해야 한다.

1) 자기주도성의 원리

노인들 중에는 타인의 도움을 필요로 하는 경우도 있지만 미국의 경우 90%가 넘는 노인인구가 경제적, 물리적, 사회적으로 독립되어 있다. 노인학습자들은 아동들과 달리 자신들만의 학습목표를 세우고 싶어 하고 자신들에게 효과적인 방법으로 학습받기를 원한다. 따라서 노인교육의 교수자들과 프로그램 개발자들은 학습목적과 학습내용, 교수방법 등을 논의할 때 학습자들을 참여시키는 것이 효과적이다. 노인들이 프로그램 개발에 자발적으로 참여함으로써 학습요구를 충족시키고 그들의 경험을 활용할 수 있도록 한다.

그러나 모든 노인이 이 범주에 속하는 건 아니다. 대부분의 노인들이 최근 교실에 대한 체험이 별로 없거나, 젊었을 때 학업성적이 좋지 않거나, 노년기에 학습을 잘할 수 있다는 확신이 없기 때문에 사회의 고정관념과 두려움을 가지게 된다. 이런 생각들은 학습에 임하는 데 부정적인 영향을 미치며, 자신들이 공부하기에 너무 늙었거나 뭔가를 이루어내기엔 너무 무지하다거나 학습자들과 함께하기엔 기술이 너무 부족하다는 생각을 하게 한다. 자신의 능력을 축소시켜 생각하면서 자신은 실패할 것이고 원하는 목표를 이루지 못할 것이라는 근심을 하면서 실패의 기미가 보이면 곧 포기한다.

볼턴(Bolton, 1976)은 이러한 부정적인 태도는 교수자와 학습자 간의 인간적 접촉을 통해서 해결될 수 있고, 교수자들이 학습자들의 불안감을 해소하도록 돕는 역할을 해야 한다고 강조한다.

교육에 대한 노인들의 자기주도성의 범위는 매우 넓다. 과거에 다른 학습을 성공적으로 해 낸 자아개념이 높은 사람들은 다음 학습에서도 자기 스스로 학습방법을 정하지만, 학습의 경험이 적거나 아예 없는 사람들은 학습을 성공적으로 마치기 위해 교수자의 지지와 도움이 절대적으로 필요하다.

2) 경험의 원리

노인들은 다른 세대에 비해 경험이 풍부하고 다양하다. 성인에게 있어서 경험이 그 사람 자체이고 그가 겪은 경험들을 바탕으로 그만의 정체성을 정립하게 된다(Knowles, 1980: 44). 경험에는 많은 시간과 노력이 필요하므로 그의 경험이 축소화되거나 사용되지 못할 때 사람들은 인정받지 못한다는 느낌을 갖게 된다. 학습상황에서 학습자 개인의 경험이 인정받고 다른 학습자들과 함께 나누도록 격려받으면, 그 경험은 다른 일을 하게 하는 촉진요인이 되고, 개인의 가치를 높여 주며, 과거의 경험을 새로 습득하게 될 지식과 연결할 수 있게 해 준다.

노인학습에서 개인의 경험은 다음과 같은 의미를 갖고 있다.

첫째, 노인학습은 경험에 근거를 둔다. 노인들은 효과적으로 삶의 형태에 따라 원하는 교수법을 택할 수 있다.

둘째, 아동들은 미래에 사용하게 될 지식을 배우는 것으로 만족하지만, 성인들은 자신의 삶에 실질적으로 사용할 수 있는 학습을 원하기 때문에 이미 갖고 있는 지식과 새로이 습득하게 될 지식이 연관성이 있는 것을 원한다.

셋째, 성인들은 자신이 경험한 세계 안에 살고 있기 때문에 자신이 경험한 것 외에는 받아들이기 힘든 경우가 있다. 이런 경우는 경험이 득이 되기보다는 오히려 장애요인이 될 수 있다.

노인학습에서 경험은 매우 유용한 자산이다. 노인들에게 경험은 지식의 근원이며 학습자료가 된다. 대부분의 노인들은 새로운 지식을 습득할 때 자신이 이미 알고 있는 지식과 연결하며 배워 나간다. 그렇기 때문에 자신의 원래 지식과 연결이 안 되거나 맞지 않으면 금새 잊어버리거나 받아들이지 않는다. 교수자들은 실질적이고 효율적으로 새로운 지식을 예전 지식과 연결시켜 배워 나갈 수 있는 방법을 찾아야 한다. 이것은 노인학습자들과의 토론에 의해서 찾아지기도 하고, 또는 경험이 있는 학습자들의 식견에 의해서, 학습방법을 연구해 본 학습자들의 의견을 통해서, 혹은 현재와 과거의 경험을 통합해 스스로 질문을 해 가며 찾을 수도 있다.

3) 발달단계의 원리

인간은 발달단계에 따라 배움에 대한 가치와 필요가 절실해지는 순간이 있다. 인생을 살아가는 동안 각 단계에서 해결해야 할 일들이 계속 일어나기 때문이다. 이러한 발달단계에서 도움을 줄 수 있는 학습은 노화의 과정에 필수적인 것이다.

헤비거스트(Havighurst)는 이런 단계의 예로 나이가 들면서 육체적으로 약해져 도움이 필요한 때, 은퇴해서 수입이 줄어들 때, 배우자가 죽었을 때, 경로당에 나가게 될 때, 사회적 위치가 바뀌어 갈 때, 건강상의 이유로 삶의 환경을 바꿔야 할 때 등을 들었다. 노인이라고 해서 다 같은 것은 아니지만, 대부분의 노인들이 비슷한 문제를 직면하고 있고 문제의 해결책으로 찾는 것이 노인교육이다. 이때 교수자의 역할은 당사자와의 합의점을 찾아서 해결하는 데 도움을 주고 노인들의 필요를 충족시킬 수 있는 방법을 개발하여 도입하는 것이다.

4) 문제해결의 원리

노인들이 학습에 참여하게 되는 동기는 그들이 직면한 문제의 해결점을 찾기 위해서다. 그들의 배움에 대한 동기는 실생활에 도움이 되고 유용한 정보를 얻기 위해서다. 훌륭한 학습내용이라 함은 이들에게 의미가 있는 것이어야 한다.

노인들은 그들이 원하는 것과 그들의 배경을 잘 이해하는 교수자에 의한 교육을 받고자 한다. 노인학습자들은 이론적이기보다는 실질적인 내용, 전반적인 이해보다는 사용할 수 있는 지식을 원한다. 교육내용은 특정 내용을 포함하고 학습내용을 잘 활용할 수 있도록 전달되는 교수방법이 노인학습자들에게 호평을 받는다. 선호하는 교수방법으로는 시범을 보여 줌으로써 직접 관찰하고 실제 생활에서 반복하도록 하는 것이 있다(Knox, 1977).

노년기는 인생을 정리하고 이해가 어려웠던 부분들을 이해하게 되는 단계다. 교육은 이러한 이해를 도우며 의미를 찾고 활용하고 현재와 미래의 가치를 찾게 하는 과정이다.

5) 내적 동기의 원리

노인들의 학습에 대한 동기는 자기가 아닌 다른 사람의 기대치에 도달하기 위해서보다는 문제해결에 대한 답을 구하고 이해하기 위한 것이다. 노인들은 학습계획을 실행해 나가기 위한 학습목표를 결정하는 데 중요한 역할을 하며, 목표를 달성하기 위해 그만큼의 책임감도 가져야 한다. 노인들은 가족의 발전이나 시민의식, 생산력에 직접적으로 영향을 주지 않기 때문에 사회에서의 역할이나 노인교육에 관한 관심이 적다. 그러므로 노인들이 교육에 참여하는 동기는 외적인 권고보다는 내적인 동기에 의해서 참석하는 경우가 많다. 어떤 경우에는 노인들에게 학습보다 휴식시간에 갖는 사교가 더 의미 있는 경우도 있다. 좋은 강의나 훌륭한 시청각 자료보다는 분위기 좋은 그룹을 형성하는 것이 노인들의 교육에 더 효과적일 수 있으므로 교수자들은 학습자의 기대와 요구가 무엇인지에 대한 확실하게 알아야 할 것이다.

2 노인교육 교수자와 학습자의 역할

노인교육을 기획하고 진행하는 데 있어 학습자와 교수자의 역할과 학습 분위기는 중요한 영향을 미친다. 노인교육에서 학습자의 역할은 일방적으로 받아들이는 교육이 아닌, 함께 참여하고 결정을 내리는 방식의 학습이기 때문이다. 일부 교수자들에게는 결정권을 학생과 나누는 것이 힘들 수 있지만, 장기적으로 볼 때는 교수자와 학습자의 동의하에 학습을 운영하는 것이 훨씬 더 효과적이다. 예컨대, 어린 학생들에게 학습주제나 학습전략에 대해 질문하면 수업시간에 배운 것 외에는 삶과 직접 연결된 대답을 하기 어렵지만, 노인들은 그들의 요구가 분명하다. 그러므로 교수자와 학습자는 그들의 필요와 요구를 진단하고 수행하기 위해 학습 초기에 충분한 시간을 할애해야 한다.

노인학습자에게는 학습의 목표를 달성하는 데 어떤 점이 효과가 있는지 고려해 볼 수 있는 기회를 주어야 한다. 교수자들이 지식과 교수방법에 있어선 학생보다 뛰어나겠지만, 그것만이 노인학습의 척도는 아니기 때문이다. 학습자와 교수자의 토론에서 서로의 기대치를 얘기하고 질문하고 답하는 시간을 가짐으로써 학습자들에게는 자신들의 원하는 결과를 분명히 하고 교수자는 자기가 가진 지식 위에 학습자들로부터 통찰력을 더함으로써 보다 나은 결과를 기대할 수 있다. 특히 교수자가 학습자에게 원하는 것을 직접 얘기하고 학습자를 학습을 실행하는 파트너로 여긴다는 인식을 분명히 하는 것이 중요하다.

노인학습자들은 자신의 학습 방향을 스스로 정하며, 학습에 대하여 특정한 문제나 관심 또는 필요성을 갖고 임한다. 그런 전제하에 교수자는 학습자와의 관계를 학습의 효과가 최대화되도록 격려하고, 노인으로서 독립하며 발전해 나가도록 돕는 조력자가 되어야 한다. 또 노인들의 정식 교육기간이 한정되어 있기 때문에 학생으로서의 역할을 잘 해 내도록 도와야 한다. 노인들은 자신의 의견을 피력하는 데 주저하거나 간접적으로 말하는 경우가 많다. 그러므로 교수자는 인내를 갖고 노인들이 무엇을 원하는지 파악해야 한다. 초기에 교수자와 학습자 간에 긍정적인 관계가 성립된다면 그리 어려운 일이 아닐 것이다.

노인들의 생각에 젊은 교수자는 인생의 어떤 주제에서는 의미 있는 답변을 못할 거라는 가정 하에 나이가 있는 교수자를 원한다는 가설이 있지만, 경험이나 연구조사에 따르면, 그것은 큰 문제가 되지 않는다. 린드스코프와 찰리(Rindskopf & Charles, 1974)는 노인교수자가 젊은 학생을, 젊은 교수자가 노인학습자를 가르치게 하고 평가를 내렸을 때 효율성에서 별 차이가 없었다고 주장한다. 노인학습자는 젊은 교수자, 노인교수자 모두에게 좋은 평가를 내렸다. 이를 볼 때 충분한 지식과 효과적인 교수방법이 있다면 나이 때문에 노인들을 가르치는 일을 주저할 필요는 없다.

교수자와 학습자는 서로를 평가하는 일에서 명확해야 한다. 노인학습자는 배우는 것 자체를 두려워한다. 게다가 시험이 부가되면 두려움이 증폭된다. 노인들은 자신이 얼만큼 배웠는지에 대한 평가를 피하고 싶어 한다(Goodrow, 1975b). 그러나 노인교육에서의 평가란 학습자 자체에 대한 평가보다는 학습효과는 어떠했는지 실생활에 도움이 됐는지, 필요는 충족했는지, 교수자는 명확하게 지식을 전달했는지 등에 맞춰질 것이다.

노인학습자에게 있어 교수자에게 평가를 받는 것을 자신감에 대한 모욕으로 생각할 수도 있다. 그러므로 평가는 비평이 아닌, 학습 전과 학습 후의 비교로 원하는 교육이 이루어졌는가를 진단하는 형성적 평가가 효과적이다. 즉, 프로그램이 아직 진행되고 있을 때에 원하는 방향으로 잘 가고 있는지 진단하는 것으로 중간고사 같은 측정도구를 사용할 수 있다.

노인학습자들은 평가의 기준을 능력이나 지식수준으로 보고 두려워하거나 피하고 싶어 한다. 교수자와 학습자는 평가의 목적과 필요성, 평가의 활용도들을 의논하고 평가하는 방법도 논의할 필요가 있다. 학습자들이 평가를 자신의 대한 성적평가가 아닌, 학습 자체에 대한 평가임을 인식한다면 두려움 없이 쉽게 받아들일 수 있을 것이다.

노인들에 대한 평가는 노인학습자들이 학습기회에 감사하며, 학습을 통해 얻은 것의 가치를 인정하고, 건설적인 비평까지도 하게 한다(Rindskopf & Charles, 1974). 노인들은 가정 외의 기관에서 도움 받는 것에는 익숙지 않기 때문에 대학이나 병원, 지역사회, 공립학교 등에서 제공하는 교육 프로그램에 대해 평가나 토론을 발전의 계기로 삼기보다는 단순히 긍정적인 답례로 생각한다. 그러므로 노인교육 담당자는 노인학습자들의 지나친 긍정적인 평가는 프로그램에 반영하기 전에 검토할 필요가 있다.

3 학습장소의 분위기

노인학습에 있어서 학습자의 심리적 성향은 학습을 실행하는 중요한 요건이 된다. 노인들은 새로운 환경에의 적응이 더디고 참여하는 데 적극적이지 못하기 때문에 잘 융화되도록 하기 위해서는 집단의 분위기가 크게 영향을 미친다. 교수자와 학습자는 대화를 통한 격려가 필요하며, 교수자와 학습자 간의 협동심이 요구되고, 서로의 지식과 경험이 존중되는 분위기가 형성되어야 한다.

그러나 많은 노인들은 스스로에 대해 부정적 편견 때문에 자신감도 부족하고 실제 능력보다 기대치도 훨씬 낮게 갖는다. 노인들의 긍정적인 자아개념은 학습참여에 도움이 된다. 자신감이 높은 사람은 학습에 대한 높은 기대를 갖게 된다. 높은 자신감은 노인들에게 새로운 아이디어와 경험에 대해 개방적이고 새로운 시도와 모험도 하게 한다. 반면에 과거의 성공적이지 못했던 학창시절을 가진 노인들은 보편적으로 학습참여에 대해 낮은 기대치를 갖는다.

노인들의 학습참여는 교수자들의 격려뿐만 아니라 가족과 동료, 친구들의 긍정적 기대도 중요한 역할을 한다. 노인들은 누군가 학습을 시작하도록 옆에서 격려해 주고 포기하지 않도록 긍정적인 분위기를 조성해 주면 자신감을 얻고 모험도 시도하며 잘하려는 욕구도 생기고 차차 두려움과 압박에서 벗어나게 된다.

노인학습자들의 이전의 교육적 배경은 매우 중요하다. 노인들은 어린 시절 통제적인 학습환경에서 공부했기 때문에 노인학습에서도 비슷한 분위기를 연상한다. 한편으로는 교수자 중심적인 옛 방식을 상상하기도 하고, 또 다른 한편으로는 학습자 중심적인 현대 방식을 기대하기도 한다. 이런 상반된 기대 때문에 처음부터 적극적으로 학습하기보다는 방관하며 살피다가 원하는 학습 분위기가 되면 적극적으로 참여하게 된다.

그러므로 이런 갈등을 해소하기 위해 교수자는 자신의 학습법을 설명하는 것 외에도 학습자들의 교수자들에 대한 기대, 자신들의 학업에 대한 기대도 토의하게 해야 된다. 이런 설명은 학습이 시작되는 시기에 이루어지는 것이 좋다. 교수자는 자신의 교수방법이 신뢰할 만하며 효과가 있다는 확신이 있어야 한다. 많은 경우 교수자들은 자신이 민주주의적이고 진보적이며 학습자 중심의 학습을 한다고 생각하면서도, 실제로는 학습 분위기와 목표 설정에 있어서 학습자의 의견을 반영하지 않는 경우가 많이 있기 때문이다. 처음에는 교수자가 자신의 생각에 따라 학습자 개개인과 전체의 수준에 맞춰 학습에 관한 사항들을 결정하지만, 시간이 지남에 따라 학습자들의 요구를 반영시킴으로써 학습자들의 중요성을 보여 준다. 학습자의 의견이 받아들여지는 결과나, 속도가 느린 학습자에 대한 교수자의 인내심이 학습자들의 앞으로 참여도를 결정하게 된다.

교수자는 학습자들에게 집단의 협동심을 격려하며, 지식 탐구를 부추기고, 학습자들 간의 유대감을 형성할 수 있는 유리한 위치에 있다. 그런 교수자의 노력에 따라 학습 분위기는 즐겁고 편하며 참여도가 높아질 수 있지만, 그렇지 못할 때 학습자들은 자기들의 원하는 것만 습득하면 바로 학습을 종결시킨다.

노인학습에서는 학습자들 간의 상호관계가 학습자의 동기유발에 중요한 역할을 하기 때문에 서로 돕고 격려하는 학습 분위기를 조성해야 한다. 각자 소개를 한다거나, 자신의 성장배경, 취미 등을 함께 얘기할 수 있고, 소그룹 프로젝트를 할 수도 있다. 그러나 보통은 쉬는 시간이나 수업 전후의 사귐을 통해서 서로 맞는 사람을 찾게 된다. 이러한 모든 과정을 통해서 교수자가 염두에 두어야 할 것은 노인학습자들은 학생인 동시에 교수자도 된다는 것이다. 학습자들 간에도 서로 배울 것이 풍부하고 또 그것을 통해서 서로 격려하고 도움을 주고받게 되는 것이다. 교수자는 학습자 개개인을 대하기도 하지만 집단 전체를 하나로 대하기도 하기 때문에 전체를 보다 더 많이 참여시키는 방법으로 학업률을 높일 수 있다.

그러므로 노인학습자들은 학습과정에서 자신들이 원하는 것과 두려운 것이 무엇인지 표현할 수 있게 해야 한다. 의사전달은 솔직하고 의미를 갖는 열린 대화여야 한다. 그러나 대부분의 노인들은 이러한 의사소통에 익숙하지 않다. 배움은 격려와 대화를 나누는 것만으로는 이루어지지 않는다. 서로 인정받고 인정하며 용기를 주며 자신이 의미 있는 존재로 받아들여졌다는 확신이 있는 분위기 안에서 배움이 이루어진다.

노인학습에서 교수자의 역할은 지식의 전달이 아닌, 학습 분위기를 조성하고 용기를 주고 각 개인의 학습 참여도에 큰 의미를 두어야 한다. 학습 분위기와 학습내용이 학습자들에게 위협적이지 않아서 즐겁고 편안하면서도 배움이 있는 학습 분위기를 만들어야 한다.

4 노인교육 방법

1) 교수자 중심의 교수법

교수자 중심의 교수법은 가장 전형적인 학교교육 방법으로 지식과 기술을 익히는 데 유용하다. 교수자 중심의 교수법은 다음의 네 가지 가정을 하고 있다.

첫째, 교수자 중심의 교수법은 지도에 책임을 지고 있는 교수자들이 학습자의 경험을 통제하거나 관리할 수 있다고 가정한다. 학습자들은 교수자의 지시를 정확하게 따르고 적절한 시기에 반응하면 된다. 학습자들은 어떻게 행동해야 하는지 교수자로부터 지시받게 된다. 지시에 바르게 반응하지 못할 때는 부정적인 강화가, 바르게 반응할 때는 긍정적인 강화가 주어진다. 종종 이 교육방법은 행동은 결과에 의해 결정된다는 행동주의 이론의 모형을 취한다. 미리 정해진 행동을 강요받게 되므로 학습은 일어나지 않는다. 학습은 취해야 할 행동이 알려져 있는지의 여부를 떠나 '강화'에 의해서 일어난다고 볼 수 있다.

둘째, 교수자 중심의 교수법은 개인적인 학습유형의 차이를 고려하지 않고 중간 수준의 집단에 두고 학습처방을 하게 된다. 집단으로 이루어진 학습상황에서 처방은 대개 중간 정도의 수준을 지닌 3분의 1의 학습자의 능력에 맞춰 이루어진다. 하위에 있는 3분의 1의 학습자들은 그들의 능력을 향상시켜야 하며, 상위 3분의 1의 학습자들은 흥미를 느끼지 못하게 된다. 개인의 학습상황에서 교수자에 의해 학습자의 유형이나 능력이 미리 조사되어야만 처방은 학습자의 상황을 정확하게 반영할 수 있다. 노인학습자들은 개인 혹은 집단을 대상으로 하는 교육방법에서 인생경로나 연령집단에 의해 일어나는 개인적 차이를 고려하지 못한다.

셋째, 교수자 중심의 교수법은 권위에 의존하고 있다. 권위가 단순히 교실에 서 있는 교수자 또는 학생들의 얼굴에서 나타나는 순종적인 태도 등을 상징하는 것으로 보이지만, 실제로 그것은 교육과정과 내용을 정의하는 교육방법에 내재해 있다. 교과과정이 정해지면 적절한 내용과 복잡성 정도가 미리 선택되고, 질문에 대한 올바른 답만이 권위에 의해 선택되는 것이다. 학습자는 다른 대안은 없는 것처럼 마치 한쪽 방향으로만 수동적으로 행동한다. 권위는 정서적인 면은 고려하지 않은 채 인지적인 내용과 결과에만 의존하게 한다.

넷째, 교수자 중심의 교수법은 학습효과를 통제하고 있다. 즉, 효과성은 권위에 의한 완전한 통제로 보장될 수 있는 것이다. 가장 높은 수준의 의존성을 요하는 교육적 권위에서의 효과성이란 과정은 고려되지 않은 정보의 투입과 산출만을 고려하게 된다.

놀스(Knowles, 1973)는 학습과 학습능력이 교수자 중심의 교수법으로 진행될 때의 상황을 다음과 같이 설명했다. 학습자는 의존성이 높고, 권위에 대한 존경심을 보이며, 도구적 목적을 실현하기 위해 학습한다. 또한 경쟁적인 환경을 기대하며, 비판적 판단력이 없는 상태로 청취하며, 정보를 보유하기 위해 주의를 기울이며, 시험 질문을 예측한다.

교수자 중심의 교수법은 노인학습자들에게 적용하기에 부적절하다. 노인교육은 노인들의 초기 인생경험과 자신들의 개인 인생사가 반영되어야 한다. 이것이 노인학습자들이 새로운 학습방법으로 학습할 수 없다는 것을 의미하는 것은 아니다. 즉, 노인학습자들이 공식교육과정을 통해 그들이 받아 왔던 교육의 방향과 일치하는 학습에서 흥미를 갖고 있고, 여기에 더해 노인들의 인생경험이 반영되어야 함을 의미한다.

2) 학습자 중심의 교수법

학습자 중심의 교수법은 교육과정을 결정하는 데 있어 학습자의 자율성을 강조한다. 이 방법은 다양한 개념적 구성요소를 포함하고 있다. 학습자 중심의 교육방법은 학교에서 오랫동안 중요하게 다루어졌는데 노인들을 위해 이 방법을 채택하기 시작한 지는 얼마 되지 않았다. 이 방법을 보편적으로 노인에게 적용할 때 강조되는 개념 중 하나는 전형적인 학교지향적인 방법이 아니어야 한다는 것이다. 그것은 교수자와 학생, 교실이라는 전통적인 틀을 배제한 상태에서 중심주제를 경험의 재검토와 재구성을 통해 탐구해야 한다. 학습자 중심의 교수법은 앤드라고지 가정을 바탕으로 정적인 내용에 기초하여 과정 중심으로 학습자의 발견을 중시하고 이전의 학습경험을 중시한다.

• 앤드라고지(Andragogy)

자율성 중심의 교육방법과 관련된 기본적이고도 개념적인 기제가 바로 앤드라고지다. 놀스에 의하면, 앤드라고지라는 용어는 '성인남자(the man)'를 가리키는 그리스어 aner와 '지도자'를 가리키는 agogus에서 유래했다. 따라서 앤드라고지는 성인을 가르치는 기술과 과학으로 해설될 수 있다. 앤드라고지 이론의 네 가지 중심가정은 다음과 같다(Knowles, 1980).

첫째, 자아개념의 변화: 사람들은 성숙과 더불어 의존적인 자아개념에서 자기지시적인 자아개념으로 이동한다.

둘째, 경험의 확장: 기본적인 경험의 영역이 확장됨에 따라 새로운 학습과정에서 그것을 기초수단과 좌표 등으로 활용한다.

셋째, 학습의 용이성: 성숙한 개인은 도구적이고 의미적인 학습경험에 자발적으로 참여하며, 또 발전적인 결과를 예측한다.

넷째, 학습지향성: 성인학습자들은 주어진 주제에 숙달하는 것보다 문제해결력에 초점을 두어 학습하는 경향이 있다.

• 정서적 내용

학습과정에서 감정이 차지하는 비중을 고려할 때 정적인 내용에 기초한 교육방법은 학습자의 감정, 가치관, 개인 간의 행동에 집중할 수 있게 해 준다. 허스트(Hurst, 1980)는 정서적인 영역은 인식과 불가분의 관계에 있다고 간주하고, 학습능력의 선행조건으로 '참여'라는 정적인 요소를 고려해 보면 그것은 노인들의 에너지가 감소하고 그들의 학습 욕구가 증가하는 것을 어느 정도 절충해 주는 것이 될 수 있다고 하였다. 교육의 정서적인 측면을 인식하는 것은 노인들 스스로 학습을 촉진할 수 있도록 도와주는 가장 중요한 요소 중 하나다.

• 비지시성

가르치는 과정에서의 비지시성을 고무시키기 위해서 로저스(Rogers 1969)는 가르치는 것은 극도로 과대평가된 기능이라고 하였다. 그의 주장은 지시적 방법을 통한 지도나 교육은 내용을 규정하기에는 역부족일 뿐 아니라 그 내용과 상호 의사소통하기에 불충분하다는 것이다. 그가 중요시하는 것은 개인의 관심과 학습스타일에 중점을 둔 학습을 이끌어 낼 수 있는 비지시성을 '학습촉진'의 과정으로 마음속에 그리는 것이다. 새로운 학습이 일어날 때 성인들의 풍부한 경험을 활용해 내용과 좌표를 만드는 것까지 포함하는 것이다. 따라서 비지시적이라 함은 실제로 학습과정에 중점을 두는 것이다. 그것은 어떻게 하면 한 개인이 만족스러운 스타일로 가장 효과적으로 학습할 수 있을 것인가에 대한 이해로부터 출발한다. 나아가 학습자가 학습해야 할 것을 결정할 수 있는 기회를 주는 것이기도 하다. 결과적으로 학습촉진자는 학습경험에 중점을 두어 학습자원을 잘 활용할 수 있게 도와주며, 학습과정에 함께 참여하면서 어떠한 학습경험이라도 학습자에게 의미 있는 것이 되도록 도와주는 역할을 한다.

• 과정 중심

학습자 중심의 또 다른 방법으로 과정 중심을 들 수 있다. 과정에 중점을 둔 교육은 학습자가 적극적으로 더욱 세련된 학습활동과정을 경험할 수 있도록 고안된 것이다. 과정 중심의 교수법은 학습자의 학습경험을 존중하는 가장 친숙한 방법으로 주어진 정보를 처리할 수 있도록 연습하게 한다.

• 학습자 전개

학습자 중심의 교육방법의 원리는 학습과정을 촉진시키는 교육을 가능하게 하는 학습자 전개를 포함하고 있다. 종종 이러한 방법의 발견적 지도법의 본질이 더 효과적인 방법을 옹호하는 자들로부터 상당한 비판을 받는 시행착오를 야기하기도 한다. 때때로 이 방법이 비효율적이라 하더라도, 발견적 원리는 의미심장한 학습경험을 발생시키고, 학습자 전개과정 중 학습자들은 개인과 집단 탐구를 통하여 문제해결능력을 향상시킨다.

• 이전 학습경험의 영향

전통적인 페다고지적 교육을 받는 학습자들은 교육권위에 의해 자극받는 데 익숙하므로 노인학습에서 권위의 영향을 최소화시켜야 학습자의 사전 주도권이 창출된다. 이전의 학습경험이 다음 학습을 촉진시키는 데 영향을 미칠 수 있으며, 효과적인 학습을 위해서는 다음과 같은 학습환경이 요구된다(Knowles, 1980).

첫째, 지적 호기심, 탐구정신, 학습자원 활용 지식을 키울 수 있는 여건이 마련되어야 한다.

둘째, 권위에 대한 건전한 비판을 할 수 있는 신뢰성과 타당성을 테스트할 수 있는 지식의 기준을 제시하고, 발전적 과정으로서의 학습을 수행할 수 있는 환경이 요구된다. 다음과 같은 다섯 가지 능력은 새로운 교육기회를 접할 수 있게 해 준다.

첫째, 자료를 보고 명확한 질문 작성하는 능력

둘째, 자료 확인 능력

셋째, 문자자료의 빠른 검토 능력
넷째, 신뢰성과 타당성 검사 능력
다섯째, 답을 찾기 위한 자료 활용 능력

학습자 중심적인 교육방법의 효율성에 기초하여 노인교육을 연구한 사례는 아직 드물지만 노인학습자 교육상황에의 응용가능성은 높다. 노인들의 학습특성을 논하면서 전통적인 학교지향적 교육방법은 단지 현재의 몇몇 한정된 소집단의 노인학습자에게만 가치가 있어, 이러한 교육방법은 제한적일 뿐 아니라 효과성을 극대화시킬 학습결과와 효과적으로 연결되지 못한다. 노인학습의 교수자는 가장 적합한 학습상황 유형의 종류와 시기를 결정하는 과정의 조화를 이끌어 내기 위해서 교수자 중심의 교수법과 학습자 중심의 교수법을 조화롭게 활용할 수 있어야 한다.

제 6 장

노인교육 프로그램

1 노인교육 프로그램 현황

노인교육 프로그램은 다양한 유형과 목적을 가지고 있다. 많은 프로그램들이 오랫동안 진행되어 오고 있고, 각 프로그램들의 특징이 정형화되거나 확장되고 있으나, 그 프로그램들이 언제 어떻게 발생했는가에 대한 설명은 쉽지 않다. 설명을 어렵게 하는 몇 가지 이유는 다음과 같다.

첫째, 교육이 포함하는 내용에 대한 합의의 부재
둘째, 프로그램을 제공하는 기관의 분산
셋째, 프로그램을 활용하고 조정하는 국가적 조직의 부재
넷째, 프로그램을 후원하는 기금원의 분산
다섯째, 프로그램의 내용과 입학 정도

마지막으로, 예산에 관한 자료의 지속적인 수집과 보고의 부족을 들 수 있다.

이와 같은 여섯 가지 영역에서의 취약점은 교육 프로그램 유형의 한정된 제도화에 있다. 노인을 위한 교육적 프로그램은 다양한 후원자, 프로그램 유형, 참가자, 내용을 지니고 있어야 한다. 그러나 이러한 활동을 후원하고 감시할 중앙체계가 없다면 프로그램 유형은 행정가들의 선호도와 지역사회의 필요에 의존하게 될 것이다. 이것은 가끔 노인들의 욕구에 부응하기도 하지만, 쉽게 활용될 수 있는 프로그램의 발전을 제한하거나, 프로그램을 발전시킬 수 있는 후원자의 보조를 이끌어 내지 못하게 된다.

프로그램 발전의 실패 원인을 일관적이지 못한 프로그램 보고 태도 때문이라고 보고 있다. 정부나 재단의 재정적 지원을 받는 운 좋은 기관은 몇 되지 않을 뿐 아니라, 설령 지원을 받는다 하여도 특별연구보고서나 신문사설을 통해 결과나 성과를 보고하도록 요구받는다. 대부분의 프로그램들은 지역 기금의 지원을 받아 왔고, 이 경우는 프로그램의 진행에 관한 보고를 기대하거나 요구하지도 않는다. 결과적으로 프로그램에 관한 설명은 보고서나 논문으로 발표되지 않고 고유영역을 벗어나지 못한 채 간단한 요약조차 경시되고 있는 상황이다.

미국의 경우 교육 프로그램의 정도와 유형에 통찰력을 제공했던 수많은 조사가 시행되고는 있지만, 대부분 응답률을 일반화하기에는 자료가 부족하므로 연구자들 역시 특정한 기관과 국한된 내용에서 도출된 모형을 기초로 하여 선택된 프로그램을 설명하고 있다. 이것은 단독기관 프로젝트의 운영과 역사를 이해하는 데 도움을 주지만, 노인교육 프로그램의 일반적인 범위나 프로그램 발전의 비교적인 측면을 제공해 주지는 못한다.

지금까지는 역사적으로나 시대적으로 매우 편협된 시각으로 노인교육 프로그램을 대하였다. 노인교육 프로그램의 발전을 위해서는 프로그램의 진면목을 이해하는 동시에 그것이 일반적 지식, 개인적 경험과 균형을 이루도록 해야 한다.

2 노인교육 프로그램의 계획과정

피터슨(Peterson, 1983)의 노인교육 프로그램 개발 과정은 노인교육 기관들이 계획을 수립하거나 사전평가를 할 때, 계획을 실행하거나 변경, 평가하는 과정을 보여 준다.

피터슨이 제시한 노인교육 프로그램 개발 과정은 다음과 같다.

- 시작-프로그램의 기원과 조직의 목표와 동기
- 사전평가-프로그램의 수요와 요구의 결정 그리고 실행가능성
- 계획-계획과 구성방법 그리고 계획위원회의 권한
- 조직 배치-주최기구 내의 행정배치
- 이론적 근거-프로그램의 정당화, 긍정적 효과, 임무 그리고 목적
- 기금 조성과 자원-비용, 수입원천 그리고 제도적 지원
- 참가자-대상집단, 포함인원의 사회경제적인 특징과 지위
- 관리-대표 선출과 프로그램의 방향을 결정하는 방법
- 프로그램의 내용과 교수법-교과과정 설계, 인사 그리고 교육방법
- 전략-단기간 또는 장기간의 초점과 사회적 영향

- 규모-목표하는 프로그램의 크기, 프로그램 단원의 수, 지역사회와 세대 간 연구에의 참여
- 배급-부지의 위치와 수, 공동 스폰서 그리고 장거리 학습자를 위한 테크놀로지의 이용
- 평가-성공의 기준과 결정의 절차
- 연속성과 성장-성장목표, 규모의 한계 그리고 제도적 발전
- 부산물-출판물, 전시, 표창 그리고 새로운 프로그램

이상의 과정은 노인교육 프로그램 개발 과정에서 다음과 같은 질문들에 대한 답을 제시해 줄 수 있다. 〈표 6-1〉은 노인교육 프로그램 계획 시 시작, 판단, 계획, 조직 배치, 기금 조성과 자원, 규모, 관리, 전략단계에서 일어날 수 있는 질문에 대한 예시다.

〈표 6-1〉 프로그램 계획과정의 질문 예시

단계	질문 내용	질문의 예
시작	• 기구의 시작 • 지역사회의 요구에 대한 반응 • 노인들의 요구에 대한 반응 • 제도적 규정의 변화에 대한 반응 • 특별한 기회(기증, 기금 등)	프로그램이 기구 내의 동기에 의해 시작되었는가 아니면 외부의 강제에 의해 시작되었는가? 그것은 노인들의 요구, 기구 내의 지도층, 규정 변화, 지역사회의 문제, 필요, 요구 등에 대한 반응이었는가 아니면 특별한 기회 때문이었는가?
판단	• 공식적인 가능성 연구 • 대상집단의 활용 • 임무에 대한 제도적 재검토 • 리더십 자극	어떻게 또 누구에 의해 프로그램의 가능성이 결정되었는가? 조사나 대상집단에 공식적인 기술들이 사용되었는가? 어느 정도까지 지역의 리더십과 개인적 상상력이 주요 원동력이었는가?

계획	• 외부 고문 • 고용직원의 이용 • 자원자로서의 노인 참여 • 자원 간의 연합된 접근 • 현존하는 프로그램들에 대한 조사	누가 프로그램의 가능성을 결정하는 계획자들인가-직원인가, 신입 자원자 대표인가, 단체인가, 고용된 고문인가? 계획 책임이 어떻게 분배되고 조정되는가? 다른 프로그램들의 벤치마킹 가능성을 연구해 보았는가? 만약 그렇다면 그 모델들이 결정된 타당성은 어떠했는가?
조직 배치	• 가맹 기구의 선정 • 부서나 과 밑에 배치 • 부서나 과의 선정 • 비공식적인 프로그램 상태 • 독립	어떤 관리자, 부서, 과 또는 프로그램 지역 아래에 프로그램이 배치되었는가? 또 그 이유는 무엇인가? 이러한 배치가 프로그램에 힘을 더해 주었는가 아니면 기구 내에서 부차적인 고려대상이 되게 만들었는가? 프로그램의 옹호자들을 찾아서 장려해 주었는가? 얼마나 성공적이었는가?
기금 조성 과 자원	• 초기비용의 결정 • 장기간의 재정수요 계획 • 수업료에 의한 접근의 결정 • 보조금, 기금 그리고 기구의 수익에 따른 무료제공의 결정 • 자원봉사자와 유급직원의 균형 • 기금 마련에 있어서의 협력	필요자원(공간, 총 경비, 광고, 재정관리 등)이 어떻게 결정되고 어떻게 받아들여졌는가? 프로그램에 대한 비용분석과 더불어 어떤 추가사항들(예를 들어, 수업료, 기부금, 보조금, 협력업체를 통한 내부지원 등)이 고려되었고, 이런 사항들이 프로그램의 대상집단에 어떻게 영향을 미쳤는가? 실제 경비와 비교해 초기예산은 어떻게 산정되었는가? 자원봉사자들과 유급직원 이용 간의 균형점은 어디인가?

규모	• 사업규모 • 이상적인 규모 설정: 소그룹, 소지역사회 규모, 보다 큰 기구단위의 규모, 여러 개의 관할구역으로 나뉘는 거대 규모 • 단일초점 프로그램으로 인식될 것인가 다중초점 프로그램(예를 들어, 리더십, 지역사회 확장, 지역사회 봉사)으로 인식될 것인가	프로그램이 시범적인 사업이나 소규모 사업으로 시작되었는가? 프로그램의 이상적인 참여자수는 얼마로 계획되었는가? 규모가 결정된 상태에서 어느 요소들(예를 들어, 소규모 지역사회 모형, 대규모 기구, 소규모의 하위 기구들)이 고려되었는가? 규모가 어떻게 변했고, 그 결과는 무엇인가?
관리	• 내규에 기초하고 참여자에 의해 이루어지는 관리 • 기구에 의한 관리나 복합관리(균형) • 관리불가능, 프로그램이 자치적이 아님	어떤 내규나 관리원칙들이 개발되었고, 이는 누구에 의한 것인가? 어떻게 주최기구가 프로그램에 영향력과 지배력을 행사하는가? 어느 정도까지 프로그램이 독자적인가? 그리고 관리와 권한 갈등은 무엇이고 이것이 어떻게 해소되는가?
전략	• 프로그램의 지속 기간 • 이상적인 성취의 결정 • 평가와 방향전환의 메커니즘	프로그램이 단기 프로그램으로 인식되었는가, 장기 프로그램으로 인식되었는가? 성장해서 도달하려는 이상향이 있었는가? 만약 어떤 방향이 실행불가능하다고 판단되면 어떻게 방향전환이 결정되는가? 실패는 어떻게 평가되고 수정되는가?

3 노인교육 프로그램의 성공요소

노인교육 프로그램의 성공은 참신성과 끊임없는 발전, 등록회원의 증가나 유지기간, 기관의 안정, 노인들의 능력 증대 그리고 어느 정도의 리더십 배분을 의미한다. 성공적인 노인교육 프로그램을 위한 몇 가지 중요한 요소들을 제시하면 다음과 같다.

첫째, 기관의 목표와 사명에 대한 뚜렷한 인식

둘째, 주최기관과의 강한 연계와 효과적인 의사소통 통로 마련

셋째, 노인의 지도력 발휘 격려와 자원봉사 인력의 효과적인 사용

넷째, 다양한 기금마련책과 장기 예산계획을 통한 적절한 재정계획

다섯째, 새로운 고객에 대한 개방성과 현재의 프로그램에 대한 평가, 새로 시작될 프로그램에 대한 예견

여섯째, 새로운 아이디어나 조사결과들이 발견될 수 있는 노인교육 네트워크에 대한 지식과 접촉

일곱째, 교육 프로그램을 보다 큰 기구와 지역에 속하게 하려는 내·외적인 노력

노인교육 프로그램은 노인학습자들의 요구를 충실히 따르는 것만으로는 부족하다. 현재의 노인참여자들을 유지하고 새로운 노인들을 참여자로 끌어들이기 위해 흥미 있고 도전적인 활동들을 포함한 프로그램이 지속적으로 개발되어야 한다. 그렇지 않으면 내부적으로만 편안한 프로그램이 되든지, 배타적이라는 인식을 주게 되어 새로운 참여자가 오지 않게 된다. 새로운 참여자들은 프로그램의 지속성에 영향을 미치고 있으므로, 프로그램은 지속적으로 개발되어야 한다.

제3부 노인교육 실천

제 7 장

고령자 취업교육

1 고령자 직업교육[1)]

고령 인구의 증가, 평생직장의 파괴, 개인의 삶에서 직업기와 비직업기의 혼재는 직업교육훈련이 직업에 새로 입문하거나 전직하는 청·장년층의 전유라는 고정관념을 깨고 고령자 직업군의 직업교육훈련 요구를 창출했다. 고령자의 직업교육훈련은 직업의 개념이 유동적, 동태적 개념이라는 인식과 함께 평생학습사회의 정착으로 인한 개인의 학습권 실현이라는 가치를 기반으로 하고 있다. 이처럼 고령자들의 성인교육, 직업교육훈련이 이슈가 된 것은 다음과 같은 몇 가지 계기에 의해서였다.

---

1) 기영화(1999). '평생학습사회의 고령자 직업훈련' **직업훈련**, 2(2), pp. 36-43에서 발췌함.

첫째, Eurolink Age의 조직적 활동이다. Eurolink Age는 네덜란드에 본부를 두고, 고령자들의 교육권을 회복하기 위해 영국, 프랑스, 독일, 이탈리아, 네덜란드에 네트워크를 형성하고 있는 조직으로 고령자들을 위한 직업교육훈련 프로그램 개발과 정보공유에 주력하고 있다. Eurolink Age는 고령자들의 권리를 보장하고 이익을 증진시키기 위해 정치적, 사회적 하부조직을 구성하고 적극적인 활동을 전개하고 있다.

둘째, '유럽노인의 해' 선포가 노령자에 대한 관심을 증가시켰다. 1993년 유럽공동체는 '유럽 노인의 해'를 선포하고 고령자들을 위한 각종 교육훈련 프로그램을 개발하고, 유럽 각 국가들에게 직업교육훈련 프로그램과 함께 고령자 직업교육 정보와 직무현장에서의 고령자 관리 기법을 교환하고 있고, 보다 적극적인 활동을 위해 1996년 Eurowork Age를 조직했다.

셋째, 이런 조직적 활동과 함께 고령자 교육훈련의 철학적 기초를 제공한 것이 바로 평생학습의 이념이었다. 특히 성인교육자들에 의한 알 권리의 주장은 고령자들의 교육권에 대한 1981년 잉글랜드 선언(Forum on the Rights of Elderly People to Education)으로 구체화되었다. 잉글랜드 선언은 고령자들을 위한 교육예산의 연령 간 균형 있는 배분, 아동청소년 교육과 고령자 교육기회의 조화, 고령자들을 위한 모든 교육기관의 학습기회 개방, 고령자들의 특성 고려 등을 포함하고 있다. 평생학습의 사회적 정착은 고령자들의 교육훈련 기회를 개방, 발전시키는 주요도구였다. 구체적으로 평생학습사회의 실현을 위해 고령자들의 교육은 더 이상 사회에서 분리된 특수집단으로서가 아닌, 고령학습자로서 개인적 특성과 학습성향이 강조되고, 지역사회의 학습여건에 맞게 모든 교육기회를 개방하며, 고령자들의 경험을 중요한 학습자원으로 활용하는 교육훈련 체제가 정비되었다.

평생학습 이념의 정착으로 직업교육훈련에서 고령자에 대한 정의는 단순한 연령상의 정의보다는 사회적 연령의 사이클로 보아야 한다는 견해가 우세해졌다. 생물학적 기준보다는 사회적인 기준에 의해 발달단계를 구분하는 것이 선호되었고, 그 기준으로 동태적 개념의 직업이 선택되었다. 아동기, 청년기, 중년기, 장년기, 노년기의 구분보다는 성인들의 삶은 직업을 기준으로 직업기와 직업 후 시기로 구분되었다. 직업기 혹은 비직업기의 연령은 개인에 따라 다양하다. 실직이나 조기퇴직의 경우, 비직업기는 40세일 수 있고, 개인사업의 경우는 80세 이후일 수도 있다. 이렇듯 평생학습과 직업의 관계에서 단순히 연령으로 고령자를 구분하는 것은 무의미하게 되었다.

북미와 유럽의 직업교육훈련과 관련된 정책에서 고령자는 직장생활 경력을 지닌 55세 이상의 인구를 지칭한다. 프로그램의 특성에 따라 약간의 차이가 드러나지만, 최근 직업과 관련된 사회적 변화는 고령자의 정의에 반영되고 있다. 국제화, 정보화의 추세로 직업주기가 짧아지고, 한 개인이 근로자로서의 인생시기에 적용할 수 있는 지식의 수명이 단축됨으로 말미암아 고령자는 55세로 정의되며, 유럽과 북미의 고령자 직업교육훈련 관계법과 고령자의 직업교육훈련 현장에 그대로 적용되고 있다.

2 고령자 직업교육의 필요성

최근 사회적인 변화들은 고령자들의 교육권, 특히 고령자 생존권과 관련된 평생학습과 알권리는 직업교육훈련의 문제를 제기한다. 영국의 경우, 2021년 65세 이상의 인구는 전체인구의 18%를 넘어서고, 2031년에는 전체인구의 38%가 노인인구로 구성될 전망이다. 이 수치는 인구센서스 자료로, 실제 경제활동인구 비율을 고려하면 고령근로자의 비율은 더욱 높아질 것이다. 경기후퇴로 인한 잉여노동자나 실업자, 퇴직자 등의 문제를 고려할 때 이는 단순한 고령자의 문제가 아니라 사회적 문제로 제기된다. 이런 의미에서 고령자의 직업교육훈련은 평생학습사회의 정착과 21세기 지식사회에서의 학습소외계층의 발생을 막고, 고령자들의 생존권 문제를 해결하는 주요도구다. 구체적으로 고령자의 직업훈련교육의 필요성은 다음의 몇 가지 측면을 고려할 때 중시된다.

첫째, 모든 고령자는 학습의 요구를 갖고 있다. 모든 인간은 학습하고자 하는 요구를 갖고 태어났으며, 이런 학습요구는 삶에서 새로운 변화에 부딪히거나 위기가 올 때 특히 발현된다. 고령자들에게 지속되는 것은 실직에 대한 불안이다. 실직 혹은 퇴직 후의 삶에 대한 준비, 특히 재정적 소득의 출처를 확보하려는 욕구는 노인들의 학습요구로 연결된다. 고령자들의 학습요구 충족과 구직에 대한 욕구는 고령자의 직업교육훈련으로 실현된다. 직업교육훈련을 통한 교육기회의 제공은 고령자들의 생활안정을 가져온다.

둘째, 고령자는 사회의 발전을 주도할 지적 자본을 구성하는 한 요소다. 사회발전의 종합적 자본으로서 지적 자본은 지식을 사용할 능력을 지닌, 다시 말하면 고령자의 평생경험은 지적 자본 활용의 핵심역량이다. 그러므로 고령자들의 경험적 지적 자본을 활용할 수 있도록 교육훈련이 제공되어야 한다. 고령자를 실직으로 방치하는 것은 그들이 지니고 있는 숙련된 직무기술과 경험, 즉 지적 자본의 핵심역량을 사장시키는 사회적 낭비다.

셋째, 고령사회로의 진입과 노령화 현상이다. 우리나라의 1990년 이후 인구 변화 추세는 인구의 중장년화와 아동청년인구의 감소로 요약된다. 24세 이하 인구는 1960년 이래 지속적으로 감소했다. 24세 이하 연령층은 1960년 61%에서 1995년 42%로, 2000년 38%로 그리고 2020년에는 30%로 감소될 전망이다. 24세 이하 연령층의 감소와 함께 고령화 지수의 증가현상도 두드러진다. 고령화 지수는 1975년 7.9%에서 1998년 29%로, 2030년에는 84%로 급속히 증가할 전망이다.

넷째, 고령자의 직업생활은 경제활동의 중요한 부분을 구성한다. 우리나라 경제활동인구 중 고령자 비율은 점차 높아지고 있다. 고령자의 경제활동 참가비율은 1992년까지는 증가하였으나, 1997년 이후 급격히 감소되었다. 실업자군에서 고령자가 차지하는 비율이 1997년 7.8%에서 1998년 14.6%로 증가한 것은 고령자의 경제활동 비율이 감소되었음을 드러낸다. 그러나 생활형태의 변화는 고령자들의 취업요구를 불가피하게 하고 있다. 연금의 지급, 부양가족의 유무, 가족 동거형태 등은 고령자들의 독립세대 주거형태를 선호하고 있어, 고령자들의 취업을 더욱 필요로 하게 한다.

다섯째, 고령자의 직업교육훈련은 평생직업시대의 모든 국민을 위한 평생교육의 제공이다. 새로운 지식과 정보의 폭발로 인한 지식활용주기의 단축은 직업세계를 파격적으로 변화시켰다. 새로운 직업군이 생성되고, 기존의 직업이 소멸되는 창조와 소멸이 공존하는 직업세계에서 전천후 직업군의 개념은 존재할 수 없고, 지속적인 직업교육훈련만이 개인의 평생직업을 보장할 수 있게 되었다. 평생직장의 개념에 머무를 수 없고, 평생 5~6번은 교체되는 평생직업은 노동시장과 지식발전에 대응하는 끊임없는 자기개발을 위한 직업교육훈련을 요구한다.

3 고령자 직업교육훈련 실태[2)]

우리나라 고령자 직업교육은 최근에 사회적 이슈로 제기되어 다양한 기관에서 실시되고 있다. 다음에서 그 실태를 알아보고 미국의 고령자 직업교육을 소개하고자 한다.

1) 우리나라의 고령자 직업교육

(1) 고령자 직업교육 실태

우리나라의 고령자 직업훈련교육은 1980년 국제노동기구(ILO)의 권고 이후 관심이 증가되었다. ILO는 고령자들의 적절한 고용조건을 갖추고 고령자에 대한 차별을 금지하도록 권장했다. 국제노동기구의 권고와 함께 고령자의 취업을 위해 정부는 고령자고용촉진법을 제정했다. 그러나 이런 노력에도 불구하고 고령자 취업 및 직업교육훈련에 대한 관심은 국제구제금융이라는 일련의 사태와 맞물리면서 오히려 퇴보하는 현상을 보였다. 국제구제금융으로 인한 대량실업과 함께 실시된 재취업교육은 청장년층에 초점이 맞춰지면서 고령실직자들의 취업교육은 다른 양상을 드러냈다. 청장년층의 실업은 가장의 실직이라는 사회적 문제로 인식되면서 이들을 위한 직업훈련교육이 본격적으로 시작되었고, 이들의 구직을 위한 국가적 정책으로 지원되었다. 이와 반대로 고령자들은 국제구제금융(IMF)으로 인한 실직과 함께 생계의 어려움으로 구직에 대한 요구는 높지만 실제 이들의 구직은 노령인력의 비효율성이라는 사회적 편견으로 더욱 어려워지고 있는 실정이다.

---

2) 기영화(2005). '고령층 인적자원개발의 과제', *The HRD Review, 8*(2), pp. 40-49에서 발췌함.

국제구제금융 이전에 고령자들의 구직 및 직업훈련은 고령자취업알선센터, 고령자재취업센터 등을 통해 실시되었다. 경총에서 운영된 고령자인력은행 역시 그 예다. 이들 기관들은 정부조직과 사기업의 보조로 고령자들의 직업훈련보다는 실제 구직업무를 담당하였다. 우리나라 고령자들의 직업훈련을 전담하는 기관은 흔치 않다. 고령자들의 유휴노동력을 국가적 차원에서 관심을 갖고 재활용하고자 했던 노력은 1992년 '고령자고용촉진법'을 제정하게 했지만, 실제 고령자고용촉진법이 강제조항이 아니므로 당초 의도한 효과를 얻기는 어려웠다. 1995년 고령자알선센터의 조사에 따르면, 고령자들의 취업동기는 경제적인 문제와 밀접하다. 응답자의 71%가 생계유지나 용돈마련을 이유로 취업을 원하고 있었고, 소일거리와 건강의 이유도 27%를 차지하고 있다. 이처럼 노인들은 직업을 갖고자 하는 욕구가 강하지만, 현실적으로 이들에게 취업은 어려운 실정이다.

(2) 고령자 직업훈련기관

우리나라 고령층의 인적자원개발은 고령자의 직업교육훈련을 위한 한국산업인력공단과 지역사회 복지관에서 실시하는 교육 프로그램을 들 수 있다. 그러나 현재 우리나라의 고령층 인적자원개발은 고령자들을 인적자원으로 활용하기 위한 교육훈련보다는 고령자 취업에 관련된 사업이 중심이 되고 있다. 고령자 취업관련 사업은 공공부문과 민간부문으로 구분될 수 있다. 공공부문은 정부부처가 주체가 되어 실시하는 것으로 노동부, 보건복지부와 각 지방자체단체가 실시하는 고령의 대상의 취업관련 사업과 교육훈련이 포함된다. 노동부 산하의 고령자인재은행, 고용안정센터, 인력은행, Work-net과 보건복지부 산하의 대한노인회에 위탁하여 실시하는 노인취업알선센터, 서울시가 위탁 · 운영하는 고령자취업알선센터 그리고 시 · 군 · 구에서 운영하는 취업정보센터와 지역사회 노인복지관의 고령자 취업을 들 수 있다. 민간부문에서 실시되는 사업은 경영자총협회에서 운영하는 고급인력정보센터와 인재은행 등이 있다.

① 한국산업인력공단

한국산업인력공단은 고령층을 위한 직업교육훈련 프로그램을 1주에서 최장 4주까지 위탁하여 중고령자 고용촉진을 위한 단기적응훈련 프로그램을 실시하고 있다. 한국산업인력공단의 고령층 재취업교육 프로그램으로는 고령자 고용촉진 단기적응훈련 과정이 있다. 고령자 고용촉진 단기적응훈련 과정은 고령자 중 취업을 희망하는 자에게 1개월 이내의 단기간 직장적응훈련을 실시하여 고용촉진을 돕고, 이들의 직업안정 및 노후 가계안정에 기여하는 데 목적을 두고 있다. 단기적응훈련 과정은 주차관리원, 경비 등 고령자에게 적합한 직종과 취업에 용이한 직종을 중심으로 1, 2주간의 과정을 개설하여 직업생활과 안전관리 및 직종별 기본교육을 실시하고 있다. 교육훈련 실시기관으로는 한국노인복지회, 복지회관, 일하는 여성의 집 등 지역주민과 밀접한 생활권을 형성하고 있는 비영리단체, 협회 등이다. 전국 69개 훈련시설에 위탁하여 직장적응교육을 실시하고 있으며, 수료와 동시에 취업을 알선하고 있다.

② 서울시노인취업알선센터

서울시노인취업알선센터는 서울시에 거주하는 만 55세 이상을 위한 취업알선 전문기관으로서 1992년에 서울시가 12개 민간기관에 운영을 위탁하여 사업을 시작하였다. 2003년 국내 처음으로 실버취업박람회를 개최하였고, 이어 매년 박람회를 열어 고령자 구인업체 개발과 노인재취업에 관한 사회적 인식 개선에 중요한 역할을 하고 있다. 2004년에는 노인취업전문 교육기관인 노인취업훈련센터를 개소하여 노인 취업상담과 알선, 구인업체 개발, 직종별 전문교육의 체계를 갖추어 어르신 취업을 더욱 활성화하였다. 사업내용은 구직자 모집, 취업상담, 취업알선 및 사후관리, 구인처 개발 및 관리, 고령화 적합직종 개발 및 취업교육, 취업희망자의 욕구나 문제점에 대한 제반 서비스의 제공이다.

서울시노인취업알선센터의 교육직종은 14개이며, 1,000여 명이 교육에 참여하고 있다. 교육 및 훈련내용은 경비원, 노인 아동 도우미, 주차관리원, 건물환경 관리원, 텔레마케터 훈련, 주유원 훈련, 분야별 실무번역 훈련, 컴퓨터 활용 훈련, 창업 훈련, 배달원 훈련, 광고모델 훈련, 방화관리사 훈련, 재취업 적응 훈련, 위험물관리사 자격증이 있다. 또한 서울시노인취업알선센터에서는 다음과 같은 내용을 취업 알선한다. 학교도서관 경비원, 빌딩 경비원, 건설현장 및 공장 경비원, 아파트 경비원, 가정봉사원 파견 및 노인 도우미 재취업 알선, 주차관리원, 운전직, 어린이집 차량, 건물관리인, 목욕탕, 숙박시설, 미술관, 아파트 등 청소관리인, 주유원 취업, 번역사, 사무보조원, 사우나관리, 매장관리, 텔레마케터, 설문조사원, 공동창업 및 가족창업, 개업창업 및 프랜차이즈업체 취업, 서류배달원, 의치배달원, 물품배달원 등 교육, 광고모델, 영화보조출연, 경비원과 주유원이다.

③ 노동부 워크넷

노동부 워크넷은 양질의 고용동향과 직업과 관련된 정보를 제공하고 취업알선 및 고용보험 전산업무의 효율성을 증대함으로써, 노동시장 정보관리의 선진화를 이룩하고, 직업생애에 걸친 고용안정을 통하여 생산적 복지에 이바지하는 것을 목적으로 하는 국가고용정보인프라의 중추기관이다. 노동부 워크넷의 교육과 훈련은 대상자에 따라 재직자직업훈련, 실업자직업훈련, 저소득층의 자활자립을 위한 자활훈련, 미진학청소년 등을 대상으로 한 인력양성훈련, 군전역자, 농어민 등 취업애로 계층을 위한 지방자치단체별 고용촉진훈련, 여성가장훈련 등으로 구분한다. 60세 이상 노인들의 취업을 알선하기 위해 필요한 직업교육을 실시하고 취업알선내용은 상표 및 라벨부착기 조작, 직업상담사 및 취업알선원, 도배원이다.

④ 시니어클럽

시니어클럽은 2001년부터 시범사업으로 시작된 '지역사회시니어클럽(Community Senior Club: CSC) 사업'으로 보건복지부가 고령화 사회의 특성에 입각한 새로운 노인복지의 관점에서 추진한 정책이다. 일반 노인이 주 대상이며, 노인이 서비스의 대상을 넘어서서 프로그램의 주체가 되는, 노인들의 적극적인 사회참여를 돕기 위한 사업이다. 회원모집을 수시로 하고 있으며, 일정 교육을 이수하고 난 후에 직업을 가질 수 있다. 취업알선내용으로는 택배업무, 실버피스(노인케어 전문시니어(실버피스), 숲생태보호 지도자, 은빛 가게, 시니어 봉사대, 거리환경지킴이, 문화재 해설사사업, 유기동물 보호사업, 창업지원(종로시니어)이 있다.

⑤ 노인인력뱅크

노인인력뱅크는 전문 사무직 퇴직자의 직장경험 활용을 위해 이들의 창업활용 지원방안 마련이 강하게 제기되면서, 노인들의 재취업을 위해 보다 현실적으로 접근이 용이하고 체계적으로 현실화시키는 방안으로 제안되었다. 이에 따라 노인인력뱅크가 세워졌으며, DB 구축을 주 사업내용으로 고령자 취업을 위한 다양한 인력정보를 제공하고, 노인 사이버 커뮤니티의 구축을 통해 노인정책, 노인관련 정보, 건강정보 등의 교류를 확대하고, 노인인력뱅크를 통한 고령자 재취업 성공사례를 발굴,

홍보함으로써 활용도를 높이고자 한다. 노인인력뱅크는 노인창업정보 제공, 노인취업정보 제공, 노인자원봉사정보 제공을 하고 있다.

⑥ 고령자인재은행

고령자인재은행은 고령자고용촉진법에 의해 대한은퇴자협회(KARP)가 운영하고 있다. 고령자인재은행은 고령자고용촉진법 제11조의 규정에 의해 노령자의 직업지도와 취업알선 등 필요한 인력과 시설을 갖춘 단체를 노동부장관이 지정하여 노령자의 취업상담 및 알선을 통해 노령자의 취업인구를 확대하는 데 목적이 있으며, 대한은퇴자협회는 협회 홈페이지 '재취업'란을 통해 취업알선과 사무국 내에 설치된 인재은행 상담실을 통해 회원 및 비회원의 취업/재취업훈련 등에 도움을 주고 있다.

⑦ 실버인재센터

일본에서 시작한 실버인재센터는 자주 · 자립의 조직이념과 공동 · 공조의 사업이념, 공공성, 공익성을 우선하는 등의 이념을 가지고 있으며, 퇴직 후 연금을 받는 고령자의 경우 소득창출이 있으면 연금의 20% 정도가 삭감되지만 실버인재센터 회원은 급여를 받는 것이 아니기 때문에 소득세나 연금 수급에 영향을 받지 않아 인기를 얻고 있다. 실버인재센터는 정부의 지원을 받아 노인들의 일자리를 창출하는 사업단체로서 정원수의 손질, 공원의 청소, 가사의 원조, 주소 성명 쓰기 · 상장 쓰기와 같은 교육 및 훈련을 하고 있다. 우리나라는 청주시니어클럽 내에 실버인재센터 운영하여 일하기를 희망하는 노인인력을 발굴하여 상담 및 교육을 실시하고 노인에게 적합한 일자리의 발굴 및 개발을 하고 있다.

이상에서 살펴본 고령층의 인적자원개발을 위한 조직들은 고령층 인력을 단순노무직에 종사하는 노동력으로 개발하고 있는 것이 문제로 지적되고 있다.

2) 미국의 고령자 직업교육

미국의 경우, 고령자들의 취업을 위해 국가적 차원에서 직업훈련교육을 실시하고 있다. 1963년 존 케네디(John F. Kennedy) 대통령 재직시 백악관 농림정책 자문위원이었던 패톤(Jim Patton)에 의해 고령자들의 직업교육훈련이 처음 제안되었다. 패톤의 제안이 있은 뒤 케네디 대통령은 암살되어 고령자 직업교육이 실효를 보지 못할 뻔했으나, 존슨(Lindon B. Johnson) 대통령에 의해 실시되었다. 고령자들의 직업훈련교육은 존슨 대통령이 어수선한 정치분위기를 안정시키기 위해 가난과의 전쟁을 선포하면서 제정되었다.

존슨 대통령이 초점을 두었던 가난과의 전쟁의 대상자인 극빈자 특성 중의 하나가 바로 고령자, 특히 시골지역에 거주하는 고령자들이었다. 정부는 이들의 생계를 보장하고 빈곤으로부터 구제하기 위해 일자리를 마련하였다. 새로운 일자리는 시골지역 고령자들이 과거 종사했던 직업과는 다른 유형의 것이 대부분이었다. 자연스럽게 고령자들은 새로운 업무에 종사하기 전 새 직업에 대한 교육훈련이 필수적으로 요구될 수밖에 없었다. 이런 이유로 정부는 고령자들을 위한 직업훈련 프로그램을 마련하고 직업훈련기관을 활성화시켰다.

고령자들의 직업훈련교육은 1965년 'Old Americans Act of 1965'를 제정, 공포함으로써 새로운 양상을 띠게 되었다. 1965년 고령자직업훈련법(Old Americans Act)은 55세 이상의 저소득 실직자들을 위한 파트타임 직업교육훈련을 제공할 목적으로 제정되었다. Old Americans Act와 함께 1967년 제정된 '고령자취업차별금지법(Age Discrimination in Employment Act of 1967)'은 고령자들의 취업과 직업교육훈련을 제도적으로 정착시켰다.

이런 법적 제도의 정비와 아울러 고령자들의 실무행정부서로서 고용훈련국(Department of Labor Employment & Training Administration)과 노인국(Administration on Aging)이 고령자 취업과 교육훈련 및 복지를 담당함으로써 행정적 정비가 이루어졌다. 고령자들의 직업교육훈련을 활성화하기 위한 법적, 행정적 제도의 정착은 다른 한편으로 청소년들과 저소득층의 직업교육훈련에 긍정적인 영향을 미쳤다. 그 결과 직업교육훈련과 취업을 연계하는 새로운 법이 제정되었다. '직업훈련협력법(Job Training Partnership Act: JTPA)'과 '직업교육법(The Vocational Education Act of 1984)'이 그것이다.

직업훈련협력법은 1983년 55세 이상의 저소득층 고령근로자와 실직자뿐만이 아니라 청소년들과 적성에 맞지 않는 직업에 종사하는 자들을 위한 직업훈련교육의 현장 실천지침을 제공했다. 고령자들의 JTPA 직업교육훈련 비율은 1995년 40%를 차지하였고 매년 그 비율이 증가하고 있다.

미국에서 실시되는 고령자 직업교육훈련의 대표적인 형태는 민관합동으로 조직된 Green Thumb다. Green Thumb은 1965년 고령자직업훈련법(Old Americans Act)의 제정과 함께 이를 실현하기 위한 조직으로 같은 해 10월 정부의 재정지원으로 설립되었다. 고령자들의 취업을 위한 교육훈련이 그 주된 목적이었다. Green Thumb은 고령자뿐만 아니라 장애자와 저소득근로자들의 취업을 목적으로 다양한 직업교육훈련을 전개했다. 45개 주에 지부를 설치하고, 고령자들에 대한 구직연결과 함께 구직정보 제공, 직업훈련교육, 고령자 직업교육 모듈개발, 고령자 직업교육 담당자 훈련 등 다양한 활동을 전개하고 있다. Green Thumb은 매년 약 40,000명의 직업교육생을 배출하고, 고령자들에게 학습의 기회와 근로의 기회 및 타인에 대한 봉사를 제공한다. Green Thumb에서 실시하는 직업교육훈련은 구직이나 전직을 위한 직업기술의 습득만이 아니라 고령자들에게 학습에 대한 자신감 부여, 그 파급효과로서 고령자 시기의 삶에 대한 자신감을 갖게 한다. Green Thumb의 직업교육훈련은 고령자들이 응급실 보조, 응급실 전화상담, 육아, 초중등교 보조교사, 컴퓨터 오퍼레이터, 도서관 사서보조, 음식배달, 지역사회 정화 및 환경보호 업무를 담당할 수 있는 능력을 훈련한다. 이렇게 직무기술 습득과 더불어 Green Thumb 직업교육훈련은 고령자 개인의 형편에 따라 고등학교 검정고시 과정이나 자격증 취득 혹은 대학진학의 과정과도 연결되어 있다. Green Thumb의 직업교육훈련생들은 직업훈련 이수 후 정부가 지정한 지역사회 단체나 비영리조직에서 일주일에 20시간 이상 근무할 것이 요구되고, 최소임금이 지불된다. Green Thumb의 직업교육은 OJT, 교실수업, 직업기술 체득의 형태로 구성되어 있다. Green Thumb 직업교육훈련 예산은 주 정부마다 다르며, 미시시피(Mississippi) 주의 경우 연간 800만 달러 투자에 16,700명이 참여하고 있다.

4 고령자 직업교육훈련의 문제와 활성화 방안

우리나라 고령자 직업교육훈련의 현실적 문제는 무엇보다 고령자 직업교육에 대한 마인드가 없다는 점이다. 정부 각 부처 혹은 기업들은 고령자고용촉진법의 제정에도 불구하고 고령자들을 채용하려는 의지가 부족하다. 둘째, 고령자들의 직업훈련을 촉진하는 법의 부재다. 미국과 영국의 경우, 이미 1965년 고령자근로촉진법을 제정하고 곧이어 직업세계에서 연령차별을 금지하는 법을 제정하였다. 그러나 우리나라의 경우, 고령자들의 취업을 강요하거나 이들에게 직업훈련교육을 강제할 법적 근거가 미비하다. 셋째, 고령자들의 근로능력에 대한 사회적 편견이다. 고령자들은 장기간 숙달된 직무경험으로부터 우수한 업무수행력과 가변상황에서 활용될 수 있는 노하우를 갖고 있으나, 고용주나 관리자들은 고령과 지연된 행동의 편견적 사고로 고령자들의 채용을 기피하고 있다. 넷째, 고령자 직업교육훈련을 실시하는 조직의 부재다. 현재 고령자인력은행과 극소수의 노인복지관에서 이루어지는 활동들은 고령자 취업알선 위주의 업무에만 치중하고 있어 고령자들을 위한 다양한 직업교육훈련기회를 제공하지 못하고 담당조직도 미비한 실정이다. 결국 이런 몇 가지 문제로 우리나라 고령자들의 인력을 활용할 수 있는 통로가 폐쇄되고 개인의 경제적 위기를 초래하게 되었다.

고령자들의 취업은 고령화 사회에서 독립적인 고령생활을 하게끔 하는 중요한 수단이다. 2030년 전체 84%라는 고령화 지수를 고려할 때 고령자들의 취업을 위한 직업교육훈련은 새로운 형태의 사회안정 기반이 된다. 고령자들의 직업교육훈련을 활성화시키기 위해 다음의 몇 가지 방안이 반영되어야 한다.

첫째, 법적, 행정적 제도가 정비되어야 한다. 고령자들의 직업교육훈련에 대한 기업과 정부, 고령근로자 개인의 의무조항을 제시한 고령자 직업훈련촉진법이 제정되어야 한다. 고령자 직업훈련교육이 법으로 제정되고 정책으로 실현되는 것은 결코 정치적 구호로서가 아닌, 실천정책으로 제시되어야 한다. 이를 위해 고령자 직업훈련교육을 담당할 행정기관을 지역사회에 설치하거나, 혹은 불가능한 경우 기존의 직업교육훈련 행정부서를 활용하는 전략을 강구해야 한다.

둘째, 고령자들의 직업교육훈련상담소가 상설기관으로 설치되어야 한다. 고령자들에게 직업교육훈련을 실시하기 전에 고령자들이 직업교육의 욕구를 자극할 수 있도록 지역단위의 고령자 직업교육상담소의 개설이 필요하다. 고령자들이 갖고 있는 직업교육에 대한 심리적 불안감과 새 직업에의 적응에 대한 압박감을 완화시켜, 스스로 자신을 부조할 수 있게끔 직업교육훈련에 참여할 수 있게 동기를 부여하는 상담이 필요하다. 고령자들의 적성과 업무능력을 파악하고, 적절한 업무에 배치하는 업무를 담당할 상담기관을 개설하고, 상담기관은 고령자들이 언제든지 접근가능한 눈에 띠는 장소에, 교통이 편리한 곳에 배치해야 한다.

셋째, 고령자들에게 적합한 직업교육훈련 학습환경이 조성되어야 한다. 고령자들의 직업교육훈련 학습환경은 교수자, 교수방법, 학습시설이 포함된다. 고령자 직업교육훈련은 교수방법과 교육담당자의 자질에 많은 영향을 받는다. 교육담당자는 직업교육훈련의 자원제공자이자, 고령자들의 학습장애요인 제거자로서의 역할을 담당할 수 있어야 한다. 그리고 교수방법은 고령자들의 다양성을 고려하여 다양하게 시도하고 융통성 있게 진행해야 한다. 교수방법과 교수자 외에 고령자 직업교육훈련기관은 편안한 학습분위기를 조성하도록 시설을 정비해야 한다.

마지막으로, 고령과 고령자에 대한 사회적 인식의 전환이다. 고령자는 무능력하고 속도가 느리며 효율성을 저하시키는 저수행력자라는 사회적 인식의 전환이 필요하다. 이를 위해서는 세대간 교육도 도움이 되겠지만, 정부차원에서 직업교육훈련을 받은 고령근로자 채용에 솔선하여 고령자들의 업무수행력을 입증해 보이는 것도 전략이다. 실제 채용에 의한 고령근로자의 노동효율성의 입증은 사기업과 다른 조직에 고령근로자의 채용을 확산시키고, 고령자 근로에 대한 사회적 편견을 저하시킬 수 있다.

제 8 장

세대간 교육[1]

1 세대간 교육의 목적과 필요성

우리 사회는 고령화의 진전과 더불어 분자화되고 핵가족화되고 있어 다른 세대들이 한 가족 내에서 자연스럽게 어울리며 상호작용하는 기회는 점차 더 줄어들고 있다. 이로 인해 세대 간의 오해, 갈등의 소지는 늘어나고 있으므로 의도적으로라도 세대가 함께 활동하고 한 장소에서 상호작용하도록 한다면 서로간의 이해를 확대시키고 호의를 증대시킬 수 있다. 세대간 교육 경험의 제공은 세대 간의 갈등을 해소하고 이해의 장으로 나아가기 위한 초석이 될 수 있다.

세대간 교육(intergenerational education)은 노인과 다른 세대 간의 접촉

1) 기영화(2000). 세대간 공동체 프로그램 개발 연구. 교육부.

및 협력을 증진시키기 위해 노인들과 함께 경험하고 익히고 학습하는 각종 활동과 프로그램이다(Throp, 1985). 미국의 경우는 이미 1965년부터 각급 학교와 지역사회센터를 중심으로 세대간 교육을 실시하여, 세대 간의 괴리현상을 최소화하고 노인세대의 사회적 소외를 방지하고 노인인력을 유용한 자원으로 재활용하고 있다.

세대간 교육은 노인인력을 사회의 유효한 자원으로 활용하고, 세대 간의 유대와 협력관계를 조성하여 어린 세대들에게는 노인을 깊이 이해하고 존경할 수 있는 기회를 줄 뿐 아니라, 자신의 노년기를 준비하고 이해하게 하는 데 근본적인 목적이 있다.

이상의 논의를 기초로 세대간 교육의 필요성은 다음의 몇 가지로 요약할 수 있다.

첫째, 평등한 세대 간의 관계를 형성하기 위해 요구된다. 기존 사회는 세대 간의 세력이 점차 극화되는 현상을 보여 왔다. 노인들이 무능한 세대로, 젊은이들이 강력한 세대 간 권력을 획득하고 있었다. 그러나 노인인구의 증가와 교육받은 노인인구의 증가는 이런 현상을 더 이상 방치하지 않았다. 2020년 세대 간의 수는 양적으로 균등하게 될 것이고, 이로 인해 노인들의 세대 간 관계에서의 권익을 주장하는 목소리도 증대되고 있다.

둘째, 세대간 교육은 세대 간의 그릇된 고정관념을 수정하고 서로에 대한 긍정적인 의식을 심어 주기 위해 필요하다. 그 근거로 프랭크(Franks et al., 1993)의 조부모 역할 및 세대 간 관계에 관한 연구를 들 수 있다. 이들의 연구는 세대간 교육이 젊은이들로 하여금 조부모를 포함한 의미 있는 노인과의 관계에 대하여 긍정적인 기억과 평가를 지니고 있고, 의미 있는 노인과의 관계가 노인에 관한 젊은이들의 부정적인 고정관념을 불식시킴을 발견했다. 17~50세 사이의 젊은이들을 대상으로 면접을 실시한 결과, 그들의 삶에 영향을 미친 조부모를 비롯한 의미 있는 노인들과의 관계를 통하여 젊은이들은 규칙과 관습, 타인에 대한 존중, 종교적 경향, 끈기와 인내, 용기, 꿈 그리고 가족적 유대감, 뿌리의식을 배울 수 있었으며, 관계를 통하여 노인에 대한 일반적인 고정관념이 감소될 수 있었던 것으로 나타났다. 이러한 변화는 젊은이들에게만 국한되는 것이 아니라 상대적인 것이라는 점에서, 학교 및 기타 수업장면에서 세대 간의 의미 있는 접촉은 젊은이들과 노인들이 서로에 대하여 새로운 시각을 형성하고 잘못된 고정관념이나 편견을 수정할 수 있는 기회를 제공할 수 있으리라 기대된다. 즉, 세대간 교육을 통하여 세대간에 의사소통이 촉진되고, 서로에 대해 갖고 있던 편견과 고정관념을 최소화할 수 있다(Cyphert & Boggs, 1981: 21).

셋째, 세대간 교육을 통해 노인들이 젊은 세대들로부터 많은 것들을 배울 수 있는 기회를 갖게 된다. 노인들은 젊은이들의 이상과 기대로부터 보다 나은 삶을 향한 믿음과 전망을 되살리고 향상시킬 수 있으며, 지적 발견에 대한 감각을 새롭게 할 수 있다. 노인들은 어느 세대보다 자신의 앎과 삶을 연결시키는 능력이 뛰어나다(Hayes, 1998). 노인세대는 획득한 정보를 지혜로 발전시키고, 그 과정은 젊은 세대가 스스로 경험하기 어려운 것이다. 노인세대와 젊은 세대가 한데 어우러진 학습을 통해 젊은 세대는 노인세대로부터 지혜를 습득하는 방법을 자연스럽게 익힐 수 있는 기회를 갖게 된다.

넷째, 젊은이들이 노인들과의 접촉으로부터 얻을 수 있는 이점으로 세대간 교육이 요구된다. 그들은 노인들로부터 전문성을 배울 수 있고, 인간관계의 기술을 배우며, 교실에서의 학습내용과 책으로부터 얻은 지식을 현실과 연계시킬 수 있을 뿐 아니라, 오랜 기간에 걸친 현실경험에 비추어 이론적 공식이나 문자화된 지식에 대한 바람직한 검토가 가능해진다. 그리고 세대간 교육은 젊은이들에게 역사에 관한 구체적인 지식과 시각 그리고 역사적 사건과의 직접적인 만남만이 제공해 줄 수 있는 광범한 인간 관심사에 대한 관점을 제공해 줄 수 있으며, 젊은이들이 그들 자신의 노화와 미래의 자아 그리고 그 미래에 영향을 미칠 구체적인 사회의 조건들을 숙고해 보도록 도울 수 있다. 끝으로, 교수자의 입장에서도 세대간 교육을 통하여 원하는 교육목표를 달성하는 데 도움을 얻고, 부가적인 참조자료를 얻을 수 있으며, 노인학습자의 통찰과 동기화로 인하여 교수자들 스스로가 보다 새로워지고 많은 도전을 받게 된다.

2 세대간 교육의 내용

세대간 교육은 각 세대들은 비록 그들이 살아가는 시간과 경험 면에서는 다르다 해도, 전체 생애의 일부분으로서 서로 관련되어 있다는 점에서 공통된 이해관계를 갖는다는 가정에서 출발한다(Sherron & Lumsden, 1990).

세대간 교육 프로그램이 다른 세대 간에 공동이해관계를 갖도록 하기 위해서 다음과 같은 내용이 포함되도록 권장되고 있다.

첫째, 세대 간의 편견을 없애고, 이해를 증진하고, 서로에 대한 그릇된 편견과 고정관념을 없앤다.

둘째, 노인에 대한 자신의 태도와 가치를 반추하고, 자신의 노후를 생각하는 내용을 포함한다.

셋째, 노인들은 젊은 세대로부터 적극적이고 능동적인 삶의 자세와 현실감각, 도전의식을 배우며, 새로운 사회 변화와 그런 변화에 적응하고 대응해 나가는 방법을 배울 수 있게 한다.

넷째, 젊은 세대는 노인들로부터 삶의 체험과 지혜, 인생관을 배우며, 전통과 역사에 대한 바른 이해를 갖도록 하고, 노인들의 경험을 통하여 인생에 대한 간접적인 경험을 얻어 자신들의 인생을 보다 구체적으로 계획하고 노력해 나가도록 한다.

다섯째, 다양한 연령과 배경, 경험을 가진 사람들 간에 상호작용할 수 있는 기회를 제공함으로써 인간에 관한 보다 넓은 이해를 갖도록 하고 폭넓은 인간관계를 형성하게 한다.

여섯째, 각 세대들이 가진 각자의 장점을 활용하여 서로에게 도움을 주고, 연령에 따른 차별과 분리의 관행을 완화시킨다.

3 세대간 교육의 실태

1) 우리나라의 세대간 교육

세대간 교육이 우리나라에서 의미 있게 논의된 것은 최근의 일로, 사회봉사 분야에서는 부분적으로나마 세대간 교육 경험이 이루어지고 있었다. 그러나 젊은 세대가 부족하고 불리한 위치에 있는 노인들에게 일방적으로 서비스를 제공하는 형태로 이루어졌고, 엄격한 의미에서 세대간 교육 프로그램으로 간주하기에는 무리가 있다. 예컨대, 거동이 불편한 노인의 가정을 방문해 가사를 돌보아 준다거나, 결식노인들에게 한 끼 식사를 대접한다거나, 몸이 불편한 노인들에게 의료 서비스를 제공한다거나, 경제적으로 어려운 노인들에게 생활비나 생필품을 보조하는 봉사활동은 일방적인 봉사일 뿐, 세대간 교육의 철학과 개념 위에서 이루어지는 쌍방향적 활동으로 보기 어렵다.

평생교육과, 특히 노인학습자들의 평생교육 참여에 관한 관심이 증가하면서 우리나라에서도 노인학습자들의 평생교육 참여가 빠르게 증가하고 있는 추세다. 이런 상황적 변화와 맞물려 아직 본격적인 세대간 교육은 아니지만, 기존의 성인 중심의 평생교육 분야에 노인학습자들을 참여시키려는 시도들이 늘어나고 있다.

다양한 세대 간의 만남은 모든 세대들에게 자신의 시각을 더욱 확대시킬 수 있는 기회를 제공해 주며, 간접적인 인생 체험을 통하여 책이나 이론보다도 더 생생하게 사회 변화나 역사 그리고 인생에서의 다양한 경험을 배울 기회를 제공해 준다. 그러나 우리나라 세대간 교육은 여러 가지 문제점을 드러내고 있다.

첫째, 세대간 교육의 중요성에 대한 인식이 부족하다. 1994년경부터 시작된 세대간 교육에 대한 관심은 아직도 학문적인 영역에만 머물러 있을 뿐, 실천적 영역으로까지 확산되지 못하고 있다. 따라서 우리 사회와, 특히 평생교육 실천에서의 세대간 교육의 중요성에 대한 인식의 확산이 필요하다. 이를 위해서는 정부와 학계의 적극적인 지원과 홍보 그리고 교육이 요구된다.

둘째, 연령별 집단화와 차별에 대한 고정관념이 문제로 지적될 수 있다. 유교적 인륜과 도덕이 연령별 집단화의 근거가 될 수는 없다. 또 실제로 장유유서의 규범이 자신보다 어린 세대를 무시하거나 본받을 것이 없다는 것을 의미하지는 않는다. 연령별 집단화는 형식적이고 인위적인 것에 불과하며, 오히려 세대 간의 어울림이 보다 자연스러운 인간 현상이며, 그로부터 얻을 수 있는 장점이 훨씬 크다는 인식의 전환이 요구된다.

셋째, 교육계와 사회 그리고 정부 등의 의지부족 문제를 들 수 있다. 고령화의 문제는 노인들만의 문제는 아니다. 고령화로 인한 경제적, 정치적 문제 그리고 구체적으로 보건, 주택, 세무, 노동과 관련된 여러 문제들은 비단 노인들에게만 관련된 문제가 아니라, 사회의 모든 구성원, 즉 모든 세대들이 관련된 문제이고, 따라서 이들이 함께 해결해 나가야 하는 문제다. 그러므로 세대간 교육을 통하여 이러한 고령화 문제들을 해결해 나가고자 하는 각 부문들 간의 협조와 노력에 대한 확고한 의지가 요구된다.

세대간 교육의 적용범위는 매우 다양하다. 그러나 무엇보다도 다른 세대를 통한 다양한 경험 제공의 노력은 전통적으로 연령이 가장 중요한 분리의 기준으로 적용되어 왔던 교육현장에서부터 출발해야 한다. 더 나아가 직업, 사회봉사, 시민운동, 종교 등 보다 다양한 사회적 장면으로까지 확대되어야 한다. 또 세대간 교육 중에서도 가장 열악한 형편에 놓여 있고, 세대 분리와 연령 차별의 가장 큰 희생물이 되어 온 노인들에게 초점을 맞추어 우선적으로 세대간 교육 프로그램이 개발되어야 한다.

2) 일본의 세대간 교육

일본은 전통적으로 대가족제도를 이루며 살아 왔다. 부모와 조부모, 자녀가 한 가정을 이루는 형태였다. 가정은 모든 연령이 상호 지원하고 정서적으로 도와야 한다는 가치가 세대를 통해 전수되는 장이기도 했다. 그러나 가족과 가정에 대한 전통적 가치관은 현대화 과정에서 사라지기 시작했다. 일본 정부는 전통가정의 형태를 계승하기 위해 적극적으로 개입하였다. 세대간 교육 프로그램이 바로 그 실체다.

일본의 세대간 교육 프로그램은 세계적으로 가장 먼저 시작되었고, 다른 국가에 모범이 되고 있다. 세대간 교육 프로그램은 노인들이 사회적 재화와 자원을 창출하는 존재인 점이 간과되어 온 것에서 착안되었다. 세대간 교육은 먼저 노인집단의 사회와 융합할 수 있도록 끌어내고, 노인들 자신에 대한 시각을 생산적 존재로 전환시키기 위해 젊은 세대를 지도 · 지원하며, 젊은 세대와 노인세대가 상호 이해의 장을 넓힐 수 있도록 하는 데 그 목적이 있다. 노인들은 그들에게 적절한 사회적 지원이 제공되면 지역사회의 새로운 자원으로 활용될 수 있음을 실천한 것이다.

일본 정부는 노인에 대한 부정적 인식을 제거하고, 노인인력을 사회의 자원으로 활용하기 위해 세대간 교육 프로그램을 개발했다.

일본의 세대간 교육 프로그램은 매우 다양하게 발전하였다. 그것은 세대간 교육 프로그램이 정부로부터 지속적인 재정적 지원을 받고 있고, 이를 위한 행정적 구조까지 갖추고 있기 때문이다. 세대간 교육은 프로그램만이 아니라 일회적인 혹은 한시적인 이벤트로 세대간 교육 행사로도 진행되고 있다. 세대간 교육 행사는 지역사회 젊은이와 노인들이 강한 연대감을 갖게 하고, 이것은 일본 사회를 지원하는 근본적인 힘이 되고 있다(Kaplan et al., 1998).

일본의 세대간 교육 프로그램은 이벤트성 프로그램, 교육 프로그램, 레크리에이션, 사회복지, 공중보건 등 다양한 형태로 실시되고 있다. 세대간 교육은 프로그램과 함께 관련기관의 자원이 활용됨으로써 그 어느 나라보다 방대한 교육을 실시하게 되었다.

일본의 세대통합연구센터(The Aging Integrated Research Center)는 전국적인 세대간 교육 현황을 조사한 바 있다. 1994년 약 3,000여 지역에 302개의 세대간 교육 프로그램이 있었다. 세대간 교육 프로그램은 조직화되어 있지 못하고, 지방정부의 지원을 받고 있었으며, 사회복지기관들이 동참하고 있었다. 많은 세대간 교육 프로그램이 재정난에 허덕였고, 행정적인 지원도 부족했고, 대중들에게 홍보도 잘 이루어지지 않는 실정이었다.

302개의 세대간 교육 프로그램은 재정지원의 출처에 따라 다음과 같이 구분된다.

첫째, 정부로부터 재정지원을 받는 보건 및 사회복지적인 프로그램
둘째, 학교 중심의 프로그램
셋째, 지역사회 중심의 프로그램 및 이벤트
넷째, 정부조직에 의한 프로그램
다섯째, 국제조직과의 협력에 의한 프로그램
여섯째, 민간조직에 의한 프로그램 등이다.

세대간 교육 프로그램 가운데 정부주도 프로그램은 세대간 교육 프로그램의 도구적 역할을 수행했다. 세대간 교육 프로그램에 대한 지원은 문부성보다 복지성이 많은 비용을 지원하고 있다. 그로 인해 정부주도형의 프로그램은 복지적 특성이 강하다. 정부는 유아원을 비롯하여 공립학교에서 세대간 교육을 실시하고 있다. 세대간 교육이 사회복지적 차원에서 제공된다. 보건성은 공립학교 학생들을 세대간 교육 프로그램에 참여시키는 전략을 강구했다. 공립 유아원과 유치원이 양로원과 협력하여 프로그램을 운영하게 했다. 공립학교 청소년들의 세대간 교육 프로그램은 자원봉사와 노인부조 활동이 주종을 이룬다. 청소년들이 고령화 사회에서 성장하고, 보호와 도움을 필요로 하는 노인이 증가하여, 결국 노인문제가 사회적 문제로 환원될 것으로 예측하여, 미리 노인들을 돕는 자원봉사에 참여하는 시민으로 육성하는 데 그 목적이 있다.

3) 미국의 세대간 교육

미국의 세대간 교육 프로그램은 노령인구의 증가를 인지하기 시작한 1960년대 중반부터 활성화되었다. 핵가족화에 따른 노령계층의 소외와 상실감 그리고 아동의 가정교육 기회 상실은 세대간 교육 프로그램의 필요성으로 나타났다(Newman, 1989).

미국퇴직자협회(American Association of Retired Person)에 의한 세대간 교육 프로그램의 정의는 다음과 같다. '세대간 교육 프로그램이란 특정한 프로그램의 목표를 성취하기 위하여 체계적이고 지속적으로 계획되고 실행되는 프로그램으로서 다양한 연령세대의 지속적이고 상호이익적인 참여가 이루어지는 것'을 의미한다.

미국의 세대간 교육 프로그램은 노인세대와 청소년세대 간의 상호 협조 및 상호 교육목적과 더불어 인종 간 갈등과 같은 세대간 갈등과 격리현상의 극복을 주요한 목적으로 제시하고 있다. 따라서 세대간 교육 프로그램의 개발에 있어서 인종 및 문화 간 이해 및 갈등극복 프로그램의 사례로부터 많은 시사점을 받을 수 있다는 것을 관심 있게 보아야 할 것이다.

미국의 세대간 교육 프로그램의 개발과 필요성에 관련된 핵심요인은 다음과 같다.

첫째, 가정교육의 강화를 통한 사회문제의 해결 및 예방

둘째, 영양교육의 전파 및 강화를 통한 보건의료문제의 개선

셋째, 가정 내 폭력의 방지 및 예방

세대간 교육 프로그램은 이러한 문제들을 해결하기 위한 방법론적 효율성과 함께, 세대 간 동질성 회복을 통해 참여자 모두에게 혜택이 주어지는 특성을 갖고 있다. 세대간 교육 프로그램의 기대효과는 다음과 같

이 요약할 수 있다.

첫째, 세대간 관계성의 개선을 통한 세대간 갈등 및 단절의 극복

둘째, 가정 및 사회적 문제의 해결을 위한 효과적 대안 제시

셋째, 지역사회의 문제해결능력 강화

이와 같은 목적을 달성하기 위해 세대간 교육 프로그램은 다음과 같은 전략을 사용하였다.

첫째, 프로그램 개발에 있어서 개인교습과 같은 특정 서비스 내용과 지역사회의 특수한 요구내용을 적절히 대응시키는 전략

둘째, 학교, 노인회관 및 관련 기존시설의 활용도를 극대화하는 전략, 특히 공공교육의 부족한 면을 보완하는 세대 간 교육 프로그램의 활성화 전략

셋째, 모든 세대간 교육 프로그램은 지역사회 차원의 노력과 인식의 확산으로 이어져야 한다는 연계 전략

넷째, 관련단체 및 세대 간 교육 프로그램 참여자들의 정책참여 활성화 전략, 노인 및 청소년 정책의 수립 및 집행, 평가에 적극적으로 참여 유도

다섯째, 세대간 교육 프로그램의 인식도 확산을 위한 홍보 및 인지도 확산 전략, 신문 및 방송 등의 대중매체와의 연계를 적극적으로 추진

여섯째, 중앙 및 지방정치인의 적극적 참여 유도 전략

프랫(Pratt, 1986)은 세대간 교육의 유형을 기능에 따라 다음과 같이 분류하고 있다.

첫째, 노인이 청소년에게 서비스를 제공하는 프로그램

둘째, 청소년세대 구성원이 노인을 대상으로 서비스를 제공하는 프로그램

셋째, 노인세대와 청소년세대 구성원이 지역사회의 공익이나 공동 목표를 위해 협동하는 프로그램

넷째, 노인세대와 청소년세대 간의 회의나 합숙(이해훈련)을 지원하는 프로그램

다섯째, 예술을 매개로 하는 세대간 교육 프로그램

여섯째, 학부 및 대학원생과 노인세대와의 협동관계를 지향하는 프로그램

미국 노인행정청(Administration on Aging)에서 제시한 유형에 따라 세대간 교육 프로그램의 실제 사례를 예시하면 다음과 같다. 미국의 세대간 교육 프로그램의 유형은 ① 노화과정에 대한 이해, ② 문화와 예술, ③ 요양 및 보호 서비스, ④ 취업, ⑤ 여가선용 프로그램, ⑥ 전문직업적 프로그램, ⑦ 청소년교육 프로그램으로 나누어 볼 수 있다. 각 유형별 사례를 통하여 미국의 세대간 교육 프로그램의 특성을 보도록 한다.

(1) 노화과정에 대한 이해

- **가교 만들기 프로그램**: 미주리 대학교의 평생교육원이 주관하고 있는 이 프로그램은 노인세대와 청소년세대 간의 상호작용과 이해를 도모하기 위하여 교육, 친교 그리고 보호라는 세 가지 주요 활동을 중심으로 설계되었다. 세대 간 이해를 위한 다양한 활동들은 세대간 특성을 고려하여 구성되어 있다.
- **노인과 청소년 교환 프로젝트**: 텍사스 농촌진흥원이 주관하고 있는 YES 프로젝트는 지방의 농촌환경에서 거주하고 있는 노인의 독자적 생활능력을 지원하기 위하여 4-H 클럽과 협동으로 청소년 자원봉사자와 노인세대와의 긍정적 상호협력을 활성화하는 목적을 갖고 있다. 청소년 자원봉사자는 가사지원 및 주택수리, 유지 그리고 자동차 정비를 지원

하며, 이를 통하여 참여자는 노화과정에 대한 이해 증진과 세대 간 의사소통 능력 강화 그리고 사회복지 서비스에 관련된 직무훈련을 받게 된다.

- **세대향연 프로그램**: 펜실베이니아 주립대학교 평생교육원이 주관하고 있는 세대향연 프로그램은 노인에 대한 긍정적 태도와 노인과의 의사소통 기술을 교육하기 위한 목적을 갖고 있다. 노인이해교육의 일환인 이 프로그램은 가족사 연구, 전통기예, 양로원 방문 등의 다양한 활동으로 구성되어 있으며, 각 지역 및 공동체에 보급, 전파하기 위한 지도자 교육도 포함하고 있다.
- **노인정책제안 프로그램**: 일리노이 대학교 성인교육원에서 주관하고 있는 이 프로그램은 지역 4-H 클럽과 공동으로 노인인구의 특별한 요구사항에 대해 지역사회 차원의 대안을 수립하기 위한 목적으로 운영되고 있다.

(2) 문화와 예술

- **'노인의 지혜와 아이의 노래' 프로그램**: 미네소타 대학교 평생교육원이 주관하고 있는 이 프로그램은 노인의 이야기와 구전역사를 아동이 듣고 그것을 바탕으로 노래와 그림을 만드는 활동으로 구성되어 있다. 노인과 학생 간의 공동 작업을 모아 지역사회 단위의 축제를 열어 노인세대에 대한 지역사회의 인식도를 제고하는 효과를 보고 있다. 장기적으로는 주 단위로 확산될 계획으로 추진되고 있다.
- **공연활동**: 템플 대학교의 세대간학습센터 주관으로 진행되는 이 프로그램은 청소년과 노인이 공동으로 제작하는 실험적 공연 프로젝트로서 주로 사회적 문제를 주제로 제작, 공연되고 있다.

(3) 요양 및 보호 서비스

- 양손자 프로그램: 켄터키 대학교 평생교육원이 주관하고 있는 이 프로그램은 노인에게 새로운 양육기법 및 지역사회의 시설 사용법 및 컴퓨터 활용능력 등을 교육하여 가족 내 육아 및 교육능력을 강화하는 내용을 갖고 있다.
- 조부모의 육아 프로그램: 뉴햄프셔 대학교 평생교육원과 코넬 대학교 응용노인학연구센터가 주관하고 있는 이 프로그램은 지역복지센터를 통하여 손자녀를 양육하는 조부모에게 양육 및 교육능력을 교육하는 내용을 갖고 있다.
- 집안친구 프로그램: 템플 대학교의 세대간학습센터 주관으로 진행되는 이 프로그램은 아동학대 및 방치의 경력이 있거나, 그럴 위험이 있는 가족의 보호자 및 상담자로서 지역의 노인 자원봉사자를 활용하는 내용으로 진행되고 있다.

(4) 취업

- 이웃 및 가족 보육 프로그램: 펜실베이니아 주립대학교 평생교육원이 주관하고 있는 이 프로그램은 사회복지 정책의 변화에 대응하는 노인 인력의 활용대책으로 개발되었다. 저소득 노인을 대상으로 아동보육 능력을 교육하여 가족 및 지역사회에서 전문적인 아동보육사로 일할 수 있게끔 하는 목적으로 운영되고 있다.
- 할머니의 유산 프로그램: 미네소타 대학교 평생교육원이 주관하고 있는 이 프로그램은 가족의 유산 분배 및 공유과정에 대한 교육을 통하여 재산관리 능력을 강화하고 세대 간 결속력을 강화하기 위한 목적으로 운영되고 있다.
- 노인과 아동 상호부조 프로그램: 1980년대 중반에 템플 대학교 세대간학

습센터에서 개발한 이 프로그램은 아동보호사로 일하기 원하는 노인과 지역 아동보호센터 간의 연계를 지원하는 역할을 담당하고 있다.

(5) 여가선용 프로그램

- **세대간 정원조경 프로그램**: 뉴햄프셔 대학교 평생교육원이 주관하고 있는 이 프로그램은 4-H 회원과 YMCA 회원의 참여를 통하여 지역 양로원의 정원조경 개선사업을 추진하고 있다.

(6) 전문직업 및 참여봉사 프로그램

- **세대간 원격교육 프로그램**: 코넬 대학교 응용노인학연구소에서 주관하고 있는 이 프로젝트는 청소년 지도 및 교육담당자와 다른 복지서비스 전문가를 대상으로 지역특성에 적합한 세대 간 프로그램 개발능력을 교육한다. 이 프로젝트는 4주간에 걸쳐서 세대 간 프로그램 모델과 인터넷 자료 및 활용방안을 연수하며, 관련자 및 부서 간 네트워킹을 구축한다.
- **노화교육**: 코넬대학교 응용노인학연구소는 9~13세 사이의 연령층과 노인 간의 협동 프로젝트 개발을 위한 모형을 EASE 프로젝트를 통하여 연구하고 있다. 공동작업, 공동집단 프로젝트, 일대일 프로젝트 등의 다양한 세대 간 연계모형을 실험하고 있다.
- **참여봉사자 개발 프로그램**: 유타 대학교 평생교육원 주관의 이 프로그램은 주 정부의 지원을 받아 4-H 봉사자와 가족을 대상으로 하는 주단위의 방송교육 프로그램을 개발하고 있다.
- **지역사회봉사 프로그램**: 피츠버그 대학교의 Generations Together(GT) 프로젝트의 일환으로 개발된 이 프로그램은 노인을 대상으로 하여 보육이 필요한 영유아, 학습결손 및 위험상태의 초등학교, 학업 및 사회정서적 지원이 필요한 중학생, 학업완수, 직업선택 및 준비 혹은 진학

에 관한 개인지도가 필요한 고등학생, 질병 및 경제적 곤란상황에 놓여 있는 가족과 아동, 노인의 전문성과 경험이 필요한 대학생을 위한 전문 봉사능력을 배양하는 목적을 갖고 있다.

(7) 노인과 청소년 공동 프로그램

- 세대초월 프로그램: 템플 대학교 세대간학습센터에서 주관하는 이 프로그램은 마약 사용 위험그룹으로 지정된 중학생과 노인 간의 공동 마약 방지 프로그램으로서, 노인과 함께 지역사회의 봉사 프로그램에 참여한다.
- 4-H 클럽활동: 주 단위의 4-H 클럽활동의 주요 프로그램으로서 청소년과 노인 간의 관계성을 강화하기 위한 프로그램이다. 이를 위하여 노인과 청소년 봉사자 간의 월례 볼링게임이나 토끼사육과 같은 공동 활동을 양로원을 중심으로 추진한다.

제 9 장

퇴직준비교육[1)]

퇴직준비교육은 노년학과 성인교육이라는 두 학문 분야 사이에 걸쳐 있으면서 의학, 생물학, 사회학, 문화인류학, 심리학, 정책학, 철학, 정치학, 역사, 문학 등의 학문과도 연계되어 있다(Walker, 1996). 우리나라에서는 국제구제금융체제(IMF)로 인한 퇴직관련 문제를 해결하기 위해 사회학과 경제학적인 시각에서 시작되었다. 그로 인해 퇴직을 교육적으로 접근하는 퇴직준비교육이라는 교육적인 차원에서의 연구가 도외시되어 온 점을 부인할 수 없는 실정이다.

퇴직준비교육에 관한 연구들은 최근 5년 이내에 주로 이루어졌다. 이들 연구는 주로 퇴직준비교육이 아닌, 퇴직에 관한 연구에 불과하다. 퇴직준비교육이라는 명칭으로 퇴직의 특성과 퇴직 후의 삶에 대한 언급을

---

1) 기영화(2000). '퇴직준비를 위한 평생교육 프로그램 모델의 이론적 토대' 앤드라고지 투데이, 3(4), pp. 17-41에서 발췌함.

통해 퇴직준비교육의 필요성을 기술하고 있지만, 실제 퇴직준비교육 그 자체를 주제로 한 연구는 없다. 퇴직준비교육은 1950년 이후 그 중요성이 부각되었고, 성인교육학자들에 의해 관심을 갖게 된 것은 1970년에 이르러서다. 퇴직준비교육의 필요성은 1950년대에 상담심리학자들에 의해 제기되었다(Walker, 1996). 상담심리학자들은 스트레스 연구과정에서 퇴직연령기에 가장 스트레스가 많음을 발견하고, 퇴직 스트레스를 완화시키는 교육의 필요성을 제기했다. 이들의 연구는 퇴직이 기업의 조직적 차원에서 관리될 것을 강조하고 있다.

1 퇴직준비교육의 필요성

고령화 사회의 진전과 함께 지구촌 단일경제 권역화와 다운사이징 등의 기업경영 기법 도입은 조직의 인원감축을 유도했고, 이로 인한 노동력의 퇴출은 퇴직준비교육을 불가피하게 했다. 우리나라에서는 IMF 이전까지만 해도 중심이슈로 부각되지 않았다. 기업의 종신고용문화를 형성하고 있어, 퇴직은 심각한 사회적 관심을 받지 않았다. 종신고용의 기업문화에서 퇴직은 근로자 노동에 대한 보상제도로 간주되었기 때문이다. 그러나 국제 경제환경의 변화는 우리 기업의 고용문화를 변화시켰다. 종신고용이라는 개념은 사라지고, 근로자는 평생에 몇 번씩 직장을 옮겨다니게 되었다. 고용문화의 변화는 고령근로자들에게 심리적 반발감을 가져왔다. 가장 어려웠던 시대에 기업을 위해 충성과 시간을 바쳤던 그들은 기업에 대한 배신감과 박탈감, 상실감을 느끼게 되었다. 이들의 심리적 상실감은 결국 기업의 생산성에 영향을 미치게 되었다.

퇴직준비교육은 고령근로자들의 이러한 심리적 문제를 완화시키는 기제로 작용할 수 있다. 퇴직준비교육을 통해 현재 경제 환경을 이해하고, 자신의 노동 삶에 대한 새로운 시각을 갖고, 퇴직 후의 삶을 적극적으로 준비하는 기회를 가질 것이며, 기업은 경력개발 프로그램과 함께 운영함으로써 젊은 근로자들의 직업생활을 새롭게 준비시키는 계기가 될 것이다.

2 퇴직의 관점

퇴직준비교육은 퇴직을 정의하는 관점에 따라 달라진다. 퇴직은 몇 가지 다른 관점에서 그 논의가 전개되고 있다. 퇴직의 논의는 사회와의 관계에, 인간발달 과정에, 고용관계에 초점을 두고 전개되어 왔다. 퇴직은 그것을 사용하는 사람에 따라, 사용되는 사회에 따라 다른 의미를 갖는다.

첫째, 어느 시기에 발생하는 정해진 사건으로서 퇴직을 바라보는 관점이다. 이 개념은 19세기에 도입되어 20세기에 일반화되었으며, 오늘날 거의 모든 국가에서 받아들여지고 있다. 사회복지와 행정학, 사회복지정책이 정의하는 퇴직의 개념이 그것이다. 퇴직은 어느 시기에 발생하는 사건으로, 사회는 그것을 보장하는 각종 제도를 시행한다. 일종의 퇴직연금이다. 스탠리 파커(Stanley Parker)는 19세기에 사용되던 퇴직의 개념이 바로 이 관점임을 밝혔다. 그에 따르면, 19세기에 처음 사용되었던 퇴직의 개념은 바로 연령에 의해 일자리를 떠나게 되는 것으로, 개인들은 그 사건으로 인해 생계보조를 받았다. 그로 인해 퇴직은 연금과 불가분의 관계를 형성했다. 연금은 퇴직을 연령에 제한시키게 했고, 대부분 60~65세로 한정되었고, 이는 신체적으로 노동이 어려운 시기로 접어듦을 인정한 것이다.

그러나 20세기 근로환경의 변화는 퇴직의 개념을 더 이상 육체적인 노동한계 시기로 제한하지 않았다. 퇴직은 육체적인 노동능력의 쇠약으로 직업전선에서 떠나는 것이 아니라, 노동생산성에 대한 요구에 의해서였다. 국제경쟁에서 우위를 점하려는 국가 간의 경쟁으로, 개인이 노동을 할 수 있는가보다는 누가 더 효율적이고 생산적인 노동력인가에 의해, 덜 생산적인 노동력은 근로현장을 떠나게 하는 새로운 퇴직개념이 도입되었다. 이로 인해 퇴직은 노인들의 노동능력 향상이라는 새로운 과제를 안게 되었다.

노인근로자들은 새로운 직업적 기술이나 지식을 습득할 것이 요구되었고, 이로 인해 교육의 역할이 부각되었다. 교육과 노인, 퇴직이라는 세 가지 개념이 함께 어우러진 해결책이 필요하게 된 것이다. 퇴직이 노동력 효율성과 연관되면서 노인노동력은 점차 사회적으로 소외되었고, 퇴직자들의 연금이 늘어났다. 그러나 퇴직으로 인한 노인근로자들의 게으름을 막기 위해 제2차 세계 대전 이후 연금 지급을 줄이기도 했다. 그러나 1970~1980년대에 걸친 경제난국은 다시금 근로자들을 작업현장에서 일찍 떠나게 하는 조기퇴직을 사회적으로 급증시켰다. 경제불황은 근로자들의 수를 감소시켰고, 퇴직은 고령자와 비숙련직 종사자에게 우선적으로 적용되었다. 경제불황과 의료기술의 발달, 평균수명 연장으로 인한 고령근로자수의 증가는 퇴직을 복합적인 개념으로 전환시키는 계기가 되었다. 비숙련 노동자의 감소, 노인들의 근로연한 연장, 기술의 변화는 퇴직의 개념을 변화시켰다. 1980년 경제불황으로 인한 노인근로자들의 조기퇴직은 1990년대 경험 있는 노련한 노동력 부족이라는 문제를 가져왔다.

둘째, 인간 생애의 한 과정으로 퇴직을 바라보는 개념이다. 퇴직을 인간의 발달과정에서 경험하는 한 과정으로 보는 견해다. 모든 인간은 일과 불가분의 관계에서 삶을 영위한다. 퇴직은 한 개인의 역사 속에서 자연스럽게 전개되는 과정이다. 이 관점은 퇴직에 관한 논의를 연령에 의한 인간발달 단계 과업으로 구분하는 것을 넘어섰다. 인간의 삶을 제1연령기에서 제4연령기로 새로 구분하였다. 생물적 연령이 아닌, 사회적 연령이 새로운 퇴직개념의 기초다. 제1연령기는 출생하여 직업을 준비하는 시기, 제2연령기는 직업과 가정형성 시기다. 자녀출산, 결혼, 부모 역할 등 사회적, 직업적인 다양한 역할과 책임이 부과되는 시기다. 제3연령기는 사회적, 가정적 책임과 의무로부터 벗어나 개인의 자유시간을 누릴 수 있는 시기다. 제4연령기는 타인의 도움 없이 생활이 불가능한 시기로 의존적 삶을 영위하는 시기다. 생애과정으로서의 퇴직개념은 제3연령기로서의 퇴직이다.

퇴직은 주로 제3연령기에 일어나는 현상이다. 이 시기에 개인은 자녀들을 성장시키고, 경제적으로 여유를 누리게 되며, 자신을 위한 시간을 투자할 수 있다. 다시 말하자면 삶에서 가장 행복하고 자유로운 시기다. 제3연령은 퇴직을 지칭하는 새로운 개념으로 사용되었다. 지금까지 논의된 퇴직개념은 특정한 시점의 연령기를 지칭하며, 연금과 직결된 것이었다. 제3연령의 개념은 생물학적 나이보다는 개개인의 노동능력과 직종의 특성이 반영되어 있으며, 퇴직을 더 이상 연금과 결부된 개념으로 보지 않는다. 퇴직자는 과거에 비해 그 연령이 낮아졌고, 건강상태도 훨씬 좋고, 생활기준도 월등히 높아졌기 때문이다. 제3연령기로서 퇴직의 개념은 직업부재자로서 퇴직자를 의미하기보다 오히려 그들의 라이프스타일에 의해 정의된다. 더욱이 퇴직 이후 정시제 근무 등 파트타임 노동에 종사함으로써, 퇴직의 개념이 노동을 하지 않고 시간을 보낸다는 종래의 개념이 변화될 수밖에 없었다. 제3연령기는 독립적인 삶의 시기로 자율성과 책임감, 성숙함으로 인해 개인의 자아실현이 정점에 도달하는 시기다. 50~75세의 연령이 이에 해당된다. 한편으로 제3연령기는 사회경제적으로 중산층을 지칭하는 것으로, 가치내재적인 문화적 편견을 가진 개념으로 비판받기도 하지만, 생애사적인 관점은 무엇보다도 퇴직을 생물학적으로 한정된 연령으로 바라보는 관점에서 벗어났다. 노령화는 인간의 노년기에 일어나는 현상이 아니라, 평생에 걸쳐 지속적으로 일어나는 과정이다. 노령화가 노인만의 것이 아니라, 전 생애에 걸쳐 일어나는 것으로 봄으로써 교육-노동-퇴직이라는 공식이 파괴되었다.

셋째, 퇴직을 사회적 관계의 전환으로 보는 견해다. 퇴직은 일로서 직업의 마무리이며, 공식적인 사회적 역할의 전환이다. 특히 고용관계 역할이 말소되는 사회적 관계의 변화다. Random House(1980) 사전은 퇴직을 연령으로 인한 직업과 직장 혹은 능동적 삶으로부터 떠나는 상황으로 정의한다. 펠드만(Feldman, 1994)은 직업적인 측면에 초점을 두고 퇴직을 정의하였다. 퇴직은 중년 이후의 나이에 조직의 지위나 업무로부터 방출되거나, 혹은 업무에 참여하는 시간이 줄어드는 것으로 본다. 퇴직은 사회적 관계에서 발생하고 사회의 영향을 받아 생성된 개념이다. 퇴직이 사회적 관계의 영향을 받은 것은 산업사회의 발달에서 두드러진다. 산업사회 이전의 근로자는 일반적으로 가내공업 종사자들로, 가족이 고용주이자 고용인이었다. 이 시기의 퇴직은 사회적인 의미보다는 가족 내의 노동력 상실이었다. 그러나 가내수공업이 공장제공업으로 전환되면서 가족 차원의 고용은 사회적 차원으로 전환되었다(Walker, 1996). 산업사회에서 퇴직은 가족이나 개인의 문제가 아닌, 사회적인 의미로 부상되었다. 퇴직은 사회적 차원에서 생산성을 증가시키기 위한 수단으로, 효율적인 노동력으로 대체시키려는 목적이었다. 퇴직은 노동현장에서 근로자의 노동력이 제거되는 것으로 사용되었다. 그러나 노화속도가 지연되고 수명이 연장되면서, 퇴직은 효율적인 노동력 제공이라는 당초 목적과는 다른 문제를 배태하게 되었다. 퇴직은 단지 일자리를 떠나는 그 이상의 의미다. 다시 말하자면 퇴직은 고용의 해지상태로 경제적 자구부양이 상실된다는 부정적 의미만이 아니라, 여가시간의 증가와 퇴직 후의 삶이라는 새로운 지평을 여는 개념으로 확대되었다. 그로 인해 퇴직은 단순히 노동현장을 떠나는 것만 아니라, 돈벌이 이후의 삶에 관한 지식과 이해를 일반화시키고 있다.

넷째, 생산적 연령기로서 퇴직이다. 퇴직이 건강치 못하고 활동성이 부족한 의존적 인간을 의미하는 것이 아니다. 노년학자들은 최근 퇴직을 생산능력을 갖고 있는, 더욱이 경력과 풍부한 경험의 지혜를 수반한 생산성 증진의 가능성을 갖는 개념으로 해석한다. 생산적 연령으로서 퇴직은 노동세계의 한 부분으로 돈을 벌기 위해 했던 의미 없고 반복적인 노동이 아니다. 자신에게 의미 있는 일을 말한다. 최소한 가난으로부터 벗어나고, 자신에게 의미 있는 것을 추구하기 위해 창의성을 발휘하는 활동이다. 생산적 연령기의 생산성은 그 이전까지의 직업이 사회적 차원의 것이었던 것과는 달리, 개인적 차원에서의 의미를 추구한다.

이와 같이 퇴직은 크게 네 가지 개념으로 논의되고 있으나, 그 어느 한 가지 개념으로 정의하기는 어렵다. 퇴직은 개인과 사회, 조직이 한데 얽혀 있는 복합적인 현상이기 때문이다. 일반적으로 퇴직은 연령과 직업군에 정의되고 있다. 퇴직은 고령으로 인한 직업에서의 이탈로, 일반적으로 50세 이상을 지칭한다(Withnall & Percy, 1994).

3 퇴직의 모델

퇴직준비교육은 퇴직에 관해 어떤 모델을 갖고 있는가에 따라 다른 형태로 실시된다. 퇴직준비교육은 퇴직에 대한 인식에 따라 다른 과제가 부여되기 때문이다. 퇴직이 인생살이의 한 사건으로 발생한다든가, 혹은 퇴직을 인간발달 과정의 한 과정으로 인식하는가, 혹은 퇴직이 생산적 연령기를 지칭하는가에 따라 퇴직준비교육 프로그램이 달라진다. 이런 퇴직에 대한 인식은 퇴직모델로 구성된다. 퇴직준비교육의 모델은 퇴직준비교육 프로그램을 개발하는 데 영향을 미친다. 퇴직모델은 퇴직준비교육 프로그램이 다루는 주요 이슈와 교수·학습유형, 교육의 목표 등으로 구성된다. 다시 말하면 기업현장의 인력개발 담당자들이 퇴직준비교육 프로그램을 개발할 때 실제적으로 어떤 내용으로 구성하고 운영할 것인가를 총체적으로 다루는 것이다.

퇴직모델은 다양한 학자들에 의해 제시되었다. 월커(Walker, 1996)는 퇴직준비교육 프로그램의 이슈와 교수법, 교육목표와 이론 등을 중심으로 12가지로 분류하고 있다. 그러나 월커의 퇴직모델은 퇴직의 개념과 이론적 접근을 기반으로 하고 있어, 상호 중복되는 면이 있다. 월커(1996)가 분류한 퇴직의 모델은 〈표 9-1〉과 같다.

월커의 모델은 퇴직준비교육의 목적과 내용, 방법에 대한 제시로, 기업이라는 조직과 퇴직준비자 개인의 경력계획과의 연계가 부족하다. 퇴직준비교육이 제반 요소들, 예컨대 복지정책과 생애계획 등과 복합적으로 작용하는 프로그램으로 실시될 수 있도록 거시적인 차원에서 접근되고 있지 못하다. 기존의 퇴직모델은 인력개발자들이 퇴직준비교육 프로그램을 개발하는 과정을 묘사하고 있지 못하여, 현장의 활용가능성이 떨어지고 있다.

〈표 9-1〉 퇴직준비교육의 선행모델

퇴직모델	이론적 배경	교육목표	퇴직준비교육의 이슈와 내용	교수 · 학습 유형
저축식	-구조기능주의 -역할단절 (해약이론)	-상실위기를 방지하고 심리적, 사회적 스트레스를 최소화 -새로운 상태를 수용하고 적응하게 도움 -사기(의욕) 진작	-미래 새 삶에 유용한 관계 정보 -적합한 활동과 태도를 조언	-교육학적 교수 -전문가 주도 -수업적 -교훈적
성공적 퇴직	-행위이론 -대체이론	-직업중단에 대한 대체역할 증진으로 퇴보 예방 -긍정적, 낙관적 시각촉진	-새 삶에 관한 수용과 실천을 격려하고 긍정적이고 공격적인 생활을 하도록 조언	-교육학적 교수 -전문가 주도 -수업적 -교훈적
발달단계 전환	-인간 발달단계에 따른 역할분할과 역할 사회화/제도화된 인생과정	-변화 파악과 수용 -새 인생단계에 대한 적합한 활동 재조명	-삶의 변화와 경험 준거의 중요성 -생활의 태도와 선택 논의 -새 삶에 대한 정보	-교조적, 격려적, 추상적 스타일 혼재 -전문가 지도와 함께 동료집단과 개인 경험 중심

전환과정/변화 적응	-발달심리학 -적응심리학 -사회적 자아 구성	-전환과 변화 파악/이해 -개인경험 가치부여 -현 생활에서 개인작용 인지 증진	-미래생활 설계와 변화 관리를 위한 의사결정 모델 실천 -집단요구와 협상	-매우 광범위하고 상호작용적 -앤드라고지적 -촉진적 리더 -협상적 이슈
변화 다양화/생애설계 모델 -사회스트레스 모델 -불명확성 극복 -안락지대	-발달심리학 -적응심리학 -사회적 자아 구성	-전환과정 이해 -잠재적 스트레스 저하와 통제 -생애계획을 통한 적절한 통제 수용	-인지적, 정의적인 것	-앤드라고지적 -촉진적 -민주적 참여
평생자아 관리	-발달심리학 (상인발달) -인성이론	-생애 변화를 통한 자아 개념의 사회적, 심리적 형성과정 이해	-변화관리와 미래설계를 위한 현재와 과거의 자아 반성	-성장과 변화를 위한 잠재력 평가에 적절한 소집단과 상호작용 스타일
생애추세	-생애과정 관점(비제도적) -역할지속론 -사회적 자아 구성 및 역할 유지	-생애지속성과 경력 이해 -생활의 통제 영역 파악	-인생반성 -인생계획	-앤드라고지적 -촉진적 -경험기반

제3연령기	-생애과정 -인간발달	-제3연령기의 질적차이 -획득과 상실에 대응 -자아감 증진	-자아실현을 포함한 생애설계 -존재와 실천을 위한 영감과 창의성에 가치부여	-상호작용적 및 교조적 유형의 혼합 -앤드라고지적
생산적 연령	-생의학적, 전 생애적 능력을 지원하는 이론	-일의 지속성/생산적 역할 이해 -자원과 기회에 대한 권리 인식 -미래 역할 준비	-경력개발 -기술경신 -자신감훈련 -성취지향적	-훈련 스타일 -도구적
상담모델	-인간주의 심리학 -노인정신의학 -일탈사회학과 사회적 통제	-생각/감정/행동의 적응유형 습득 -연령 관련된 발달과 변화관리에 의한 자아이해	-문제영역 파악 -상담에 의한 지원과 개발 -자아관리와 인생설계 기술	-고도의 상호작용(1인, 2인, 소집단) -문제중심, 고객중심
통과의식	-상징적 상호주의 -사회인류학	-사회적 통례에 의한 새 상황 전환 촉진	-학습결과보다는 참여행동 그 자체가 중요	-문화적으로 의미 있는 유형

* 출처: Walker, J. (1996). *Changing concepts of retirement*, pp. 27-29 재구성.

4 우리나라의 퇴직준비교육 실태

본격적인 대량 감원시대에 돌입하면서 많은 기업들이 퇴직교육 프로그램을 운영했었다. 한시적으로 운영되었던 퇴직준비교육은 경제회복기에 접어들면서 자연히 중단되는 경향을 보였다. 그러나 다시금 경제위기에 대한 위기감이 고조되고 퇴출기업의 명단이 발표되면서 기업들은 퇴직을 포함한 구조조정을 다각도에서 검토하게 되었다. 이로 인해 기업 차원에서 퇴직을 준비하는 프로그램에 대한 관심이 높아졌다. 사실 이들 기업 가운데, 극소수의 기업들만이 퇴직자들을 위한 교육을 고려하고 있었다. 일부 기업들은 퇴직자들의 위탁교육을 고려하고 있기도 하였다.

퇴직준비교육은 기업 측에서 전직 알선프로그램 등을 사용하여 강제적인 퇴직의 가능성을 줄여 노사관계를 정착시키고, 퇴직자 개인에게는 위로금보다 새로운 인생을 살도록 도와주는 이중의 효과가 있다. 퇴직준비교육 프로그램의 하나로 퇴직자에게 재취업 관련 교육과 직장까지 알선해 주는 '아웃플레이스먼트 컨설팅(Out Placement Consulting: OPC)'이 있다. 미국, 유럽, 일본 등의 선진 기업들은 정년퇴직자나 조기퇴직자를 위해 이미 아웃플레이스먼트 컨설팅을 제도적으로 정착하고 있다. 우리나라는 S텔레콤이 처음 도입했다. 일부 기업들은 퇴직예정자를 대상으로 재취업이나 창업을 지원하는 직업교육을 외부전문컨설팅회사에 의뢰하여 실시하기도 한다.

우리나라 기업들의 퇴직준비교육은 퇴직 후 생활을 성공적으로 영위하기 위해 필요한 정보와 지식을 제공하는 데 목적이 있다. 퇴직준비교육의 내용은 재정, 건강, 인간관계, 여가활동, 사회참여, 퇴직과 노령에 대한 태도, 주택, 법률적 지식, 노인복지서비스 정보로 구성되어 있다. 실시시기는 퇴직 직전에 주로 실시되고 있었고, 소수의 기업들은 퇴직 1~2년 전에 실시하기도 했다. 퇴직준비교육 실시주체는 기업이 대다수였고, 외부 컨설팅회사가 제공하는 경우도 있었다. 프로그램의 실시방법은 상담, 강의, 토의, 현장견학 및 실습, 워크숍 등의 다양한 방법이 시도되고 있었다. 그러나 준비되지 않은 퇴직준비교육 프로그램은 강의를 통한 정보전달에 그 역할을 한정시키고 있어, 퇴직준비교육의 본래 취지를 실현하지 못하고 있었다. 실시기간은 장기간으로는 매주 1회씩 3개월, 단기간의 경우 2주간 연속, 실시자는 각 분야의 전문가로 구성된 퇴직준비교육 전문가집단이 제공해야 한다고 제시했다.

정년퇴직을 앞둔 직원을 대상으로 하는 퇴직준비교육 프로그램은 재취업 및 소자본 창업 요령 등을 주 학습내용으로 구성했다. 퇴직준비교육의 내용은 퇴직금을 이용한 재테크 방법과 부동산 세무상식 등 효율적인 자산운용에 관한 정보가 중심이었다. 또 건강한 삶을 유지할 수 있도록 성인병의 자각증세와 예방법 등 부부 건강관리법도 포함되었다. 강의만이 아니라 실제 체험자들을 연사로 초청해 성공사례를 직접 듣는 경우도 있었다. P제철은 재직직원들을 위한 복리후생에 그치지 않고 퇴직 이후의 생활까지 안내함으로써 노사화합을 위한 목적으로 퇴직준비교육을 실시했다.

경총은 1996년 정년퇴직자를 위한 고급인력정보센터를 설립하고 퇴직준비교육을 담당하고 있다. 대부분 기업은 정년을 단축하고, 이 과정에서 다수의 고급 및 중견인력을 조기퇴직시키는 현상이 늘어나고 있다. 이에 따른 인적 자원의 낭비를 줄여 보자는 차원에서 노동부와 공동으로 고급인력정보센터가 설립되었다. 고급인력정보센터는 재취업 알선, 법정관리인 교육 및 추천, 전문인사클럽 등 세 가지 사업으로 다양한 퇴직준비교육 프로그램을 실시하고 있다. 고급인력정보센터에서는 취업 알선과 함께 정년퇴직자들을 위한 창업설명을 위한 프로그램도 실시하고 있다. 창업교육 프로그램은 퇴직금으로 소자본창업을 하고자 하는 사람들을 대상으로, 업종별로 해당업체 관계자를 직접 초청해 실시하고 있다. 예를 들어, 자동차대리점을 운영하려는 퇴직자들에게는 현대자동차, 기아자동차, 대우자동차, 삼성자동차 등의 간부를 초청해 창업을 설명하는 프로그램이다. 해당기업이 퇴직준비교육을 진행함으로써 실질적인 도움을 받을 수 있는 장점이 있다.

한 전자 회사의 경우 창업교육, 정보처리, 자동차정비, 인테리어, 보석가공 등 각종 퇴직관련 교육기관에 위탁연수를 통해 퇴직자 교육 프로그램을 지원하고 있다. 대상은 퇴직을 앞두고 있는 근로자만이 아니라 이미 퇴직한 근로자도 가능하다. H전자는 퇴직한 사람들을 대상으로 하는 교육과 함께, 과장급 이상 부장급 이하 3천 4백여 명을 대상으로 그룹연수원에서 창업교육을 진행하고 있다. 이 교육은 사내외 전문가를 교수자로 초빙해 창업 기획, 점포입지 조사, 사업 선정, 계약방법 등을 지도하고, 재취업에 유리한 자격증을 딸 수 있도록 3~4개월 정도 전직교육 15개 과정을 운영하고 있다. 자동차정비, 용접, 수치제어, 선반 등 자동차 생산 관련 기술자격증은 물론 정보처리검색사, 주택관리사, 공인중개사, 물류관리사 등도 포함되어 있다.

한 은행의 경우 생산성본부에 의뢰, 명예퇴직자 중 창업희망자 10여 명을 대상으로 일주일간의 소자본 창업과정 교육을 실시한다. L건설 등은 희망자를 대상으로 컨설팅업체와 협조해 재취업교육을 하고 있다. 금융연수원은 금융기관 퇴직자들을 대상으로 재취업교육을 시작했다. 강좌는 재무관리사, 금융정보검색사 등 두 가지로, 4주에 걸쳐 진행된다. 은행은 물론 제2금융기관에서 퇴직한 사람이면 누구나 신청할 수 있도록 다른 조직에까지 개방하고 있다.

우리나라의 퇴직준비교육 프로그램은 단기간에 걸쳐, 강의위주로 진행된다는 점에서 준비되지 않은 퇴직준비교육임을 드러내고 있다. 미국의 퇴직준비교육은 조직적 차원에서 근로자들이 퇴직 후의 삶을 준비하기 위해 소속 기업으로부터 지원받는 프로그램이다. 미국의 퇴직준비교육은 노조와 대학 및 전문대학, 기업에서 실시하고 있다. 일례로 미국퇴직자연합회가 제공하는 퇴직준비교육은 총 20시간의 프로그램이다. 개인과 기업의 상황에 따라 교육은 16~20시간으로 융통성 있게 진행된다. 퇴직준비교육의 내용은 퇴직으로 인한 생활의 도전, 건강문제, 안전, 주거문제와 주택, 법적 문제, 역할조정과 태도, 시간의 활용, 수입관리, 재정계획 등의 주제를 포함한다. 기업의 경우 10시간의 퇴직준비교육으로부터 5년에 걸쳐 진행되는 퇴직준비교육이 있다. 일본의 퇴직준비교육은 60세 정년제 도입을 계기로 55세 정년퇴직 이후의 새로운 직업생활을 본인의사에 따라 재설계하고자 하는 사원에 대한 우대조치로서 기업들에 의해 도입되었다. 현재 일본의 퇴직준비교육 적용연령은 40대까지 확대 · 적용되고 있고, 1995년을 기점으로 50% 이상의 기업들이 퇴직준비교육 프로그램을 운영하고 있다. 일본의 휴렛팩커드사는 근속연수 15년, 45세 이상으로 퇴직준비교육조건을 유지했다. 퇴직준비교육 프로그램은 취업능력 확대, 전직준비교육, 독립사업 지원으로 구성되었다. 특히 퇴직전직준비 교육제도는 자금 지원과 임금이 보장되고 있다. 교육과정 참여자는 수강료의 50%를 지원받고, 통학기간도 출근으로 취급하여 급여를 지급한다.

반면 우리나라 기업들의 조직퇴직에 대한 인식은 매우 미비하다. 그것은 조기퇴직교육 프로그램을 실시하는 조직이 거의 없다는 것으로도 입증되고 있다. 퇴직준비교육은 극소수의 기업만이 프로그램을 갖추고 있었고, 그것도 단기간에 걸쳐 시기상으로 퇴직 직전에 실시되는 형식적인 교육이다. 실시하고 있는 기업들의 퇴직준비교육 프로그램도 문제점이 있다. 필자는 프로그램 개발을 위한 기초자료로 활용하기 위해 기존 퇴직준비교육의 문제점을 다음과 같이 분석하였다.

먼저 기존의 퇴직준비교육 프로그램은 전 직원을 대상으로 하고 있지 않다. 현재 퇴직준비교육은 퇴직이 결정된 자 혹은 퇴직을 불과 1~2개월 앞둔 자들에게 불만의 소지를 줄이기 위해 임시변통으로 실시되고 있다. 모든 근로자들은 퇴직의 가능성을 갖고 있고 그 사실을 인정하고 있지만, 그것을 준비할 수 있는 체제가 구비되어 있지 않다.

둘째, 퇴직준비교육 시간이 매우 짧다. 대부분의 조기퇴직교육 프로그램은 단기적인 프로그램이었다. 퇴직준비교육이 실시되는 기업의 경우 형식적으로 단기간에 진행됨으로써 그 효과가 의문시되고 있다.

셋째, 퇴직준비교육 실시시기의 문제다. 퇴직준비교육이 대부분 퇴직이 확정된 후 실시되고 있다. 외국의 경우, 퇴직준비교육이 생애설계와 인생설계 등으로까지 확장 · 운영되는 것과 비교하면, 우리 기업의 퇴직준비교육 프로그램은 근로자의 미래를 보장하는 활동으로서 진행되는 것이 아니라, 퇴직이 확정된 후에 실시됨으로써 오히려 그 참여를 저하시키고 있다.

넷째, 퇴직준비교육 프로그램이 퇴직자의 현실적인 요구를 반영하지 못하고 있다. 퇴직준비교육 프로그램은 퇴직자 개인들의 경력계획과 관련하여 개별적인 형태로 관리되어야 하나, 무관하게 조직에서 일방적으로 제공되고 있다. 이로 인해 퇴직준비교육에의 참여는 개인적 퇴직에의 유용성으로 인식되지 못하고, 기업의 요구에 부응하는 활동으로까지 인식되고 있었다.

5 퇴직준비교육 프로그램 개발 모델

우리나라 기업의 인력개발자들에게 실질적이고 체계적인 퇴직준비교육을 제공하기 위해 고려해야 할 다양한 요소들과 현재 퇴직준비교육의 문제를 고려하여 프로그램 개발과정이 모델로 제시되었다. 우리나라 퇴직의 문제는 궁극적으로 퇴직준비를 위한 교육 프로그램이 개발되지 못한 데 근본적인 원인이 있다. 각 기업의 처지와 경제상황을 고려하고, 개인들의 생애계획까지를 고려한 독자적인 프로그램이 없다.

다음에서는 기업의 인력개발자들이 퇴직준비교육 프로그램을 설계할 때 참고가 될 수 있도록 프로그램 개발 모델을 다음과 같이 제시한다. 이 모델은 이론적이나 경험적으로 검증된 것이 아니므로, 검증은 후속 연구과제로 남아 있다. 기존의 퇴직준비교육 프로그램은 그 목적에 따라 세 가지로 구분될 수 있다. 퇴직교육 프로그램의 목적이 퇴직이라는 하나의 사건에 대응하는 것인가, 퇴직을 전 생애과정 중에 전환기로 보는가, 퇴직을 새로운 형태의 생산기로 보는가에 따라 대응모델, 연결모델, 창조모델로 구분하였다.

먼저 대응모델은 퇴직을 하나의 사건으로 인식하고, 이 변화에 대응하기 위한 각종 전략으로서 퇴직준비교육을 실시하는 것이다. 대응모델의 사례는 월커(Walker)의 분류에서 저축모델과 성공적 퇴직모델이 포함된다.

둘째, 연결모델은 퇴직이 인간발달과정의 자연스런 과정으로, 그 이전 발달단계와 새로운 전환기인 퇴직의 단계를 연계하기 위한 방법으로 퇴직준비교육을 받아들이는 것이다. 연계모델은 퇴직과 관련해 인생설계를 새롭게 하고 자신의 과거와 현재를 반추하며, 미래의 계획을 갖게 한다. 교육방법과 교수내용은 성인교육적 측면에서 접근되고 있다. 월커의 발달단계 전환과 생애설계과정, 전생애관리모델 등이 포함된다.

셋째, 창조모델은 퇴직을 새로운 직업을 가질 수 있는 생산적 개념으로 인식하고 있어, 실제 퇴직모델이라고 간주하기 어렵다. 이는 일을 떠나는 것보다는 이직에 관심을 두고 새로운 직업에 입문하는 방식으로 직업의 연속성을 강조한다. 다시 말하자면 퇴직준비교육이 활동의 종료를 준비하는 것이 아니라, 새로운 활동을 개발해 가기 위한 프로그램으로 새롭게 창조되어야 한다는 것이다.

퇴직의 대응모델과 연계모델을 퇴직준비교육 프로그램을 개발하기 위한 퇴직모델로 받아들이고, 이를 기초로 퇴직준비교육 프로그램 개발과정을 [그림 9-1]과 같이 제시할 수 있다.

기존의 퇴직교육 프로그램 모델이 퇴직이라는 상황 발생의 환경적 분석을 배제하고 있는 점을 보완하기 위해 퇴직준비교육 프로그램 개발모델은 먼저 퇴직의 변화인식으로부터 시작된다. 퇴직은 과정, 사건, 역할, 생애단계로 인식된다(Paterson, 1990). 퇴직이 어떤 상황에 대한 계획을 세우는 과정으로, 혹은 직장이나 동료들에게 선물을 받고 회사를 떠나는 행사를 치르는 사건으로, 직업인으로서의 사회적 역할이 종료되는 것으로, 퇴직이라는 사건 발생으로부터 타인에 의존하는 생활 직전까지의 생애단계로 인식되고 있다. 퇴직에 관한 인식의 공통점은 변화하는 상황이다.

퇴직이 자신의 변화로 인식된 후, 퇴직이 자신에게 갖는 의미를 부여한다. 퇴직이 일상적인 것으로 인식된다면 별도의 조처가 필요 없다. 그러나 퇴직이 개인에게 커다란 변화로 인식되고, 그 상황에 대한 준비가 필요하다면 판단되면 그 시점이 바로 퇴직준비교육의 발현점이다. 개인이 퇴직준비교육 요구를 갖는 것으로 진단된다. 이때 개인은 퇴직

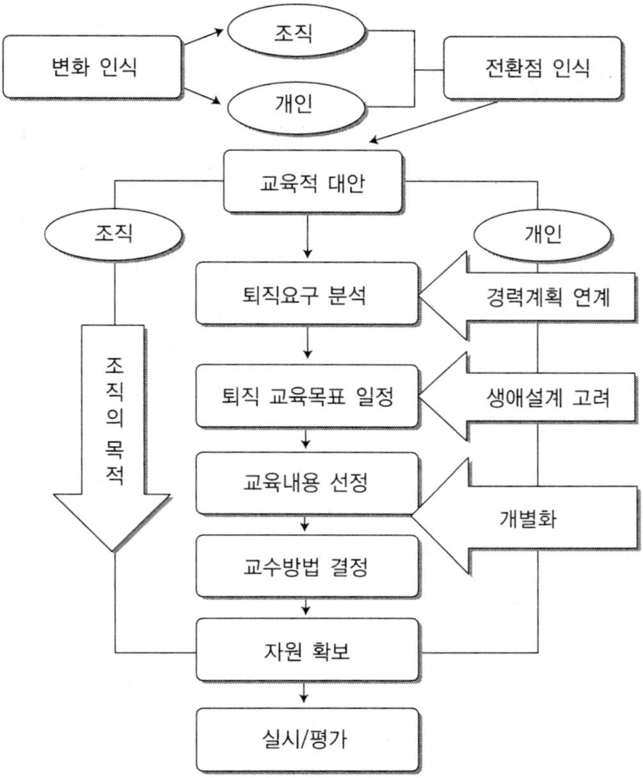

[그림 9-1] 퇴직준비교육 프로그램의 개발과정

준비 교육에 참여하기 위한 정보를 찾게 되고, 기업은 개인의 퇴직을 도울 수 있다. 기업은 퇴직을 조직의 구성원들이 입사 후 누구나 거치는 과정으로, 이를 위한 준비교육을 경력개발 차원에서 실시한다. 기업이 일반적인 퇴직에 관한 교육을 준비하고 있으나, 개인의 차원에서 퇴직의 상황 변화와 퇴직 후 삶에 대한 기대감의 차이로 인해 다른 형태의 교육요구를 갖고 있을 수 있다. 퇴직준비교육은 개인 차원의 개별적 퇴직준비교육 요구와, 조직 차원의 일반적 퇴직준비교육 요구를 동시에 충족하는 것이라야 한다.

퇴직준비교육 프로그램 개발 시 고려할 점

퇴직준비교육 프로그램은 다양한 내용을 포괄하고, 단기간에 실시하는 것으로부터 장기간에 이르기까지 다양하게 조정될 수 있는 융통성을 갖고 있어야 한다. 일반적인 성인교육 프로그램 개발과 달리, 퇴직준비교육은 중년이후의 연령을 가정하고 있기 때문에 참여자들의 경험과 인생배경의 다양성이 매우 높을 것으로 가정된다. 그렇기 때문에 조직의 요구와는 달리, 참여자 개인들의 요구는 매우 이질적이고, 퇴직준비교육 프로그램은 이러한 요구를 충족시킬 수 있도록 개발되어야 한다.

프로그램 개발자에 의해 개발된 퇴직준비교육은 조직과 개인에게 제시되고, 조직은 퇴직준비교육 참여대상을 선정하고, 개인은 자신의 결정에 의해 퇴직준비교육에 참여하게 된다. 조직이 퇴직준비교육 대상자로 선정한 경우라도, 개인의 참여의사가 없는 경우에는 실효를 거두기가 어렵다. 기업이 제공하는 다른 종류의 교육은 조직의 구성원들에게 강제력을 발휘할 수 있으나, 퇴직준비교육은 이미 기업을 떠날 사람들이 그 대상이 되므로 강제성을 발휘하기 어렵다. 기업들이 퇴직준비교육 프로그램을 개발하고 많은 근로자들이 참여할 수 있도록 하기 위해 다음과 같은 점이 고려되어야 한다.

첫째, 퇴직준비교육의 활성화를 위해서는 무엇보다도 기업의 인식전환이 요구된다. 근본적으로 이윤추구를 목표로 하는 기업 측에서 본다면, 신입사원 연수도 아닌 퇴직예정자들에게 교육투자를 한다는 것이 무의미하게 들릴 수도 있다. 그러나 장기적인 안목에서 볼 때 퇴직준비교육은 직원들로 하여금 더욱더 그 회사를 믿고 자신의 노후까지 회사를 위해 최선을 다할 수 있는 동기가 되어 준다. 퇴직에 대한 막연한 불안감은 현재의 직무와 직업에 만족하지 못하게 하고, 불안한 상태 속에서는 최상의 직무수행을 기대할 수 없다. 따라서 퇴직에 대한 불안감이 아니라 구체적인 퇴직 후 삶에 대한 설계와 준비는 현재 자신의 일에 보다 충실할 수 있는 심리적 효과와 동기부여를 가져다준다. 퇴직준비교육에의 투자가 곧 직원에 대한 투자며, 더 나아가 생산에 대한 투자라는 인식이 기업들에 확산될 수 있도록, 퇴직준비교육에 대한 홍보와 함께 일정규모 이상 기업에 대해 퇴직준비교육을 의무화하는 방안, 중소업체에 대해서는 기관에서 정기적으로 실시하는 퇴직준비교육에 참여하도록 하는 방안, 그리고 사내 퇴직준비교육을 실시하는 기업에 대해 교육시설 및 교수자원을 지원해 주는 방안 등이 고려되어야 할 것이다.

둘째, 현재 몇몇 기업이나 기관에서 이루어지고 있는 퇴직준비교육을 보면 단기 프로그램이 주류를 이루고 있고, 그 실시시기도 퇴직 직전에 이루어지고 있다. 그러나 앞서 말했듯이 퇴직에 대한 불안감은 현직의 능률에도 영향을 미친다. 따라서 퇴직준비교육은 퇴직 직전에 시행되어서는 안 되며, 보다 장기적인 안목을 가지고 지속적으로 이루어져야 한다. 또 일회성 프로그램에 그치기보다는 퇴직 후 생활의 준비에 실질적인 도움을 줄 수 있도록 기간을 두고 이루어질 때 보다 실질적인 효과를 기대할 수 있다. 따라서 퇴직준비교육이 좀 더 체계적이고 장기적으로 혹은 주기적으로 실시될 수 있도록 유도하여야 할 것이다.

셋째, 현재 우리나라에서는 퇴직준비교육에 대한 연구, 특히 교육 프로그램에 대한 연구가 거의 전무한 실정이다. 교수자의 편의에 따라 혹은 주최측의 임의대로 프로그램이 시행되고 있다. 이에 정부 차원에서 퇴직준비교육의 프로그램과 활용 교수자원이나 매체를 지원, 대여하는 방안이 연구되어야 할 것이다.

넷째, 퇴직준비교육은 종합적이고 장기적인 생애설계를 통하여 현재부터 퇴직 이후까지의 자신의 삶을 보다 적극적이고 체계적으로 계획해 나갈 수 있도록 필요한 지식과 정보를 제공하고 그 실천기능을 훈련하는 데 목적을 두어야 한다. 퇴직준비교육은 단지 퇴직 후의 삶에만 초점이 맞춰지는 것이 아니라 현직에서부터 퇴직 그리고 그 이후까지 이르는 일련의 과정 속에서 이해되어야 한다. 따라서 궁극적으로는 퇴직준비에서 한 걸음 더 나아가 생애교육으로 발전될 수 있도록 해야 할 것이다.

6 미국의 퇴직준비교육

1) 미국의 노인교육

미국의 노인교육은 노동부(Department of Labor) 산하의 노인복지국(Bureau of Elder & Adult Services)에서 담당한다. 연방 정부의 노동부는 각 주의 노인복지국의 업무를 지도 · 감독하는 기능을 행한다. 노인복지국의 업무는 지방단위에 이관될 수 없는 것으로, 노인복지국에서 총괄적인 책임과 의무를 갖고 행해진다. 노인복지국은 대부분 주 정부 직속기관으로 미국사회보장법(The United States Social Security Act)과 연계되어 있다. 노인복지국의 행정적 기능은 노인의 건강과 복지를 증진시키는 것이다. 구체적인 사례로 메인(Maine) 주의 노인복지국의 권한과 의무사항을 소개하면 다음과 같다(BEAS, 1999).

노인복지국의 기능은 첫째, 노인자원의 개발을 돕고 노인들의 참여를 격려한다. 노인은 사회의 귀중한 자원으로 제 역할을 수행할 수 있도록 기존의 자원과 새로운 자원을 활용하도록 돕고, 무능하고 독립생활이 불가능한 노인들을 위한 각종 서비스를 제공한다. 둘째, 노인에 관한 정보체제를 개발한다. 노인에 관련된 정보를 최신자료로 갱신하여 국민들과 노인자신 혹은 정책입안자나 전문가들이 자료로 활용할 수 있는 정보체제를 갖춘다. 그리고 노인들을 위한 교육자료를 개발하고 출판, 보급한다. 비영리조직과 정부조직 혹은 노인전문센터와 연결하여 정보를 상호 교환하고, 많은 사람들이 정보를 공유할 수 있게 한다. 노인정책을 평가하여 그 결과를 주 정부에 보고하고, 모든 사람들에게 평가결과를 알린다. 셋째, 협력조정의 기능을 한다. 정부의 각종 노인관련 위원회, 단체, 조직들을 돕고 상호 역할을 조정하는 기능을 한다. 노인복지 증진을 위한 주 정부의 정책들을 상호 조정하고 연방 정부와 주 정부의 법률을 자문하기도 한다. 넷째, 주 정부의 노인복지정책 수립을 한다. 주 정부의 노인관련 모든 정책을 자문하고, 각종 위원회의 제안을 수렴하여 노인정책을 기획하는 역할을 한다. 정책은 노인들의 의료문제, 연금수혜, 교육, 고용, 직업훈련, 수입, 주거, 재활문제, 양로원, 교통, 사회서비스 등의 분야를 취급한다. 다섯째, 노인들을 위한 각종 프로그램을 기획, 수립, 관리한다. 여섯째, 조직기구로서의 역할을 수행한다. 노인복지국은 노인관련 조직으로 주 정부와 연방 정부의 각종 노인관련 정책을 심의하고, 관계법률의 실행 여부를 관리하는 독립조직이다. 노인복지국은 The Act of Maine's Elderly, The Priority Social Service Act of 1973, The United States Older American Act of 1965 & 1989, Adult Protective Services Act of 1981 등의 법적 하자와 실행상황을 점검하는 기구로서 기능한다. 일곱째, 노인복지 자원을 보급한다. 노인복지국은 노인들을 위한 각종 자원을 모든 노인들이 활용할 수 있도록 보급하는 역할을 한다. 노인복지국은 연방 정부와 주 정부 각종 비영리조직 및 법인 등에 노인관련 각종 문제를 자문하고, 필요한 정보를 보급한다. 뿐만 아니라 전문기술적인 보조도 하며 컨설팅 기능도 하고 있다. 이런 활동의 하나로 메인 주 노인복지국은 노인관련 모든 기관과 조직의 명단을 만들어 기관들과 노인들이 이용할 수 있게 보급했다. 여덟째, 재정적 지원을 한다. 노인복지국은 주 정부의 노인관련 정책에 소요되는 예산을 확보하기 위해 연방 정부와 민간기업으로부터 노인정책에 소요되는 재정을 충당하는 기능을 하고 있다. 특히 민간기업과 개인들을 대상으로 노인정책에 필요한 재정지원을 위해 각종 기부금을 수납관리하는 기능을 한다. 아홉째, 노인교육을 제공한다. 노인복지국은 노인들을 위한 각종 교육 프로그램을 개발하고 실행하며 평가하는 기능을 한다. 노인교육 프로그램은 노인들의 고용을 위한 각종 직업훈련에 관한 것과, 노인에 관한 정보를 제공하기 위한 각종 워크숍, 컨퍼런스가 주로 실시된다.

미국의 노인정책은 노인복지국에서 담당하며, 주 정부가 실천주체로서 기능하며, 연방 정부는 법률지원과 재정지원을 하는 역할을 한다. 노인복지국은 노인관련 각종 정책을 입안하고, 정책적 실행을 통제 · 감독하며, 각종 기관이나 단체와 협력하여 관련기관을 자문하고 있다. 또한 노인들과 조직을 대상으로 노인에 관한 각종 정보와 자료를 제공하고, 이들 간의 네트워크를 형성하는 정보체제를 구축하고 있다.

2) 미국의 노인교육 사례

미국의 노인교육은 1970년대부터 증가하던 것이 1980년대 초반 이래로 퇴직자를 대상으로 한 수백 개의 프로그램들이 진행되었다. 대학, 교회, 회관, 병원, 도서관, 노인센터, 심지어 백화점에서 제공되는 교육 프로그램 등 노인교육이 활성화되고 있다. 1994년 현재 일반적으로 퇴직기관학습(Learning in Retirement Institute: LRIs)이라 불리는 200개 이상의 고등교육기관이 교수 · 학습 프로그램의 주체가 되어 가고 있다. LRIs의 대부분은 1985년 이후에 출범한 기관들이다. 무엇이 이러한 성장을 가능하게 했을까? 그러한 프로그램의 발전은 어디서 시작되었을까? 학습을 계속해 나가고 또 새롭게 변화시키려 했던 퇴직자들은 누구였을까?

(1) 히치콕 부부와 노스캐롤라이나 센터

얼 히치콕(Earl Hitchock)과 매러베스 히치콕(Marabeth Hitchcock) 부부는 뉴저지 주 버겐카운티에서의 20년을 마감하고 이사를 결심했다. 그곳에서 그들은 직장생활을 했으며 아이들을 키웠다. 얼(Earl)은 마케팅

부서의 부사장으로 매러베스(Marabeth)는 주부, 지역지도자로 일하다가 60세 초반에 은퇴를 결심했다. 그들의 세 아들은 모두 결혼했고, 동부 해변 근처에 있는 도시에 거주하고 있었다. 그동안 히치콕 부부의 친구들도 회사 전근이나 온화한 기후를 찾아 뉴저지 주를 떠났다. 뉴저지 주에 반드시 머물러야 할 이유는 없었던 것이다.

그들 부부도 사계절 내내 기후가 온화하고 주택임대료가 적정한 곳을 찾고 있었다. 세 아들의 집과 비슷한 거리로 떨어져 있으면 더 바랄 것이 없다고 생각했다. 연극이나 콘서트 강연 등의 문화생활이 보장되는 대학을 낀 작은 도시쯤이 좋을 것 같았다. 그들 부부는 수십 년 동안 문화생활을 즐기는 것이 큰 즐거움이었다.

얼은 그의 아버지가 국제곡물수확회사의 유럽 담당 엔지니어였기 때문에 어린 시절을 프랑스와 독일에서 보냈다. 대공황을 겪으면서 얼은 엔지니어의 경력이 유용하다고 생각하게 되었다. 그러나 그가 대학 3학년에 재학 중일 때 제2차 세계 대전이 발발했고, 그를 해군으로 이끌었던 'V7 계획'이 진행 중일 때 대학을 졸업했다. 전쟁이 끝나자, 그의 엔지니어링 학위가 직장을 잡는 데 유리하게 작용했지만, 얼은 자신이 기대했던 엔지니어라는 일에 만족하지 못하였다. 경영에 관련된 업무를 하게 되면서 얼은 자신이 광고와 마케팅에 소질이 있다는 것을 알게 되었다. 그는 버겐카운티에 정착하기까지 이곳저곳을 옮겨다니면서 경력을 쌓았다.

1985년 얼 히치콕은 퇴직하게 된다. 얼과 그의 아내 매러베스는 노스캐롤라이나 서쪽에 위치한 작은 도시로 이사하였다. 65세 이상의 약 5%가 다른 주로 이주하여 그곳에서 퇴직 이후의 여생을 보내는 것이 당시의 경향이었다. 애쉬빌(Asheville)이라는 도시에 정착하자마자 그들 부부는 만족할 만한 일거리를 찾아 나섰다. 그들은 먼저 계절별 교향악단

정기 감상회 티켓을 샀다. 매러베스는 재활병원에서 자원봉사자로 일했다. 그들은 또한 성공회 교회에 나가 폐쇄적인 생활을 하는 사람들을 방문하는 일을 했다. 2년 후에 히치콕 부부는 애쉬빌에 있는 노스캐롤라이나 대학에서 퇴직자를 대상으로 실시하는 프로그램에 관한 소식을 듣게 된다.

노인을 위한 이 단과대학은 대학의 '생산적 퇴직을 위한 노스캐롤라이나센터(NCCCR)' 부설로 설치된 것이다. LRIs를 모델로 한 이 노인단과대학은 주로 교양예술 분야의 다양한 동료학습과정을 제공하고 있었다. 히치콕 부부는 수업에 출석하기 시작했고, 얼마 후 얼은 미국에서 광고가 사회적인 태도에 미치는 영향이라는 주제를 다루어 보면 좋을 거라는 생각을 하게 되었다. 얼 같은 퇴직자로 구성된 교과과정위원회는 그 수업을 승인해 주었고, 얼은 광고와 사회라는 내용의 수업을 하기 시작했다. 그는 이처럼 특별한 퇴직생활을 하게 될 줄은 상상도 하지 못한 터라 갑작스런 행운에 기뻐 어쩔 줄 몰랐다.

히치콕 부부는 NCCCR에서 제공하고 있는 또 다른 프로그램으로 Leadership Asheville Seniors(LAS)가 있다는 것을 알게 되었다. 이 프로그램은 지역공동체문제나 시와 정부의 조직을 통해 새로 이사 온 사람과 그 지역에 오래 거주한 사람들이 서로 친숙해지도록 마련된 프로그램으로, 퇴직자들이 자신들의 에너지를 자원봉사자나 기업가로 재환원할 수 있는 기회를 마련해 주고 있었다. 그들은 바로 그 프로그램에 참가하였다. 공공교육에 관한 LAS의 강의에서 애쉬빌 고등학교 교장, 래리 리겟이 고등학교의 나아갈 방향에 대해 연설할 때 얼은 그의 생각에 몰두했고 또 공감했다. 얼은 퇴직자로 구성된 자원봉사자를 모집해 학교와 연계하여 실시할 프로젝트를 구상해 냈다. 매러베스도 동의했다. 그들은 손자, 손녀와 가까이 살고 있지 않았지만 어린이 교육에 대한 보편적인 책임감을 느끼고 있었다. 얼은 그것을 '조부모로서의 본능'이라 말했다.

얼은 학교교장 리겟을 만나 그가 하고자 하는 것을 말했다. 리겟은 그 생각이 매우 좋다고 말했다. 곧바로 학교 미디어센터에서 첫 번째 조직회의를 가질 수 있도록 주선해 주었다. 몇 주 후에 68명의 사람들이 모였다. '학교에서의 연장자 참여' 프로젝트는 NCCCR의 새로운 지부가 되었다. 매러베스의 보조를 받으면서 얼은 그 프로젝트의 감독을 맡았다. 2년 안에 100명 이상의 노인 자원봉사자들이 여섯 학교에서 상담을 담당하게 되었다. 얼과 매러베스는 자신들의 성과에 놀라지 않을 수 없었다. 그들은 퇴직 후, 그것도 다른 지역에서 무엇인가를 할 것이라고는 상상하지 못했었다.

히치콕 부부의 퇴직생활은 부모의 모델을 모방한 것이 아닌 그들만의 유일한 퇴직모델이다. 그들의 아버지는 노환이 올 때까지 비교적 왕성하게 일에 종사했고, 실제 퇴직기간은 돌아가시기 직전 5년에서 7년 정도였다. 그들의 어머니는 5년에서 11년쯤 더 살아 계셨지만, 대개는 집에 계시거나 가벼운 여행, 손자나 손녀, 동년배의 친구들을 만나는 게 전부였다.

히치콕 부부는 일부였지만 새로운 퇴직자의 출현을 대표하는 사람들이 되었다. 인구통계학자 찰스 론지노(Charles Longino)는 그들을 '제2차 세계 대전 보병세대'라 부른다(Fagan and Longino 1993). 대공황의 기억을 공유하고 있고, 제2차 세계 대전 당시 대학생이었던 그들은 퇴역군인이 되었으며, 전쟁 당시 또 전쟁 후에 기업 간 강제합병과 미국경제의 급속한 경기호전을 경험했던 사람들이다. 퇴직연령이 되었을 즈음, 그들은 적당히 풍족하고 비교적 건강하며, 교육 수준도 높을 뿐 아니라 그들의 부모세대보다는 퇴직생활에 대한 다양한 기대를 할 수 있는 상황에 있었다.

그들에게 있어 고향을 떠나 어디론가 이주해 간다는 것은 생소한 일이 아니다. 그들은 수십 년 동안 네 번이나 여기저기를 옮겨다녔다. 경력과 생활패턴을 넓힐 기회는 제2차 세계 대전 직후 교육기회의 확대를 시작으로 1950, 1960년대의 경제호황에 절정을 이루었다. 그들의 공동체를 향한 봉사의 열정은 강한 애국주의와, 교육이 빈곤과 편견의 상처를 상당부분 치유할 수 있다는 신념과, 사회로부터 얻은 것들을 다른 사람에게도 환원시켜야 한다는 의지의 발로였다.

(2) 엘리자베스 휴스턴과 채터누거(아)의 노인들

여러 면에서 엘리자베스 휴스턴의 삶은 히치콕 부부의 삶과 비슷하다고 할 수 있다. 테네시 주 브리스톨에서 태어나 74세 된 그녀는 초등학교 교수자, 고등학교 상담교수자로 일했다. 그녀는 교수자를 최고의 직업으로 생각한 것은 아니었지만, 남부의 아프리카계 미국인 여성에게 있어 몇 안 되는 전문직업 중 하나였다. 흑인대학에 입학한 후에 휴스턴은 차별대우 폐지 이후 최초로 동부 테네시 주립대학교를 졸업한 아프리카계 미국인이 되었다. 그녀는 첫 결혼 후 몇 년 동안 뉴욕 주 로체스터에서 거주했다. 재혼 후 휴스턴은 다시 테네시 주 채터누거로 돌아왔는데, 거기서 37년의 교직생활을 마치고 퇴직했다. 그러나 그녀의 학습은 거기서 끝나지 않았다.

65세가 되었을 때, 휴스턴은 YWCA 수영 수업에 등록했다. 그녀의 선택은 엄밀히 말해 오락을 위해서가 아니라 다분히 정치적이었다. 그녀가 젊었을 때 남부에 있는 공공 수영장은 대개 아프리카계 미국인에게 출입금지구역이었으므로 휴스턴은 좀처럼 수영할 기회를 갖기 어려웠다. 수영 수업을 성공적으로 마쳤을 때 그녀는 다른 교육활동을 찾아나섰다.

휴스턴은 그녀가 살고 있는 아파트 근처에 있는 보이튼노인센터에 출석하기 시작했는데, 그곳은 도시주택개발공사(HUD)로부터 후원을 받고 있었다. 채터누거(Chattanooga)노인센터에서 차로 5분가량 떨어진 보이튼노인센터는 채터누거노인센터의 주 지점이었는데, 거기서 휴스턴은 스페인어, 미술(그녀는 추상화 그리기를 좋아했다), 드라마, 문예창작 등을 공부했다. 그녀의 그림 몇 점이 전시되었을 때 그녀의 손자, 손녀들은 지금까지 모르고 있었던 할머니의 재능에 감탄했다. 활동에 덧붙여, 그녀는 노인센터에서 아이들을 위한 프로그램 자원봉사자로, 교회성가대원으로 지역공동체 활동에 적극적으로 참여하였다.

히치콕 부부와 휴스턴의 노인교육 프로그램과의 우연한 만남은 시기적으로 딱 들어맞았다. 그들은 퇴직생활에서 무엇인가를 배우고 사회에서 새로운 역할을 하고자 하는 수많은 미국 노인들과 만날 기회를 가진 것이다. 퇴직자들의 개인적 동기, 선택과 그들을 학습시키고 가르치고 지역공동체에 봉사하게 하려 했던 대학과 노인센터의 상호작용은 계속교육과 그것이 노령사회에까지 확장되고 있다는, 부분적으로는 우리 사회가 고령화 사회가 되고 있다는 새로운 변화와 경향을 반영한다. 그들의 이야기를 통해 우리는 개인적 동기와 사회적 변화, 퇴직자세대라는 새로운 인생과정의 일부를 반영한 조직발전을 예측해 볼 수 있다.

노인교육의 접근방법 변화와 현재 활용되고 있는 프로그램의 유형은 인구통계학적 맥락에서 가장 잘 이해될 수 있는 부분이다.

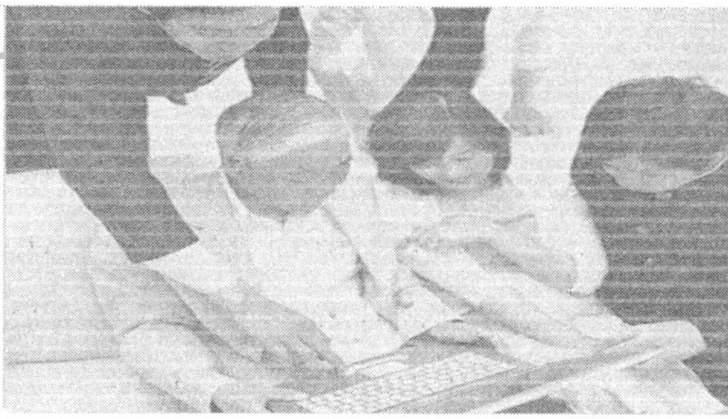

제 10 장

죽음준비교육[1]

1 고령화 사회에서 죽음준비교육의 의미

1) 죽음준비교육의 필요성

생명 연장에 대한 꿈은 현대의학과 과학기술의 발달로 꾸준히 실현되고 있다. 고령화 사회로의 진입이라는 화두도 인간생명 연장에 대한 꿈의 결과다. 2003년 생명표에 따르면, 우리나라 남녀 평균수명은 77.5세로, 1993년도의 72.8세보다 5년이나 연장되었다. 2005년 60~69세 남자 인구 천 명당 사망률은 18.6으로 1995년 27.8보다 줄어들었다. 2006년 7월 1일 현재(고령자통계조사 당시) 총인구 중 65세 이상 인구가 차지하

1) 기영화(2007). 고령화 사회의 죽음준비교육의 의의 및 필요성. 죽음준비학교 사업보고 세미나 자료집(노원노인종합복지관)에서 발췌함.

는 비율은 9.5%로, 2005년 9.1%에 비해 0.4%포인트 증가하였고, 10년 전인 1996년 6.1%에 비해서는 3.4%포인트 증가하여 지난 2000년 65세 이상 인구비율이 7.2%에 이르러 '고령화 사회'에 들어섰다. 향후 2018년에는 이 비율이 14.3%가 되어 '고령사회'에 진입하고, 2026년에는 20.8%가 되어 '초(超)고령사회'에 도달할 것으로 전망되고 있다. 2006년 현재 노년부양비는 13.2, 노령화 지수는 50.9로 10년 전인 1996년의 8.6, 26.9에 비해 두 배 가까이 증가하였다(통계청, 2005).

노인인구의 증가는 노후의 사회·경제적 보장에 대한 염려와 함께 보장되지 않은 미래에 대한 심리적 불안과 상실의 문제를 제기하였다(김동선, 2005). 사회경제적 보장에 대한 문제는 정부와 지역사회의 이슈로 제기되고 있고 가족들의 지원이 이루어지고 있다. 상실에 대한 문제는 배우자나 가족, 친구들의 죽음에 대한 문제로 귀결되고 있다. 특히 죽음으로 인한 상실, 즉 타인의 죽음을 통한 상실감이 자신의 죽음문제를 생각하게 되는 계기로 다가오게 된다.

그러나 우리 사회에서 죽음에 대한 논의는 회피되고 있다. 탄생 이후 반드시 죽음이 정해져 있는 과정이라면 피하기보다 생애 한 과정으로서 준비하는 것이 필요하다. 죽음이 회피되기보다는 죽음에 대한 생각과 태도를 바르게 정립하여 심리적인 안정을 찾는 것이 인생의 마지막 단계에 있는 노인들의 바람직한 적응과 삶의 질 향상을 위한 필수 과제다(이이정, 2003).

'웰빙(well-being)'만큼 '웰다잉(well-dying)'이 강조되고 있다. 일상에서 일어나는 많은 일들은 언제든지 반복되는 과정으로 새롭게 웰빙으로 변화시킬 수 있지만, 웰다잉은 되풀이될 수 없는 인생의 단 한 번뿐인 과정이라는 점에서 매우 중요하다. 또한 인간의 삶 전체를 성장의 한 과정이라고 본다면 성장의 최종 단계는 죽음이 된다. 마무리를 어떻게 준비하고 맞이하느냐에 따라서 삶 전체의 과정이 평가되고 가치가 부여된다 해도 과언이 아니다. 그만큼 죽음의 체계적이고 진지한 준비과정은 반드시 필요하다.

죽음이라는 단어의 정의는 개인이 속한 사회, 문화에 따라 다르고 종교, 철학, 성별, 건강상태, 성별 등 개인이 가진 특성에 따라 다르게 나타나기 때문에 획일적으로 규명하기는 어렵다.

카스텐바움(Kastenbaum, 1972)은 죽음의 개념에 대해 다음과 같이 정리하고 있다. 첫째, 죽음의 개념은 항상 연계적이다. 즉, 발달수준과 관계가 있다. 둘째, 죽음의 개념은 아주 복합적이어서 한두 마디로 설명하기는 불충분하다. 셋째, 죽음의 개념은 계속적으로 변화한다. 다시 말해서 특정한 시간에 어떤 사람이 죽음에 대한 개념을 정의하였을 때, 이러한 정의가 지속적으로 변화되지 않는 사실이라고 인정할 수 없다. 넷째, 죽음의 개념은 환경의 영향을 받는다. 다섯째, 죽음의 개념은 체계적으로 발달하지 않으며, 항상 계속해서 발달하고 있다(최숙향, 1996; 김은미, 2002 재인용).

하이데거(Heidegger)는 현존재로서의 인간을 '죽음에로의 존재'로 규정한다. 인간의 삶이 죽음을 떠날 수 없다는 것이다. 결국 죽음은 현존재의 구성요소가 된다. 인간의 죽음이란 생물학적 현상이나 보편적인 운명도 아니고, 객관적인 시간에서 끝나는 것도 아니다. 스스로를 이해하는 실존으로서의 현존재는 죽음에 의해 구애받지 않고, 죽음은 그 필연성을 실존이 이해할 때 비로소 본질적이 되고, 유한성을 분명히 알고 받아들일 때 죽음은 내면화되는 것이다. 즉, 죽음은 우리가 도달할 종착역이 아니라 우리가 실존으로서의 자기를 자각하는 수단으로, 죽음에 관한 의식을 개발하도록 촉구하고 있다(전양범, 1989 재인용).

죽음에 대한 정의는 이처럼 학자에 따라 다양하게 논의되지만, 죽음을 받아들이는 태도에 따라 그 가치가 결정된다는 점은 분명하다. 죽음에 대한 심리학적 연구는 죽음을 인간 삶에 대한 위협, 위기상황, 스트레스원으로 간주하여 특정 연령집단이 다양한 상황 하에서 이러한 삶의 위협을 어떻게 받아들이고 적응하며, 이에 대해 어떠한 태도와 가치를 갖는가를 연구하고 있다. 죽음불안, 죽음공포, 죽음에 대한 태도, 죽어가는 환자의 심리적 상태와 관리의 문제 등이 주요 관심영역으로 다루어지고 있다. 죽음과 관련된 태도는 크게 회피적 태도(불안, 부정, 거리낌, 공포)와 수용적 태도로 나뉜다. 수용적인 죽음은 자기 자신의 죽음에 대한 전망을 의식적으로 인식하고 그 결과들을 긍정적으로 소화하는 것을 의미한다(Klug & Sinha, 1987). 죽음에 대한 불안과 공포를 불러일으키는 태도는 자신의 죽음의 과정에 대한 태도, 자신의 죽음 자체에 대한 태도, 사후 자신에게 일어날 일에 대한 태도, 타인의 죽음, 죽음의 과정, 사별 등에 대한 태도 등이다. 죽음불안과 죽음공포를 구성하는 이와 같은 요소들은 개인적, 심리적 성숙이나 사용가능한 대처기술의 종류, 종교 성향이나 나이, 사회경제적 지위 등의 변인, 의사나 다른 의미 있는 사람의 태도 등의 개인적 맥락과 함께 동서양 등 문화적 맥락에 따라 다양한 반응을 낳고 있다(Feifel, 1959).

2) 죽음에 대한 인식

죽음을 어떻게 이해하고 인식하느냐에 따라 심리적인 안정 혹은 불안으로 나타나게 된다. 노인들의 죽음의 태도에 영향을 미치는 요인은 환경적, 신체적, 심리적 요인으로 논의될 수 있다.

첫째, 가족환경적 요인이다. 노년기에는 가족적으로 자녀의 독립, 결혼 등으로 가족이 축소되고, 사회적으로는 은퇴 등으로 인간관계가 축소되는 시기이며, 사망에 가까워지는 시기로 인간관계의 상실을 경험하게 된다.

둘째, 신체적 요인이다. 나이가 드는 것은 퇴행기에 해당한다. 사람은 대체적으로 40세 전후하여 노화현상이 나타나고 생리적으로 성인병과 노인병을 유발하게 된다. 체력감퇴와 활동성의 저하, 대인관계 축소로 인한 외부세계 고립이 전신적 불안으로 이어지게 된다.

셋째, 심리적 요인이다. 늙음의 자각과 죽음으로의 접근은 여러 가지 심리적 변화를 일으킨다. 노년현상을 인정하지 않고 이전처럼 건강한 사람, 정년이나 경제적 파탄으로 직접 늙음을 자각하는 사람, 스스로 신체적 · 정신적 노화현상을 깨닫고 늙음을 자각하게 되는 사람이 있다.

죽어 가는 죽음과정(death process)에 나타나는 심리적 반응에 대해 정신의학자 퀴블러-로스(Kubler-Ross, 1969)는 200명의 불치병 환자를 대상으로 실시한 심층적 인터뷰를 통해서 5단계 정서반응을 밝혔다(임찬란, 2005).

- 부정과 고립(denial and isolation): 자신이 죽을 것이라는 충격에 대한 방어기제로서, 환자는 자신의 죽음을 부정하고 잘못된 진단이라고 생각해버린다.
- 분노(angry): 죽음을 어느 정도 수용하면서도 왜 나에게 이런 일이 일어나는지 분노, 분개함을 느끼게 된다. 자기 자신뿐만 아니라 가족, 병원, 직원, 신에게로 전이되므로 주변사람들이 힘들어하는 시기다.
- 타협(bargaining): 환자는 죽음이 연기되거나 늦추어질 수 있다는 희망을 가지고 타인에 대해 개방적이고 협조적인 모습을 보인다. 의사소통이 가능하여 스스로 삶을 변화시키고자 노력하기도 하는 과정이다.
- 우울(depression): 환자는 자신의 병이 진행되어 가면서 더 이상 죽음을 부인하지 못하고 극도의 상실감으로 심한 우울상태에 빠지게 된다.

퀴블러-로스(Kubler-Ross)는 특히 이 단계에서는 임박한 죽음에 대해 슬퍼하고 생각할 필요가 있으므로 지나친 격려는 피해야 한다고 한다.

- 수용(acceptance): 환자는 자신의 죽음과 운명을 받아들이고 절망, 불안 등의 감정이 결여된 감정의 공백, 휴식을 갖게 된다.

죽음에 대한 태도나 가치는 성별, 연령별, 종교별, 생활 정도별로 다르게 나타나고 있다.

죽음 인식에 대해서 아동기에는 식물, 동물의 죽음, TV에서 보이는 인물들의 죽음 등 간접적인 죽음을 경험하면서 두려움을 갖게 된다. 죽음에 대한 인식은 성장하면서 점차 회복될 수 없는 것으로 받아들이게 된다. 청소년기에 이르면 청소년 특유의 특성상 모호함과 긴장감으로 죽음을 이해하기보다 자신의 정체성을 확립하고 세계에 도전하려는 의식으로 죽음을 무시하려는 경향이 나타난다. 성인기에는 청소년기보다 죽음에 대한 방어나 불안이 덜하며, 아직은 죽음이 먼 일처럼 여기게 된다. 중년기에 도달하면서 주변인물들의 죽음과 함께 자신의 죽음을 생각하게 되고 죽음이 가족과 자신의 지위, 업적 등에 미치는 영향을 생각하기도 한다(이이정, 2003). 연령으로는 전반적으로 노인들이 젊은 사람들보다 개인의 유한성을 인정하고 죽음에 대한 많은 이야기를 하기 때문에 생에 애착을 가진 젊은이들보다는 죽음에 대한 두려움이 적다는 결과(서혜경, 1987)와, 노인들이 죽음에 대해 더 불안을 가진다는 결과(김태현, 손양숙, 1984; 박재현, 1990), 연령과 아무런 상관이 없다는 결과(김심복, 1999; 윤여정, 2000)가 있었다.

성별에 있어서 여성의 경우 남성보다 더 높은 불안을 나타냈다는 연구결과에 따르면(김인자, 1984; 서혜경, 1987; 조지연, 1989; 김심복), 여성이 타인에 대한 슬픔과 사후 신체에 대한 결과, 임종의 고통 등에 더 많은 관심을 두고 있으며, 남성이 여성보다 죽음에 대한 불안이 높게 나타난다는 연구(김태현, 손양숙, 1984; 김혜련, 1991; 윤남숙, 1994)는 남성은 사후의 처벌, 직업에서의 성공, 개인적 성취에 관심을 둔다고 하였다. 성별 차이가 없다는 연구(윤여정, 2000)도 있다.

종교의 경우는 신앙을 가진 사람이 그렇지 않은 사람에 비해 불안이 적다는 결과와, 반대의 결과(안희만, 1988; 조지연, 1989)와, 상관이 없다는 결과(장미란, 1981; 김혜련, 1991)도 있다.

죽음불안(death anxiety)의 개념은 죽음에 대한 공포나 혐오, 기피, 수용 등 학자들에 따라 다양하게 표현되어 있으며, 개인의 상황에 따라서도 달라지게 된다. 콜렛과 레스터(Collet & Lester)는 FODS(Fear of Death Scale)에서 자신의 죽음, 타인의 죽음, 자신의 죽어 가는 과정, 타인이 죽어 가는 과정에 대한 공포로 죽음불안을 개념화하고 있으며 미카엘(Michael, 1979)도 죽음불안의 구성요소로 죽어 가는 과정에 대한 공포, 존재 여부에 대한 공포, 사후 결과에 대한 공포, 타인의 죽음과 죽어 가는 과정에 대한 공포의 요소를 들었다. 노년기는 다른 어떤 연령층보다 죽음에 임박한 시간대와 한정된 기간 속에 살면서 타인의 죽음과 관련된 불안과, 동시에 자신의 죽음에 대해서도 준비해야 하는 기간이다. 따라서 죽음불안을 다루어 주고 적극적으로 준비하도록 도와주는 일은 중요한 일이다.

고령화 사회의 진전과 함께 죽음이 사회적으로 중요한 이슈로 부각되고 있지만, 죽음에 대한 준비를 할 수 있는 구체적인 정보나 지식은 결여되어 있다. 김동선(2005)의 노인의 죽음에 관한 의식 조사 연구결과는 죽음준비교육의 부재와 그 필요성에 대해 드러내고 있다. 그의 연구는 대전 지역에 거주하는 60세 이상 노인종합사회복지관, 경로당을 이용하고 있는 496명의 노인을 대상으로 분석되었다. '죽음에 대한 교육의 정도'에 대해 '매우 많다'에서 '전혀 없다'까지 5단계로 물었을 때, 가장 많은 응답이 나온 75~79세 연령은 '거의 없다'와 '전혀 없다'에 144명 중 무려 90.3%로 130명이 응답하여, 죽음준비교육에 대한 인지도와 교육기회가 매우 부족한 실정임을 실감케 했다.

'죽음에 대한 생각 여부'에서는 26세 이하, 70~74세, 75~79세, 80세 이상의 모든 카테고리에서 '생각해 본 적이 있다'가 각각 60.4%, 58.4%, 49.3%, 50.0%로, 죽음에 대해 관심을 갖고 있는 것으로 나타났다. 흥미로운 결과는 배우자의 유무에 따라 '죽음에 대한 생각이 매우 많다'의 응답이 각 합계에서 각각 6.7%와 10.6%로 두 배 가까이 차이가 있었다. 배우자 없이 혼자일수록 죽음에 대한 두려움과 사후처리에 대한 관심이 높은 것으로 결과를 도출해 낼 수 있다.

'죽음에 대한 준비' 조사에서는 수의(20%대), 장지(10%대), 유산정리(5% 정도), 유언장, 보험 등의 항목 순으로 나타났으나, 놀랍게도 '아무 준비 못함'이 각 연령대별로 43.9%, 47.2%, 48.6%, 52.3%로 절반 가까운 수치를 보이고 있어, 죽음준비교육이 시급한 문제이며 노년기에 반드시 필요한 교육임을 말해 주고 있다.

'죽음에 대한 느낌'은 70~74세의 경우 '당연하고 담담하다'(56.0%), '편안하고 평화스럽다'(10.4%), '두렵고 불안하다'(8.8%), '억울하고 비참하다'(0.8%), '별다른 느낌이 없다'(24.0) 순으로 나타났다. 대부분 위의 순서로 응답했으며, 죽음에 임박해 가는 나이일수록 담담하게 받아들이는 것으로 볼 수 있다.

'죽기 전에 하고 싶은 일'은 놀랍게도 각 연령대별로 '없다'라는 응답이 30.2%, 47.2%, 54.9%, 62.5%로, 연령이 높아질수록 삶에 대한 애착이나 하고 싶은 일이 감소함을 보여 주었다. 노년기에 삶에 대한 포기라기보다는 죽음을 준비하며 새로운 보람을 찾는 일이 필요함을 보여 주는 결과다.

'임종을 맞이하고 싶은 장소'는 70% 이상에서 '가정'이라고 응답하여, 한 개인의 죽음이 가족들에게도 영향을 미치며 개인에게도 가족의 돌봄 속에 평안히 죽고 싶어 하는 것으로 나타났다. 이는 죽음준비교육의 대상이 개인과 동시에 가족들에게까지 확대되어야 할 필요성을 일깨워 준다.

'죽음에 대한 대화 상대' 조사에서는 배우자의 유무에 따라 확연히 차이가 드러났다. 배우자가 있는 노인의 경우는 절반 이상이 '배우자'라고 대답하였으나, 배우자가 없는 노인들은 '상대가 없다' 57.1%, '친구' 28.4%로 조사되어, 배우자가 없는 노인들의 경우에 죽음준비교육과 동시에 편안한 말상대가 되어 고민을 들어 주고 돌보아 주는 과정도 절실히 필요함을 보여 주었다.

3) 죽음의 원인

통계청의 사망원인통계결과를 보면 2005년 총 사망자수는 24만 5,511명으로 1일 평균 673명이 사망하였으며, 조사망률(인구 10만 명당 사망자수)은 504.3명으로 나타났다.

연령별 사망원인은 20대 미만은 운수사고, 20~30대는 고의적 자해(자살), 40대 이상에서는 암으로 인한 사망률이 가장 높았다. 그러나 40~59세, 60~69세 사망원인순위 5위에 고의적 자해(자살)가 각각 34.6%, 54.6%를 차지하고 있어, 노년기의 우울증 및 외로움으로 인한 자살예방교육이 필요함을 알 수 있었다.

연령별 사망원인 순위자료에 따르면, 0세에서는 출생전후기 질환(208.1명), 선천기형(82.3명)의 순서로 높게 나타났으며, 1~9세, 10대에서는 운수사고에 의한 사망률이 각각 4.9명, 4.7명으로 1위에 올랐다. 20, 30대에서는 고의적 자해(자살)에 의한 사망률 순위가 가장 높았으며, 운수사고와 암(악성신생물)의 사망률 순위도 2~3위로 높게 나타나고 있다. 40, 50대에서는 암(악성신생물)에 의한 사망률이 다른 사인보다 월등히 높은 가운데 간질환에 의한 사망률 순위도 각각 3위, 2위로 다른 연령층에 비하여 높게 나타났다. 60, 70세 이상에서는 암(악성신생물)에 의한 사망률이 두드러진 가운데 뇌혈관질환, 심장질환, 당뇨병의 순이었다(통계청, 2005).

주요 사망원인별 사망률변동추이를 살펴보면(통계청, 2005), 각종 암(악성신생물)에 의한 사망률은 134.5명으로 1995년 110.8명에 비해 23.7명 증가하였고, 고의적 자해(자살)에 의한 사망률은 26.1명으로 1995년 11.8명에 비해 14.3명 증가, 당뇨병에 의한 사망률은 24.2명으로 1995년 17.2명에 비해 7.0명 증가, 폐렴에 의한 사망률은 8.6명으로 1995년 4.2명에 비해 4.4명 증가하였다. 반면 운수사고에 의한 사망률은 16.3명으로 1995년 38.7명에 비해 22.4명 감소하였고, 고혈압성 질환에 의한 사망률은 9.3명으로 1995년 18.3명에 비해 9.0명 감소, 뇌혈관질환에 의한 사망률은 64.3명으로 1995년 79.7명에 비해 15.4명 감소, 간질환에 의한 사망률은 17.3명으로 1995년 29.4명에 비해 12.1명 감소한 것으로 조사되었다.

2 죽음준비교육

1) 죽음준비교육의 정의와 목적

죽음준비교육(death education)이란 죽음의 참된 의미를 가르치고 죽음에 대한 바른 태도를 갖게 함으로써 삶을 더욱 건전하게 살아가도록 돕는 교육을 말한다(이기숙, 2001). 강선보(1996)는 죽음준비교육은 "죽음과 임종 그리고 삶의 관계에 대한 요인들을 계속적으로 탐구하는 과정이다."라고 정의하고 있다.

워렌(Warren, 1989)은 죽음준비교육이란 죽음, 죽음의 과정, 사별과 관련된 모든 측면의 교육을 포함하는 것으로 죽음과 관련된 주제에 대한 지식, 태도, 기술이 학습되는 과정을 의미한다. 즉, 죽음준비교육은 죽음의 과정과 죽음의 현상을 다루는 형식적, 제도적 프로그램을 제공하는 시도로 죽음과 관련된 정보를 알리고, 어떤 태도를 조장하는 시도, 즉 죽음이 삶이라는 사실에 대해 교육하는 것이다. 죽음준비교육은 죽음에만 관련된 것이 아니라 우리 자신과 삶, 세계에 관한 감정과 관련되어 슬픔을 다룰 수 있도록 도와주어 삶의 질을 향상시킨다라고 기술하였다.

죽음준비교육은 죽음을 금기시하는 사회 및 개인에게 죽음을 긍정적으로 받아들이고 그 의미를 이해토록 함으로써 죽음으로 향하는 과정 역시 삶의 과정에서 반드시 거쳐야 하는 일부분이라는 인식을 불어넣어, 남겨진 시간의 소중함을 재인식하고 삶의 질이 풍부해지도록 가치관과 사생관을 정립시키고자 하는 것이다. 아울러 죽음준비교육을 통해 죽음에 대한 불안을 극복하게 되며, 죽음의 문제를 현명하게 다룰 수 있게 된다.

죽음준비교육은, 교육학백과사전에 의하면 죽음준비교육(death education)과 죽음상담(death counseling)의 두 가지 영역을 포괄하는 개념으로 정의된다. '죽음준비교육'은 죽음과 관련된 타당한 지식을 유용하게 하며 죽음에 관한 가치와 태도가 인간행동에 어떻게 영향을 미치는지에 대한 인식의 기회를 제공하는 사회적 활동이며, '죽음상담'은 일반적으로 자신의 죽음이나 유의미한 타자의 임종 시 겪게 되는 심각한 상실감의 위기에서 개인이나 집단이 회복할 수 있도록 하는 일련의 상호인격적 과정이다.

초기 단계의 죽음준비교육의 목적은 죽어 가는 환자를 돌보는 것이었으나, 그 목적이 점차로 광범위해져서 오늘날에는 삶의 이해를 확장하여 삶과 죽음이 서로 연결되어 있다는 것, 삶과 죽음에 대한 결정을 하는 데 고려되어야 하는 쟁점을 이해하도록 하는 데까지 확장되었다.

디켄(Deeken)은 죽음준비교육의 목적을 다양하게 제시하고 있다. 삶의 마지막 단계에 있는 환자들에게 최선의 도움을 주기 위해 무엇이 필요한지, 당면한 문제는 무엇인지, 죽음의 과정이 무엇인지를 이해하도록 도우며, 죽음을 좀 더 깊이 생각하게 하여 준비하고 죽음의 특성을 실현하게 도와준다. 가족 등 사랑하는 사람의 죽음을 경험한 사람들을 돕고 상실의 경험을 배운다. 죽음에 대한 공포로부터 해방시킨다. 죽음에 대해 자유로이 이야기하고 정서적인 의사소통으로 문제를 해결한다. 자살을 하려는 이들을 이해하고 돕는다. 암에 걸린 사람들과의 의사소통 후 새로이 도전하도록 지지해 주고, 죽음에 관련된 윤리적인 문제를 가르친다. 의학, 법적인 문제(뇌사, 장기이식, 유서, 기증 등)에 친숙하게 만들어주고, 장례식의 역할과 스스로 준비하는 방법의 지도, 나이가 들어가는 시기를 더 풍성하게 해 준다. 죽음의 철학을 추구하며 죽음에 대한 이념적, 심리적, 사회적 개념으로부터 사람들을 해방시킨다.

노트(Knott, 1979)는 죽음준비교육의 목적을 다음 세 가지로 분류한다. 첫째, 연구 결과와 치료적 관찰에 대한 지식을 포함하여 정보를 제공하는 것이다. 둘째, 내세에 대한 믿음이나 죽음 자체의 의미와 같은 이슈를 포함하여 개인적인 가치에 대한 이해를 증진시키는 것이다. 셋째, 스트레스를 받는 상황이나 죽음, 임종, 비탄, 돌봄 관계를 둘러싼 요구에 효율적으로 기능하는 능력과 같은 대처행동을 개선하는 것이다.

코어(Corr, 2000)는 기본적인 목적으로 첫째, 죽음준비교육은 수강자들의 개인적인 삶을 풍요롭게 하고자 한다. 이는 개인이 그 자신을 더욱 충분히 이해하고, 유한한 존재로서 그 자신의 장점과 한계를 평가하도록 도우며, 선택지나 대안을 기술하고, 행동을 위한 가능조건과 바람직한 결과를 탐색하도록 돕는다. 둘째, 죽음준비교육은 개인에게 정보를 제공하고 안내하고자 한다. 셋째, 죽음준비교육은 사회 안에서 사는 시민으로서 그리고 전문가로서 개인에게 그들의 공적 역할을 준비시킨다.

이상에서 살펴본 것처럼 죽음준비교육은 단순한 교육의 차원을 넘어서 심리적인 안정과 회복, 불안 해소뿐만 아니라 죽음학의 광범위한 부분들을 다루는 것을 통해 개인의 내면적인 반성과 성찰, 아름다운 마무리와 죽음준비뿐만 아니라 가정 내의 숭고한 변화, 사회문화적 제고 및 구축이라는 점에서 그 필요성을 찾을 수 있다. 탄생 이전의 태교가 중요하듯이 인생의 아름다운 마무리를 위해서는 반드시 죽음 전의 교육이 필요하다.

2) 외국의 죽음준비교육

(1) 미국

1960년대에 미네소타 대학교에서 '죽음의 준비과정'이라는 교과목이 처음 개설되었다. 1966년에는 죽음준비교육에 관한 전문학술잡지 『OMEGA』가 창간되고 이어 『Death Education』이라는 잡지가, 1967년에는 퀴블러-로스(Kubler-Ross)의 『Death and Dying』이 출판되었다. 이후 여러 대학에 죽음에 대한 과정이 개설되어 1970년대에는 20여 개의 대학에서 실시되었다. 현재 초 · 중 · 고등학교에도 다양한 프로그램이 있고, 미네소타 죽음준비교육연구센터를 비롯한 정규 혹은 비정규기관에

〈표 10－1〉 Robert Stivenson의 죽음준비교육모델

단계	시간	교육내용
1단계	3	학생들의 지식, 개념, 태도의 조사
2단계	2	죽음과 상실을 피하는 용어 배움
3단계	15	죽음의 과정과 사건
4단계	9	연령별 죽음인식 이해
5단계	11	죽음의 이유 이해
6단계	10	안락사에 대한 이해
7단계	8	호스피스
8단계	8	죽음과 그 이후
9단계	8	죽음과 비탄
10단계	10	죽음과 장례의식
11단계	10	자살과 자살방지

서 죽음준비교육에 대한 연구와 강의가 진행되고 있다. 또한 ADED(The Association for Death Education and Counselling) 등의 죽음준비교육사 양성기관을 통해 전문인이 배출되고 있으며, 다양한 죽음학관련 학술지도 출판되고 있다. 미국 뉴저지의 한 고등학교에서 실시되는 프로그램은 고등학생을 도와서 좀 더 효과적으로 삶과 죽음의 문제나 상실의 경험이나 슬픔에 대해서 이해하도록 돕고, 죽음이 자기 개인생활에 어떤 영향을 미치는가를 알 수 있게 도와주기 위한 것이다. 프로그램 초기에는 학생들의 죽음에 대한 개념과 인식에서 출발하고 있으며, 후반부에는 보다 구체적인 죽음의 문제와 대처방법을 다루고 있다.

(2) 독일

독일은 중세부터 죽음에 대한 관심이 많았던 나라로 음악, 문학, 철학

등에 죽음을 주제로 한 작품들이 많다. 독일의 교육은 종교교육의 틀 안에서 실시된다. 20세기 이후 의학의 발달로 죽음에 소홀했으나, 1980년경부터는 학교 수업과목으로 '죽음의 준비교육'이 채택되었다(이영화, 1998; 임찬란, 2005 재인용). 독일의 고등학교 죽음 교과내용은 〈표 10-2〉와 같다.

〈표 10-2〉 죽음준비교육 교과내용

1	인간의 성장과 노화, 죽음	① 영원한 젊음: 청년과 젊음의 이상화
		② 사회현실 속에 있는 질병과 노화
		③ 죽음과 슬픔에 대한 경험
		④ 슬픔의 과정-슬픔의 현상, 슬픔의 의미
		⑤ 인간과 인간의 의사소통-사회적, 육체적 죽음
		⑥ 오늘날의 병원
		⑦ 이상적인 병원과 그 현실
2	죽음	① 죽음의 해석 (1)
		② 죽음의 해석 (2)
		③ 의학과 죽음
		④ 죽음 후의 삶
		⑤ 영혼불멸설
		⑥ 퀴블러 로스의 죽음의 단계
		⑦ 부활에 대한 그리스도교적 희망
3	AIDS	① AIDS에 대한 의학적 관점
		② AIDS와 성의 혁명
		③ AIDS 환자와 고독
		④ AIDS의 윤리적 문제
		⑤ AIDS 환자를 위한 제도적 보살핌

4	자살과 안락사	① 자살의 문제
		② 안락사의 문제
		③ 죽음과 임종에 관련된 기타 문제

(3) 일본

일본의 죽음준비교육은 독일에서 일본으로 귀화하여 생사학(生死學)의 연구와 보급에 힘쓰고 있는 알폰스 데켄(Alfons Deeken)에 의해 많은 영향을 받았다. 그는 죽음준비교육을 실시하여 병원에 입원한 말기환자의 간호 개선과 호스피스 프로그램의 발전을 위한 연구, 사별한 사람들을 위한 상호적 지지에 기반한 그룹지도 등을 3대목표로 하고 있는 '일본 삶과 죽음을 생각하는 회'를 1982년 창설, 활동해 오고 있다. 이 모임을 통해 병원의 호스피스 봉사자들과 학생들, 사별자들이 위로를 받고 슬픔을 함께 공유하게 되었다. 〈표 10-3〉은 일본 Sophia University에서 실시 중인 데켄 박사의 강의내용이다.

〈표 10-3〉 일본의 죽음준비교육 교과내용

수업과목명	철학 Ⅴ, Ⅵ	학기	세션
부제	죽음의 철학	지도교수	데켄
질문시간	수업시간 전후	질문 장소	강의실
목적	죽음의 의미 연구를 통해 삶의 의미를 깨닫게 하며, 이를 통하여 개인의 생사관을 확립한다.		
교재	교과서: 매주 테마별로 배포되는 인쇄물을 활용		
참고문헌	1. 삶과 죽음을 생각한다. 2. 노화의 죽음을 바라보며 3. 죽음으로의 준비교육을 위해 4. 죽음의 준비교육(전 2권) 5. 미래의 인간학		

〈세부내용〉

시간	수업내용	시간	수업내용
1	철학적 관점에서의 죽음의 의미-죽음준비교육의 필요성	11	죽음보다 뛰어난 생명 2
2	죽음의 과정 6단계	12	호스피스 운동
3	비탄교육 1	13	죽음과 사랑
4	비탄교육 2	14	죽음의 역사
5	죽음의 공포	15	말기환자의 의사소통
6	죽음의 유머	16	문학에 있어서의 죽음 1
7	자살 1	17	문학에 있어서의 죽음 2
8	자살 2	18	음악 속의 죽음
9	임사체험	19	말기환자의 원조-음악, 독서요법, 예술치료 등의 효과성
10	죽음보다 뛰어난 생명 1	20	죽음의 정의

3) 우리나라의 죽음준비교육

국내 죽음준비교육 관련강좌는 1970년대 후반 시작되어 현재까지 꾸준히 진행되고 있다. 죽음관련 프로그램들은 크게 나누어 대학 내 혹은 대학부설 기관과 종교단체, 기타 사회복지단체 및 재단 등에서 실시되고 있다.

(1) 대학부설

대학 내 죽음준비교육의 경우에는 대부분 교양과목 혹은 사회복지관련 학과, 대학부설 평생교육원에서 실시되고 있다. 서강대학교에서 1978년 '죽음에 관한 강의'가 교양강좌로 개설된 이래 현재까지 이루어지고 있으며, 1996년에는 '죽음의 심리적 이해'라는 강좌명으로 개설되었다.

덕성여자대학교 평생교육원에서는 1987년 3월 '죽음의 철학'이라는 죽음준비 프로그램 강좌가 개설되었으나, 1999년 수강생 부족으로 폐강되었으며, 고려대학교 최고위교육문화과정에서는 1996년 이래 '삶의 정리와 교육'이라는 제목의 강연을 매학기 진행하고 있다. 수효사회복지대학 내 연꽃간병인회에서는 방학 중 단기간 동안 전문교수, 교수자를 초빙하여 호스피스 자원봉사교육을 실시하여 '죽음과 삶에 대한 이해' '불교의 장례문화' '사별가족관리' '말기환자의 심리' 등의 프로그램을 실시한다. 대학들의 종교적 특성에 따라 프로그램의 방향도 정해지고 있다.

한림대 생사학연구소의 경우는 부설기관으로 웰다잉(자살예방) 교육센터를 통해 우리 사회의 죽음의 질을 개선하고 자살을 예방하기 위한 '웰다잉(자살예방) 전문과정'을 실시하고 있다. 교육은 사이버강좌로 진행되며, 죽음과 자살에 대한 획기적인 의식 변화를 교육목표로 설정하고 있다. 웰다잉(자살예방) 전문과정은 4단계로 구성되어 1년 2학기제로 15주 동안 진행하고, ① 매주 두 가지 파워포인트 강의, ② 매주 약 네 가지 정도 관련 동영상 자료, ③ 강의주제와 관련된 보조자료 제시, ④ 매주 수강생들이 소감과 의견을 올리는 자유게시판, ⑤ 1년 30주 과정이 끝나는 시점에 전문가 초빙을 통한 최종 워크숍을 마련하여 전문가 양성과정 이수증을 제공한다. 사이버강좌의 장점을 최대한 활용해 시청각교육 방식으로 운영하고 있다.

대학에서 프로그램은 죽음에 대한 이해에서 시작하여 종교적 관점에서의 죽음, 호스피스 교육, 심리 및 감정치료, 사자와 생자를 대상으로 하는 이별 및 극복방법 등이 있다.

(2) 종교단체

기독교와 불교단체에서 주로 프로그램을 실시하고 있다. 각 단체는 종교적 특성에 맞는 프로그램을 제공하며, 교육과 동시에 종교의 교리도 전달하고 있다. '정토사관자재회재단의 정토마을'에서는 호스피스전문교육을 실시하고, 불교 의료복지 포교에 뜻이 있거나 신심이 돈독하여 보살행을 실천하고자 하는 이들을 대상으로 하여, 환자가 평안한 죽음을 맞이하게 함과 동시에 환자의 가족들이 느끼는 사별의 아픔을 치유하도록 돕고 있다. 2007년 1월 4일부터 11일까지 제24기가 진행되었다. '봉은사'에서는 매주 화요일 총 10회 강의를 통해 주간반, 야간반으로 웰다잉 체험교실을 진행한다. 기독교가정사역연구소의 '천국준비교실'에서는 과거의 삶을 돌이켜보고 유언서를 작성하거나, 가족 용서하기, 유산 정리하기, 장기기증, 영정사진 찍기 등의 교육을 실시하고 있으며, 모든 과정은 성경공부와 함께 진행되고 있다.

평화성결교회에서는 '죽음 이후'라는 프로그램을 통해 죽음 이후 기독교 신앙인들에게 주어지는 천국으로의 구원의 가르침을 공부하도록 돕는다.

(3) 사회복지단체 등

사회복지단체 혹은 비영리재단에서도 죽음준비교육이 실시되고 있다. '삶과 죽음을 생각하는 회'는 1991년 3월 발족, 공개강좌를 시작하여 죽음의 철학, 죽음준비교육의 필요성에 대한 강연회, 세미나 등을 개최하고 '삶과 죽음' 회지 발간, 슬픔치유 소그룹상담, 호스피스 교육 및 죽음준비교육 지도자과정을 실시하고 있다. 전문지도자 과정은 월요강좌로 실시되어 죽음의 의미에 대한 철학적 분야, 슬픔치유의 상담 분야, 호스피스 분야, 죽음준비교육에 대한 자세한 이해 등을 교육내용으로 하고 있다. 죽음준비 지도자과정(2년4학기)을 마친 후에는 웰다잉 전문지도교수자 양성교육의 수강이 가능하며, 총 16강 수료 후 교수자로 활동할 수 있도록 돕는다. 양성교육 프로그램들은 죽음에 대한 이해, 의미 파악뿐만 아니라 노인의 삶, 심리 이해, 노인 레크리에이션, 집단상담 등으로 다양하게 실시하고 있다. 또한 '삶과 죽음을 생각하는 회'는 전문인 과정뿐만 아니라 사별의 아픔을 가진 이들을 위한 소그룹 상담과정을 개설하여, 그 가족들의 슬픔을 나눔으로써 치유하고 자신을 돌아볼 수 있는 과정도 실시하여 죽음준비교육 대상자의 범위를 넓히고 있다.

'아름다운 재단'에서는 '아름다운 이별학교' 프로그램을 실시하여 매주 월요일, 총 4회에 걸쳐 죽음 바라보기, 유산과 세금 이야기, 법이 지켜 주는 유언장 이야기 등 죽음준비교육을 실시하고 있다. 광진노인종합복지관은 노인들을 위해 죽음준비 프로그램 '은빛왈츠'를 진행하여 아름다운 마무리, 존엄한 죽음, 영정사진 찍기, 유언장 쓰기 등의 프로그램을 실시하고 있다. 노원노인종합복지관은 외부 지원사업으로 서울시사회복지공동모금회의 지원을 받아 '아름다운 생애 마감을 위한 시니어 죽음준비학교수자업'을 진행한다. 죽음준비학교와 죽음준비지도자 양성교육 프로그램은 서로 마음을 열고 과거를 되돌아보는 시간을 가지며 비디오 감상, 변호사 특강, 죽음준비에 대한 이해, 장묘문화센터 방문 등으로 진행된다. 이 외에 특별한 교육으로 임종체험교육이 있다. 라이프 컨설팅의 임종체험관은 유언장을 작성한 후 직접 관에 들어가 죽음을 체험할 수 있는 체험적 프로그램을 실시하여 임종체험을 요구하는 단체, 기관 혹은 개인의 위탁교육 업무도 맡고 있다.

3 죽음준비교육 프로그램

1) 죽음준비교육 프로그램 제공기관

우리나라에서 죽음준비교육 프로그램을 실시하는 기관으로는 노인종합복지관, 기독교교회 및 단체, 불교단체, 비영리재단, 프로그램을 직접 운영하지는 않지만 학술적인 접근을 하는 학회 등이 있다.

죽음준비교육은 매학기 혹은 주기적으로 반복 실시되는 정규교육으로 자리 잡기보다는 특별 프로그램의 형식 혹은 복지관에서는 위탁교육 형식으로 1년에 한두 차례 정도 실시하는 기관도 많다. 서강대학교, 가톨릭대학교는 '호스피스 전문인과정'을 매년 정기적으로 실시하고 있으며, 일부 연구자 및 교수들은 각각 죽음준비 프로그램 모형을 제시하거나 각 대학에서 교양강좌로 실시하고 있다.

대부분의 죽음준비교육은 각 종교별로 나름의 구원과 내세관을 알리고 환자를 구원하는 차원에서 종교기관에서 많이 실시되고 있다. 기독교와 불교기관이 많고 이들은 호스피스 교육도 실시하고 있다.

비영리재단들은 매년 정기적으로 프로그램을 실시하며, 풍부한 프로그램으로 진행되고 있다. 특히 죽음준비교육 훈련과정을 통해 노인들을 도울 수 있도록 교육전문가반을 운영하고 있다.

몇몇 단체들은 프로그램을 직접 운영하지는 않지만 '죽음학' '생사학'의 명칭으로 죽음에 대한 학술적인 접근을 하고 있다. 이러한 노력은 매년 정기적인 학술대회 및 학회지 발간, 포럼 등의 개최로 나타난다. 한림대학교는 학술적인 접근과 동시에 부설기관인 '생사학연구소'를 통해 온라인 죽음준비교육을 실시하고 있다.

죽음을 직접 체험하는 임종체험관은 라이프 컨설팅에 의해 실시되고 있다. 충주에 위치한 임종체험관은 찾아오는 사람들을 교육함과 동시에 외부로도 위탁교육을 실시하고 있다.

2) 죽음준비교육의 목표

노인종합복지관은 노인들을 위한 종합복지관의 목적 대신 노인들을 위한 섬김과 봉사, 도움의 차원에서 죽음준비교육을 실시하고 있다. 또한 평생교육적 측면에서 노인들이 죽음이라는 엄숙한 단계에 대해서 바로 알고 준비하며, 활기찬 삶으로 마무리하도록 돕기 위해서 다양한 학습기회를 제공하고 있다.

종교단체의 경우는 각 종교의 구원관 혹은 내세관의 전달과 함께 교육이 실시되고 있어 전도, 포교의 차원과 동시에 타인을 돌보는 따뜻한 인간애를 담고 있다. 또한 기존의 교인들에게는 죽음준비교육 전문가 양성과정을 통해 자원봉사의 기회를 제공하기도 하며, 각자의 신앙을 더욱 돈독하게 하고 사랑을 실천할 수 있게 하는 기회도 제공하고 있다.

비영리재단은 정기적으로 죽음준비교육 프로그램의 실시를 통해 노인들에게는 스스로의 죽음을 준비하게 하고, 교육전문가 양성과정을 통해서는 죽음준비교육을 위한 전문가를 키워 냄으로써 사회로의 교육적 환원이라는 목적을 충실히 수행해 내고 있다. 각 재단들은 종교단체의 목적과 공통적으로 호스피스 교육을 통해 사회로의 봉사와 사랑의 실천에 앞장서고 있다.

학술적인 접근은 노인기의 특성, 죽음학, 죽음의 과정 연구, 죽음과 관련된 국제적인 학술적 이슈(자살예방, 우울증, 안락사, 생명윤리, 법률적 검토) 등을 다루어 다양한 세미나 및 학술모임을 통해 좀 더 깊이 연구하고 다양한 자료를 제시하는 등의 연구를 목적으로 하고 있다. 대학 실시 프로그램들은 교양으로 혹은 평생교육원에서의 교육적 차원으로 좀 더 다양한 대상에게 죽음에 대한 교육을 실시하고 있다.

3) 죽음준비교육의 대상 및 내용

죽음준비교육 프로그램의 대상은 크게 넷으로 구분될 수 있는데, 죽음을 앞둔 노인 본인과 그 가족 그리고 죽음준비교육을 실시하는 전문가로 훈련받기 위한 전문가지원자, 기타 기관의 학습자(대학, 평생교육원, 초 · 중 · 고등)다.

죽음을 앞둔 노인은 곧 죽음이 다가올 것이라는 것을 담담히 받아들이고 삶을 아름답게 마무리하기 위해 죽음준비교육을 학습한다. 이들을 위한 프로그램들은 첫 단계로 프로그램에 참여한 이들, 즉 타인에 대한 마음 문을 열기 위한 대화 프로그램으로 시작된다. 이후에는 죽음에 임박한 자신의 삶에 대해 마음 문을 여는 자신의 과거 삶을 돌아보는 정리의 시간이 제공된다. 다음으로는 죽음이란 무엇인가, 행복한 죽음은 무엇인가 등에 대한 죽음학이론을 교육받고 노후를 즐겁게 보내는 습관들, 죽음 이슈와 관련된 동영상 보기의 시간을 갖는다. 그런 다음 실질적인 문제로 들어가 변호사 등의 법조인 및 각 분야의 전문가를 초청하여 효력 있는 유언장 쓰기, 유언 남기기, 장기기증에 대한 특강, 영정사진 찌기, 가족 용서하기, 상처 치유, 장묘문화 체험 및 방문, 가족에게 편지쓰기, 임종체험 등이 실시된다. 종교기관에서는 각 종교의 교리에 관한 교육이 포함된다. 교육 이수 후 각 개인은 스스로의 죽음을 준비할 수 있는 건강한 정신을 소유하게 된다.

가족을 위한 프로그램은 아직까지는 활발히 진행되지 않고 있다. 다만 복지재단 및 삶과 죽음을 생각하는 회에서 사별 후 홀로 남게 되는 남편 혹은 아내를 위한 소그룹 상담 및 슬픔 · 심리 치유과정, 경험 나누기 등 상담 차원의 프로그램이 진행되고 있다.

전문가 양성과정은 타인을 위한 봉사와 희생, 사랑 실천의 마음을 소유한 이들을 죽음전문 교수자로 양성하기 위한 프로그램으로 진행되는데, 각 분야의 전문가들을 초청하여 죽음학에 대한 학술적 이론 및 상담심리교육도 병행한다. 프로그램의 내용으로는 현대인의 죽음 이해, 장례의 의미, 호스피스의 의미, 각 종교의 죽음, 치유상담, 죽음준비교육의 목표, 심리상담, 노인 레크리에이션, 의학, 질병, 노화, 안락사 논란 등 다양하고 전문적인 지식교육이 제공된다.

기타 기관의 학습자 대상 프로그램은 대부분이 학교에서 강의형식으로 진행되며 죽음에 대한 이해, 인간의 성장과 노화, 호스피스의 역사, 개요, 죽음준비교육의 역할, 현황, 사례, 자살예방, 문화, 역사속의 죽음, 성숙한 죽음 등으로 다양한 연령과 계층의 학습자들이 죽음의 의미를 가까이 인식하도록 하고, 죽음 관련 교양지식을 제공하는 것을 그 내용으로 하고 있다.

제4부 외국의 노인교육과 전망

제 11 장

미국의 노인교육

미국의 노인교육은 주로 대학교, 커뮤니티 칼리지, 시니어센터, 엘더호스텔 등 다양한 조직에서 이루어지고 있다.

1 대학교

1980년대에 고등교육기관들은 심각한 경제적 위기에 직면하게 되었다. 1970년 이래 전통적인 정규대학생 비율이 주기적으로 감소하기 시작한 것이다. 18~22세에 이르는 전통적인 대학생의 등록비율의 감소에 따라 교육비용이 계속 증가하였다(Romaniuk, 1983). 1980년대에 이르자, 교육자들은 정규대학생들의 등록 감소가 대학 부대시설의 활용과 교수진의 필요 정도 및 교과과정에도 영향을 줄 것이라 예측했다(Peterson, 1981). 오늘날 고등교육기관은 예상했던 것만큼 심각한 등록감소를 보이지는 않는다. 25세 이상의 비전통적인 연령의 학생들이 전통적인 대학생들의 등록 감소를 메우고 있다. 미국 교육부는 1991년 당시 등록생이 1,400만 명이었지만 2002년이 되면 약 1,600만 명으로 증가될 것이라고 보고 있다. 1996년부터 13% 가량이 증가되기 시작하였고, 그 요인은 18~24세에 이르는 대학생들의 등록 증가 때문이다. 증가비율의 대부분을 소수민족과 여학생이 차지하고 있기는 하지만, 2002년이 되면 35세 이상의 학생들이 대학에 대거 등록할 것으로 예측되기 때문이다(Evangelauf, 1992).

대학생비율의 변화가 있고 나서부터 고등교육기관은 캠퍼스가 더 이상 전통적인 대학생만을 대상으로 하는 곳이 아니라는 것을 깨닫기 시작했고, 이는 노인학습자들에게 긍정적으로 작용했다. 피셔는 대학이 20~40세에 이르는 학생들뿐 아니라 노인들을 그들의 학생으로 간주하는 것은 고등교육을 위한 창의적이고 혁신적인 생각이라고 보았다. LRI로부터 확인된 이러한 시각이 전국적으로 확산되고 있으며, 이는 주로 고등교육기관인 4년제대학을 중심으로 이루어지고 있다. 정규대학에서의 노인비율 증가가 문서화되고 있지는 않지만, 실제로 꾸준히 증가하고 있다.

55세 이상의 노인학습자를 끌어들이고 있는 고등교육기관들 중에는 학점인정이 되는 곳도 있고 그렇지 않은 곳도 있다. 1976년 교육발전아카데미(AED)가 814개의 2년제대학과 종합대학을 대상으로 실시한 연구조사를 보면 미국 전역에서 노인을 대상으로 하는 교육이 실시되고 있으며, 세 가지 범주에 해당하는 노인교육 프로그램을 제공하고 있는 것으로 나타나 있다. 첫째, 노인을 위한 교육 프로그램이 따로 마련되어 있다. 둘째, 노인을 대상으로 하는 정규 혹은 계속교육과정은 출석 · 학점인정 여부와 상관없이 수업료를 할인해 주거나 면제해 주고 있다. 셋째, 노인들의 관심을 반영하는 계속교육 프로그램이 실시되고 있다(Scanlon, 1978).

1981년 NCOA의 후원 하에 실시된 루이스 해리스(Louis Harris)의 연구조사를 보면 65세 이상의 노인들은 그들의 근무지, 고등학교, 지역사회, 교회, 도서관, 박물관, 통신조건과 상관없이 대학에서 실시하는 노인교육 프로그램에 대부분 등록하고 있는 것으로 나타난다. 교육통계센터(National Center for Education Statistics: NCES)에서 실시한 지역선호도조사에서는 노인교육 프로그램에 참여하는 65세 이상 노인의 약 32%가 고등학교, 대학교, 회사, 직업학교, 특히 지역대학에서 수업을 받고 있는 것으로 나타났다(Ventura & Worthy, 1982).

미국 NCES의 1991년 보고서에 의하면, 1987년 가을 50~64세 미만의 학생들이 239,029명, 64세 이상의 학생들은 94,875명인 것으로 나타났다. 이들 중 50~64세 미만의 2,078명, 64세 이상의 272명이 고등교육기관의 전문 프로그램(first professional program)에 등록하고 있고, 50~64세 미만의 51,591명, 64세 이상의 7,494명이 고등교육기관의 대학원 프로그램(graduate program)에 등록하고 있었다.

2 커뮤니티 칼리지

1989년 지역대학혁신연맹(League for Innovation in the Community College: LICC)과 전미은퇴자협회(American Association of Retired Persons: AARP)는

연맹회원(지역대학)의 전국적 조사에 착수했다. 약 600개의 지역대학들이 응답했는데, 조사자들은 다음 여섯 가지 사실을 알 수 있었다. 첫째, 대부분의 노인교육 프로그램들은 지역 서비스 같은 조직적 단위로 제공된다. 둘째, 많은 대학들이 과목당 25~50달러에 해당하는 수업료로 학점이 인정되지 않는 과정을 개설하고 있었다. 셋째, 몇몇 대학에서는 65세 이상의 노인들을 대상으로 출석을 의무화하는 과정을 개설하고 있었는데, 이는 수업료가 면제되는 것이었다. 넷째, 연맹대학의 절반 정도는 그들의 학교에 노인을 위한 특별 프로그램이나 센터를 보유하고 있었다. 다섯째, 연구에 참가한 대학의 4분의 3 정도는 노인들에게 학점이 인정되지 않는 수업을 실시하고 있었다. 여섯째, 학점이 인정되는 정규 수업은 대학 밖에서 몇 종류 실시되고 있었다(Charles & Bartunek, 1989).

캐서린 벤츄라 머클(Catherine Ventura-Merkel)과 돈 두셋(Don Doucette)은 지역대학에서 제공되는 수업유형이 운동, 영양, 부업예술, 공예, 취미, 여행, 재정관리에 관한 것이라고 밝혔다. 제공되는 프로그램의 내용을 보면 인구통계학자나 다른 분석가들이 노인들에게 가장 필요한 것이라고 주장하는 것들이 대부분이다. 이러한 수업은 또 다른 직업을 준비하는 데 필요한 기술교육이거나 개인발전, 건강관리에 관한 것들이다. 벤츄라 머클과 두셋은 노인교육 프로그램을 제공하지 않는 대학은 극히 일부라고 결론지었다. 대학 프로그램의 대부분이 퇴직노인들을 대상으로 하고 있었다. 대학들은 노인들에게 더 많은 교육기회를 주는 데 가장 큰 장애가 바로 재정의 부족이라고 말했다. 그들은 대학에서 제공하는 몇 안 되는 프로그램을 가장 논리적으로 설명하기 위해서는 먼저 노인들이 그것을 얼마나 이해하고 있는지 알아야 한다고 제안하였다. 노인들은 퇴직이나 노령화에 따른 개인적 변화와 급격히 발전하고 또 변하는 사회에 잘 적응할 수 있도록 도와주는 새로운 기술에 대한 필요를 깨달아야 그러한 프로그램을 요구할 수 있다(Doucette, & Ventura-Merkel, 1991).

찰스와 바투넥(Charles & Bartunek, 1989)은 노인을 위해 특별하게 고안된 훌륭한 프로그램이 몇 개의 대학에서 실시되고 있는 것을 알게 되었다. 웨런스빌 타운십에 있는 커야호거(Cuyahoga) 지역대학은 노년기의 건강과 복지에 관한 특별한 주제를 다룬 세미나, 워크숍, 특별 이벤트 등의 교육 프로그램을 포괄적으로 실시하고 있었다. 이 프로그램은 노인들이 거주하거나 서로 만나기 좋은 지역 약 40군데에서 55세 이상의 성인을 대상으로 하고 있었다. 이 프로그램은 또한 노령화 담당사무와 지역노인센터, 거주지와 연계하여 진행되고 있었다.

엘더(Elder) 캠퍼스의 특별 프로그램은 대학의 동·서부 대학 캠퍼스에서 일주일 동안 하루종일 진행되는 프로그램이다. 프로그램의 참가자들은 자문위원회로 봉사하거나 교수진으로 활동하면서 프로그램의 기획과 수정을 돕는다.

노인들이 대학교육에 참가하는 데 장애물로 파악되고 또 실제로 작용하고 있는 것들이 많다. 이를 세 가지 범주로 나누어 볼 수 있는데, 첫째, 상황적 장애물은 프로그램의 존재 여부와 비용 같은 교육기회에 대한 지식의 부족이다. 이러한 장애는 교육이 제공되는 시기와 주로 관련이 있다. 둘째, 기질적 장애는 자신을 학습자라고 생각하느냐에 관한 문제다. 예를 들어, 수많은 어른들은 그들이 너무 늙어서 학습할 수 없다고 생각한다. 어떤 노인들은 제한된 교육을 받아 왔다. 이렇게 제한된 교육을 받은 노인들은 학습가능성에 대해 불안을 느끼거나 교육에 대한 관심과 욕구가 적다. 셋째, 제도적 장애는 적극적인 참여를 곤란하게 하는 기관의 복잡한 절차다. 비유동적인 스케줄, 비싼 수업료, 부적절한 수업, 복잡한 등록절차, 건물 위치, 교육기회에 관한 의사소통의 부재

등은 제도적 장벽의 예다(Cross 1981).

루스 웨인스탁(Ruth Weinstock)은 노인들이 극복해야 할 장애물이 많다고 지적한다. 입학 및 대학 정규과정 등록절차는 모든 학생들이 까다롭게 느끼는 것일 뿐 아니라, 특히 노인학습자를 위해서는 반드시 개선되어야 하는 부분이다. 수업참가자들은 교수로부터 출석허가를 받아야 하고 교수실 위치, 전화번호, 근무시간 등을 주의 깊게 살펴야만 한다. 웨인스탁은 노인학습자를 대상으로 하는 오리엔테이션이나 노인학생 전용의 설명서를 만들어서 배치해야 한다고 제안한다(Weinstock, 1978).

존 스캔런(John Scanlon)은 노인들이 정규과정에 등록할 수 있도록 직접 연락을 취하는 포드함 대학의 사례를 인용하였다. 이 대학은 대학수준의 수업을 들을 능력이 있는 고등학교 졸업자나 독서 같은 특정 분야에 관심이 있는 학생들에게 등록을 허락해 준다. 대학의 식스티 프로그램이 제공하는 네 가지 세미나를 성공적으로 마친 사람들에게는 특별한 다른 입학조건 없이 포드함 대학의 교양 교육부서에서 공부할 수 있도록 허가해 준다(Scanlon, 1978).

고등교육기관의 교육 프로그램에 관한 연구문헌들은 노인들의 교육참여 증가와 수업료 할인 및 면제, 노인학습자만을 위해 특별히 고안된 프로그램, 지원체제, 다른 노인들 참가유도 전략에 관한 여러 가지 접근방법 및 전략이 있음을 보여 준다.

노인들을 위한 교육 프로그램의 필요가 증가할수록 교육기관과 지역조직들은 새로운 프로그램을 개발하여 노인들의 욕구를 충족해 나갈 것이다. 노인교육에 장애물들이 산재해 있는 이상 그것들을 모두 찾아내기는 쉽지 않다. 따라서 그러한 장애를 극복하는 방법들 또한 다양할 것이다(Peterson, 1983).

3 시니어센터

시니어센터는 지역사회 사업의 일환으로 주로 신체적 활동과 관련 있는 다양한 서비스와 프로그램을 제공하고 있다(Krout 1989). 시니어센터는 1870년에 최초로 시작되었던 노인클럽이 발전된 것이다. 노인클럽은 회원 간의 사회적 친목을 도모했던 동료연합체였다(Gelfand, 1988). 1943년 저소득 노인층을 위해 윌리엄허드슨지역센터가 최초로 해리 레빈(Harry Levine)과 절트루드 랜도(Gertrude Landau)의 감독 하에 복지부의 주관으로 뉴욕 시티에 설립되었다. 지역의 사회사업가들은 노인들의 인간적 접촉과 의사소통의 부족을 인식했고, 시니어센터라는 기관을 착안해 내게 되었다. 이러한 사회사업가들은 다른 노인들과 만나고 의사소통할 수 있는 기관의 필요성을 절감했다. 허드슨지역센터 설립 후 다른 센터들이 샌프란시스코(1947), 필라델피아(1948), 코네티컷의 브리지포트(1951) 등에 문을 열게 되었다(Lowy & O'Connor, 1986).

1959년에 이르러서는 오하이오 주에 최초로 주립 시니어센터가 세워졌다. 1950년대 후반에 이르러 미국 전역에 대략 200개의 시니어센터가 설립되었다. 이러한 시니어센터들은 지역기금이나 비영리조직 또는 지역정부 관청으로부터 후원을 받았다. 이때까지는 시니어센터의 설립취지를 뒷받침해 주는 연방 또는 주립 정부수준의 지원은 없었던 것으로 보인다(Krout, 1989). 1962년 NCOA는 『시니어를 위한 센터: 프로그램 및 시설이용 안내』를 출판하였는데, 여기서 시니어센터의 설립취지와 운영방침을 소개하고 있다. 이것은 시니어센터를 포괄적으로 개관한 최초의 국가적 시도였다는 데 의의가 있다. 1963년 NCOA는 시니어센터의 최초 연례회의를 개최했다(Leanse 1978). 그 이후 10년 동안 다양한 서비스를 제공하는 시니어센터가 쏟아져 나오기 시작했다. 프로그램이나 서비스 내용은 영양교육, 건강교육, 취업 서비스, 운송보조, 사회사업 서비스, 교육적 활동, 창의적 예술활동, 오락, 리더십, 자원봉사 등이 주를 이루었다(Lowy & O'Connor, 1986). 1970년대가 되면서 시니어센터 설치 및 개발을 위한 기금후원에 관한 연방 법안이 만들어지기 시작한다. 미국 노인법의 4장 501항은 새로운 '다목적 시니어센터'라는 용어로 개정되었다. 동법 5장에서는 시니어센터의 건설이나 개조에 관한 자금지원 조항을 제3장에서는 특별한 서비스 개발과 실시에 관한 운영자금을 규정하게 된다(Gelfand, 1988). 1970년 NCOA는 전국의 1,200시니어센터를 관할하는 '시니어센터 전국기관(NISC)'을 후원했다. 1980년대 후반까지 NCOA는 미국에 있는 9,000개의 시니어센터의 상황을 알렸다(Krout, 1989). 1991년 NISC는 전국적으로 약 800만 명의 노인들이 참여하였다. 각 지역 시니어센터의 서비스는 대상별로 개인, 집단, 지역사회로 구분된다. 개인 서비스는 오락, 영양, 교육, 사회활동을 포함한다. 시니어센터에 참가하는 노인들은 지역기관이나 조직에서 자원봉사활동을 하면서 지역사회에 봉사하고 있다(Krout 1989). 시니어센터의 서비스는 자원, 이용시설, 지역후원에 의존하고 있다. 이러한 서비스 중에서 상당부분이 센터직원에 의해 운영되고 있다. 이것이 실행되기 곤란할 때는 적합한 직원이 시니어센터에 교대로 배치되어서 적정한 업무를 수행한다(Gelfand, 1984).

몇몇 시니어센터들은 매우 다양한 서비스를 제공하고 있기는 하지만, 대다수의 시니어센터들은 오락적이고 교육적인 목적에 국한된 활동을 실시하고 있다. 시니어센터의 오락 · 교육활동은 참가자들의 관심과 지역사회의 활용자원에 따라 다양화된다. 대부분 일반적인 활동들은 예술과 기술, 자연연구, 과학과 실외생활, 드라마, 신체활동, 음악, 댄스, 테이블게임, 사회활동, 문학활동, 단체소풍, 취미그룹, 강연, 영화, 포럼, 지역 서비스 프로젝트 등을 다룬다. 앞에서 언급했듯이 시니어센터의 인기 있는 프로그램 중 하나가 바로 NCOA의 인문학 프로그램이다.

뉴욕의 브루클린에 있는 시니어센터에서는 '노인연구회' 기관의 후원하에 진행되는 교양예술 수업을 학교 외부에서 진행하고 있다. 이 기관의 감독 아래 지역 시니어센터 회원들은 디자인과정을 돕고 있으며, 지역대학은 현지에서 노인들을 가르칠 교수진을 제공한다. 교양 예술 수업과 자기지도법은 이 센터에 참여하는 노인들 사이에서 인기 있는 프로그램이다(Moody, 1988).

1991년 아이오와의 아이오와 시티에서는 약 7만 5천 명의 노인들이 아이오와 시립 존슨카운티시니어센터에서 학습했다. 교육과적으로는 응용미술, 공연예술, 예술평론, 기술, 운동, 컴퓨터 등이 있다. 또한 약물치료에서 간단한 입원진료에 이르는 특별 실습과정도 개설해 놓고 있다. 아이오와의 시욱스 시티에 있는 시욱스랜드시니어센터에서 'Talk Show'라 불리는 프로그램이 1970년대 유행했는데, 이것은 노인들이 신문기사거리를 직접 찾아보거나 현재 이슈를 토의하고 또는 의사나 변호사와 직접 대담하는 것을 포함하고 있다. 이 프로그램은 매일 오전 10시 30분부터 오후 12시까지 65세 이상의 노인들이 선택된 주제에 관해 듣거나 또 그것을 토의하는 형식을 취하고 있다.

많은 시니어센터들이 직면하고 있는 문제는 참가자들의 연령이 높아질수록 퇴직자들을 불러 모으는 데 어려움이 따른다는 것이다. 그러므로 교육 프로그램들에 새로운 참가자들을 불러들이기 위해 다양한 전략을 구사할 필요가 있다.

4 엘더호스텔

1975년 초부터 1980년대 중반까지 엘더호스텔 프로그램은 대학 캠퍼스에서 실시되었다. 그러나 최근 엘더호스텔은 고등교육기관에서 실시되고 있지 않은 지 오래다. 이 프로그램의 우수성과 규모 때문에 독립적인 수업과정이 되었다.

엘더호스텔은 대학기관이나 다른 교육기관에서 학점비인정 교육제도로 65세 이상의 노인들에게 국제적 교육 네트워크를 제공했던 프로그램이다(Gelfand, 1988). 1975년 마틴 놀튼(Martin Knowlton)에 의해 단기 지역대학 프로그램으로 시작된 엘더호스텔은 본래 Durham에 있는 뉴 햄프셔 대학의 계속교육센터의 후원 아래 운영되었다. 1975년의 최초 엘더호스텔 프로그램은 뉴 햄프셔에 거주하는 220명의 노인참가자들에 의해 소규모로 운영되었다. 1977년 엘더호스텔은 독립되었고, 대학의 완전한 후원을 받는 비영리조직이 되었다. 모든 엘더호스텔 활동을 조정하기 위해 보스턴에 전국사무소가 설치되었다. 1979년 전국에 퍼져 있는 엘더호스텔 기관 주소가 데이터베이스화되자, 전국 어느 지역에서도 전화나 우편으로 엘더호스텔 프로그램에 등록할 수 있게 되었다(O'Donnell & Berkeley, 1980). 1986년 이래 엘더호스텔은 15%에서 25%의 성장을 이루어 냈다. 이 프로그램은 미국과 캐나나, 세계 45개국의 1,800여 곳에서 실시되고 있으며, 연간 등록생이 30만 명을 넘어서고 있다. 후원기관들은 대부분 4년제대학과 종합대학이며 환경연구센터, 과학연구소, 회의센터 등에서도 후원하고 있다. 다양한 프로그램이 실시되는 미국의 국립공원이나 다른 주에 직접 자신의 자동차를 가지고 참가하는 학습자들도 있다(Goggin, 1991). 1993년 엘더호스텔은 체험 후 봉사하면서 학습할 수 있는 지역공동체 서비스 프로젝트에 가입하기를 원하는 사람들을 대상으로 적극적인 대응을 취하기 시작했다. 엘더호스텔은 엘더호스텔러들에게 해외에서 공부할 수 있는 기회를 주는 국제적인 활동도 벌이고 있다. 유학과정에 관한 대학요람이 1년에 세 차례 발간된다. 캐나다와 미국에서 진행되고 학습목록은 특별히 1년에 네 번 발행된다.

참가자들은 그들의 숙박, 운송, 수업료를 부담하는데, 미국에서는 학교 기숙사, 식당, 대학 3년 수준의 수업, 교과과정 외의 활동 등을 포함하여 일주일에 평균 275달러 정도의 비용이 든다(1994). AARP의 평생학습기관에서 매년 엘더호스텔 프로그램 참가자들 중 200명에게 장학금을 주고 있다. AARP의 회원이면서 60세 이상이어야 하고, 그들의 지역사회에서 자원봉사활동을 많이 하고 있는 사람들이 장학금 혜택의 대상이 된다. 엘더호스텔 참가료를 지불하지 못할 형편에 있는 노인들은 따로 특별하게 관리된다.

엘더호스텔 프로그램이 다른 프로그램과 구별되는 가장 큰 특징은 강의 주제를 노인에 한정시켜 선정하지 않는다는 것이다. 이는 프로그램이 다루어야 할 학습자가 노인이 아닌, 앞으로 노인이 될 사람이라는 관점에 기초한 것이다(Peterson, 1983). 엘더호스텔 프로그램의 교양미술 같은 교과과정은 기관행정가들에 의해 미리 선택되는데, 이는 주로 학생들의 요구를 반영한 것들이다(Lowy & O'Connor, 1986). 수업은 일반적으로 일주일 분량으로 세 가지 주제를 다룬다(Gelfand, 1988). 과제나 학점, 사전지식을 필요로 하지 않는 수업이 진행된다. 학점이수를 필요로 하지 않는 수업이기 때문에 학생들에게 학습이 주는 즐거움을 만끽할 기회가 주어진다(Goggin, 1991).

엘더호스텔 프로그램의 내용은 알래스카 산의 탐구에서부터 중국사회와 문화를 아우르는 광범위한 것들이다. 맥킨리 산에 위치한 드날리

(Denali) 국립공원에서 엘더호스텔 수업이 진행된 적이 있는데, 수업내용은 강좌를 포함하여 슬라이드 감상, 야생생물 및 자연관광, 역사와 문화재관리, 빙하와 지질학 등이었다. 참가자들은 너내너(Nenana) 강둑에 있는 방 두 개짜리 오두막에서 기거하며 강의에 참가했다.

중국에서 실시된 엘더호스텔 프로그램은 뉴욕 대학의 '중국계 미국인 교육 프로그램 교환(CAEE)'과의 협력 하에 구성되었다. '중국의 문화와 사회'라는 프로그램이 만들어졌는데, 이는 참가자들로 하여금 중국인과 그들의 삶에 대한 보다 깊이 있는 이해를 도왔을 뿐 아니라, 중국의 지리적 특성에 기인한 역사와 문화를 직접 그들이 살고 있는 중국에서 만나볼 수 있는 좋은 기회가 되었다. 엘더호스텔 프로그램은 헤베이(Hebei)와 샹동(Shangdong)에 있는 대학에서 3주 동안 실시되었다. 모든 프로그램은 중국의 구석구석을 둘러볼 수 있게 대도시와 중소도시, 농촌, 고대유적지 방문을 골고루 포함하고 있었다.

미대륙에서 엘더호스텔 프로그램은 콜로라도 마운튼 대학의 스프링우드계곡센터에서 '콜로라도의 화려한 역사: 산봉우리, 시, 포크식물'이라는 이름으로 실시되었다. 참가자들은 아스펜(Aspen), 레드스톤(Redstone), 마키(Markie), 글렌우드 스프링스(Glenwood Springs)의 역사를 미술품, 카우보이의 시, 사진, 견학을 통해 체험했다.

5 LRI

LRI(Learning in Retirement Institutes)는 구성원의 교육적 욕구를 충족시키는 데 헌신했던 노인학습자 조직이다. LRI는 일반적으로 기관주도적인 것과 회원주도적인 것으로 구분된다. 서부 지역 퇴직기관연합의 프랜시스 A. 메이어스(Francis A. Meyers)에 따르면, 기관주도적 모형은 전문교수자에 의해 전통적으로 고안되고 고등교육을 받은 교수진에 의해 가르쳐지는 것이다. 회원주도적 모형은 고등교육기관의 협력적 후원 하에 회원들이 고안, 개발하고 가르치는 방식이다. 회원들은 또한 감독이나 간부를 직접 선택함으로써 조직 구성과 운영에 있어서 적극적인 역할을 수행한다(Meyers, 1987).

LRI의 일반적인 특징은 다음과 같다. 첫째, LRI는 전형적으로 프로그램에 참여할 수 있는 지역거주 노인들의 교육욕구를 충족시키기 위해 고안된다. 둘째, 프로그램 내용은 다양하고도 광범위한 대학 수준의 자료로 구성된다. 셋째, LRI는 인가를 받은 고등교육기관과 협력하고 있는 기관 · 조직 · 대학이나 대학 수준에 필적하는 프로그램을 지원하는 기관조직들로부터 후원을 받는다. 넷째, LRI는 저렴한 수업료로 프로그램을 제공하는 비영리조직이다. 다섯째, 필요에 따라 장학금 혜택이 주어진다. 여섯째, 적극적이고 긍정적인 활동목표를 중요시한다. 일곱째, 회원들은 종종 자원교수자나 수업 리더가 된다. 여덟째, 시회적 · 문화적 · 신체적 경험이 수업내용으로 구성되어 있다. 아홉째, 참가자들은 프로그램의 기획, 평가, 지도, 운영에 참여할 수 있도록 권장된다(Fisher, 1992).

한편, 'Learning in Retirement Institutes'의 약어에 관한 몇 가지 혼동이 있다. 엘더호스텔의 하부조직인 '엘더호스텔 기관 네트워크(EIN)'에 의해 자격을 취득한 기구들도 'Institutes for Learning in Retirement(ILR)'라고 불리고 있다. LRI(Learning in Retirement Institutes)라는 약자는 단지 일반적인 분류일 뿐이고, 특정한 형식의 기구를 지칭하지는 않는다. 반면 ILR은 교육과 관리를 담당하는 회원제 기관이다. 뉴욕 시티의 사회조사를 위한 뉴스쿨(New School)은 1962년 최초로 만들어진 퇴직교수기관

(Institute for Retired Professionals: IRP)이었다. IRP는 종종 LRI 운동의 효시로 인용되곤 한다. 1993년 뉴스쿨의 IRP는 학교 행정당국과의 협의 끝에 모(母)기관에 가입을 의무화하게 된다.

1960, 70년대에 대학들은 IRP 모형을 개발하거나 채택하기 시작했다. 몇몇 전국회의가 LRI 이념에 입각하여 개최되었고, LRI의 회원수가 급격히 증가했다(Elderhostel Institute Network, 1991). 1989년 엘더호스텔은 LRI를 개발, 촉진시키기 위해 EIN을 설립했다(Goggin, 1991). 독립기관들의 이러한 자발적인 연합은 LRI의 개념을 새로운 기관에 있는 새로운 사람들에게 소개하는 촉매제로 작용했고, 기존 LRI의 효율성을 강화시키는 데 기여했다. 1994년 미국에 설립된 LRI는 200개 정도로 추정되었다. EIN에 소속된 기관 중 160개, 약 80%가 1989년 이후에 출범된 것들이다(Elderhostel Institute Network, 1991).

LRI의 핵심과정에는 인문학과 교양예술 수업이 포함되어 있다. 문학, 역사, 공공업무, 음악 · 미술평론 등이 참가자들에게 가장 인기 있는 과목으로 꼽혔다. 핵심수업에 컴퓨터과학, 외국어회화, 작문, 오락, 신체활동 등이 추가로 실시된다. 수업은 전통적인 교실에서 제한적으로 실시되지 않는다. 하루나 이틀 정도 박물관, 유적지를 방문하는 견학을 포함해 문화 이벤트 같은 것도 LRI의 주요한 수업내용 중 하나다(Lipman, 1992).

지난 몇 년 동안 EIN은 전국 탐방, 전국 여행 등의 과정을 개설했다. 이러한 프로그램들은 박물학을 연구하는 학자들이 천국이라고 여기는 로마의 수많은 유적지를 탐구하거나, 런던과 더블른에서의 건축, 벨기에나 네덜란드 같은 작은 나라의 입장에서 생각해 보는 유럽통합에 대한 연구 같은 수많은 다른 모험을 즐길 기회를 제공한다.

오늘날 미국과 캐나다에는 모범적으로 운영되는 LRI들이 많이 있다.

그 하나가 바로 애시빌(Ashevill) 노스캐롤라이나 대학의 건설적 퇴직 지원센터(North Carolina Center for Creative Retirement: NCCCR)에서 1988년 설립한 노인대학이다. 회원이 주도적으로 참여하여 운영되는 이 기관은 8주 과정으로 진행되는 것인데, 한 학기 수업료 80달러를 지불하는 55세 이상의 사람들에게 삶을 풍요롭게 살아갈 수 있는 여러 가지 기회를 제공한다(물론 장학금 혜택도 있다). 수업료를 지불한 회원들은 1~5개 과목의 수업에 참가할 수 있고, 주차장이나 대학 도서관 이용을 포함한 공간 이용을 허락받는다. 대부분의 수업은 다른 퇴직자들에 의해 자발적으로 진행된다. 800~1,000명에 이르는 학생들이 매년 참가하고 있다.

노인대학에서는 그 어떠한 교육적 조건이나 시험, 학점 등이 문제시되지 않는다. 프로그램은 학습을 즐겁고 자발적으로 하고자 하는 성인들의 욕구에 기초하여 진행되고, 또 비슷하게 동기부여된 직장인의 필요를 반영한 것이다. 참가자들은 수업에 참가하는 것 이상으로 관여한다. 직접 가르치는 것에서 정기간행물 작업, 등록업무에서 교과과정 구상 등 몸소 관여해야 할 일들이 많다. 교과과정은 음악, 문학, 역사, 체육, 복지, 미술, 종교, 환경문제, 심리학, 철학, 컴퓨터과학, 정치학, 외국어, 노인들이 관심을 가지는 이슈 등에 이르기까지 거의 모든 분야를 실질적으로 다루는 다양한 것들이다. 노인대학은 프로그램 내용의 구성과 관리에 참가자들이 직접 관여하게 함으로써 개방적인 분위기를 유지한다. 그들의 시간과 지식을 무료로 제공하는 구성원들 때문에 충분하고도 다양한 프로그램 내용의 제공이 가능해진다.

1994년까지 설립된 200개 이상의 LRI와 노인대학이 유사한 반면, NCCCR은 운영 면에서 비교적 독특하다. NCCCR은 지역봉사, 리더십, 세대 간 협력, 조사, 자원봉사, 복지문제, 퇴직계획 등의 프로그램을 수행한다.

세대 간 학습을 위한 노인 아카데미(Senior Academy for Intergenerational Learning: SAIL)는 퇴직자, 전문교수자, 대학생, 노스캐롤라이나 교수와 연합해 학습프로젝트 연구를 실시했다. SAIL 자원봉사자들은 그들의 시간과 전문지식을 학생들과 함께 공유한다. 예를 들면, 노인들은 대학 운동선수들과 직업경험에 대해, 퇴직과학자들은 대학 연구 프로젝트에서 파트너로 봉사한다. SAIL 프로그램은 퇴직자들이 지속적으로 그들의 지역사회와 학교에 기여할 수 있는 기회를 제공하고 있다(U.S. Senate Special Committee on Aging, 1991).

또 다른 NCCCR 프로그램인 LAS(Leadership Ashville Senior)는 노인학습자들에게 밀도 있는 학습기회를 제공하고 있다. 지역 정치지도자, 관청감독자, 사업자, 시민지도자들이 강연이나 문제해결 강좌를 통해 지역사회에서 이슈가 되는 문제에 관한 정보를 준다. LAS 참가자들은 그들의 지역사회에 좀 더 의미 있는 기여를 할 수 있도록 지도력 향상활동에 참여한다. 여기서도 노스캐롤라이나 서부의 교회나 지역센터 등의 여러 지역에서 교육받은 자원봉사자들이 인문학을 다루는 독서, 토론그룹을 운영한다. 국립인문학재단(National Endowment for the Humanities: NEH)와 남·북캐롤라이나 인문학의회 등과의 협력 하에 있는 이 센터는 급여를 받는 전문학자를 초빙하여 다양한 인문학 프로그램을 제공하고 있다. 최초 '캐롤라이나 스페셜-문학과 역사에 반영된 캐롤라이나 전역의 철도들'이라는 프로그램을 캐롤라니아, 테네시, 버지니아에 있는 공공도서관들이 공동으로 후원하고 있다. 이날은 하루 종일 노인들에게 건강검진이나 워크숍을 실시하는 지역병원의 후원 하에 연례행사가 진행된다. 또한 지역병원과 연계하여 Two mall-walking 프로그램이 실시된다. 이 센터의 퇴직계획 프로그램은 기업과 개인에게 퇴직 세미나를 실시한다. 연구기관에서는 지역으로 되돌아오는 퇴직자들의 경제적, 사회적 영향을 연구하면서 아울러 노인교육 프로그램에 관한 전국적 조사도 실시한다. 노인교육 프로그램에 관한 조사는 이러한 프로그램들이 성공할 수 있도록 다양하고도 비판적인 변수를 조사하고, 다른 프로그램에도 적용가능한 조직의 특징을 강조함으로써 기존 프로그램의 기획과정이나 노인과 대학생의 생각, 지역사회조직 행정가들의 의견을 반영한 미국의 노인교육 프로그램의 형태에 대한 종합적 입장을 표명한다. 이 센터는 혁신적인 교육 프로그램을 설계, 실행, 평가함으로써 노스캐롤라이나와 전국에 실험실 같은 역할을 수행한다. 그것은 연령통합사회의 발전을 촉진시키는 장기적인 사명이다. 미래의 연령통합사회에서 퇴직자들은 새롭고도 만족스러운 교육기회를 이용하면서 노인들의 독특한 재능과 경험, 능력을 삶의 질의 향상과 연결시키는 프로그램, 프로젝트, 진취적인 사업에 다른 세대들과 함께 참여할 것이다. 노인들은 부분적으로는 그들의 또래집단과, 대개는 젊은이와 미래에 대한 비전을 공유하는 사람들로서 자신들을 그들과 동일시하게 될 것이다(Manheimer, 1992).

1977년에 설립된 듀크 대학의 퇴직학습기관(Duke Institute for Learning in Retirement: DILR)은 50세 이상의 사람들을 위한 프로그램의 좋은 사례로 꼽힌다. 그것은 노인참가자를 대상으로 1년 동안 실시되는 동료학습 프로그램이다. 이 프로그램에 등록한 학생들에게는 도서관, 수영장, 어학실습실, 교수식당 등을 이용할 수 있는 혜택이 주어진다. 수업내용은 드라마에서 종교, 문학, 과학 등에 이르기까지 다양하다. 매 학기마다 대략 40개의 강좌가 개설된다. 이러한 수업들은 12주에 걸쳐 일주일에 한 번씩 50분 동안 진행된다. 수업내용은 교수와 학생의 관심을 반영하여 결정된다. 5개의 수업까지 등록할 수 있다. 수업에 참가하는 학생들은 몇몇 수업에서는 교수자로, 스터디그룹의 리더로 수업조교, 사무조교 등의 자원봉사활동을 한다(Fisher, 1991).

또 다른 사례로 새크라멘토의 캘리포니아 주립대학의 '르네상스 사회'를 들 수 있다. 1986년 설립된 이 프로그램은 수많은 삶의 풍요에 관한 주제를 다루는 연구토론 그룹을 만들어 과거의 연구를 조사하게 하고, 또 중재자를 참가시켜 비공식적인 토론을 진행한다. 회원의 집에서 정기적으로 만나는 작가그룹도 있는데, 현대사회의 노령화에 관해 토론하면서 견학을 통해 교실에서 일어나는 학습의 범위를 확장시키기도 한다. 회원들의 자발적인 참여로 진행되는 다양한 스터디 그룹들이 있다. 매 학기마다 시기적절한 주제로 연설을 하는 공공포럼이 무료로 개최된다. 포럼은 현재와 미래의 학생들에게 사회의 궁극적인 목적에 대해 생각해 볼 기회를 주면서 다음 학기의 교과과정과 참가절차 같은 것도 소개한다. 입학을 위해서는 특별한 교육배경이 요구되지 않을 뿐더러, 연간회비로 학내 주차를 포함한 1년간의 수업에 참여할 수 있다(The Renaissance Society, 1992).

각각의 LRI는 비슷한 특성을 지니고 있지만 참가자들의 활동은 매우 다양하게 진행되고 있다.

6 공립도서관

많은 노인들은 소득은 감소하지만 여가시간이 증가됨을 느끼기도 하고, 더 많은 정보 습득의 필요성을 실감하지만 동시에 건강이 쇠약해지고 있음을 깨닫는다. 그들이 사회적으로 고립될수록 다른 사람들과의 일상적인 의사소통 같은 전통적 생활방식의 기회를 접하기 어려워진다

(Hales, 1985). 공립도서관은 이러한 빈자리를 보충할 수 있는 지역 서비스다.

도서관은 노인들에게 정규적으로 서비스를 제공할 수 있다. 공립도서관은 유치원 어린이들에서부터 노인을 대상으로 지역사회 서비스 제공을 위해 설립되었다. 도서관의 설립 목적은 지역사회에 거주하는 모든 사람들의 비공식적이고 자발적인 교육을 가능하게 하는 것이다. 공식교육의 주제를 심화시키고, 전국민의 정보에 대한 욕구를 충족시키며, 기존교육을 후원하면서 문화활동이나 여가시간의 건설적인 이용을 촉진시키는 것이다(Hendrickson, 1973).

노인을 대상으로 하는 도서관 서비스는 이제 새로운 것이 아니다. 노인들에게 직접적으로 제공되었던 도서관 서비스는 1950년대 클리블랜드 공립도서관의 성인교육 부서와, 그 부서의 60세 이상 성인을 대상으로 실시된 도서관 클럽과 더불어 시작되었다. 클럽은 50개의 우편물 수취인 명부를 보유한 후 작은 스터디, 토론 그룹을 만들어 활동했는데, 1,600명의 회원까지 확장되었다. 클리블랜드 프로그램의 성공에 영향을 받아 유사한 프로그램들이 미국 전역에 실시되었다. 1956년 의회는 도서관들의 지역 서비스 운영에 대한 필요성을 인정한 도서관서비스법을 통과시켰다. 1961년의 노령화에 관한 백악관회의를 위한 예비조사는 도서관으로 하여금 노인 프로그램에 대한 관심을 갖게 하는 결정적 계기가 되었다. 1957년부터 1961년 사이에 미국 도서관연합(American Library Association: ALA)은 노인분과를 설립했고, 노인을 위한 도서관서비스위원회를 출범시켰다. 1957년 교육청은 노인을 대상으로 하는 도서관 서비스에 관한 조사를 실시할 수 있도록 위원회를 재정적으로 지원했다. 조사결과 많은 도서관들이 노인들에게 서비스를 제공하고 있는 것으로 나타났다. 예를 들면, 도서대여, 노인학습자료 출판, 칩거노인교육, 노인 서비스를 제공하는 외부기관과의 협력 등이 바로 그것이다(Turock, 1982).

1964년 의회는 도서관설립및서비스에관한법(Library Services and Construction Act: LSCA)을 개정했는데, 공식적으로 도서관서비스법이라 불리는 이 법은 도서관 설립을 재정적으로 후원할 것을 명시하고 있다. 이 법안은 도서관들이 신체장애인이나 노인들에게 더욱 편리한 서비스를 제공할 수 있도록 도서관 건물을 개조할 수 있게 해 주었다. LSCA의 1장은 또한 노인을 대상으로 하는 도서관 프로그램의 출범을 위한 재정적 기초가 되었다. LSCA는 노인들을 위해 대형활자본 출판물 간행을 후원하고 있었다. 1966년 30년의 역사를 지닌 Pratt-Smoot법이 기존의 교과서를 읽을 수 없었던 노인을 비롯하여 더 많은 노인들에게 적합한 대형활자본 서적을 제공할 수 있도록 개정되었다(Turock, 1981).

미국 노인법의 제3장은 도서관으로 하여금 적극적으로 집에만 머물러 있는 노인들에게 새로운 서비스를 제공하게 하는 기반이 되었다. 노인을 위한 도서관 서비스가 미국 전역에서 개발되고 실시되고 있었다 해도, 대부분의 도서관은 이러한 서비스를 제공하는 전문인력을 보유하지 못하고 있었다. 1965년 고등교육법 2장의 B항에서 전문인력 양성을 위한 특별교육 실시기관, 연구 프로그램을 규정하게 되었다.

1971년의 노령화에 관한 백악관회의 준비단계에서 미교육청과 클리블랜드 공립도서관은 '노인을 위한 도서관 서비스의 전국조사'를 실시했는데, 이 조사에서 노인인구수의 증가와는 달리 노인을 대상으로 하는 도서관 서비스는 증가하고 있지 않는 것으로 나타났다. 조사자들은 연방, 주, 지역도서관 계획이 노인을 위한 도서관 서비스의 개발을 포함시키지 않고 있다는 결론을 내렸다. 이 연구조사 결과 1973년에 통과되었던 LSCA의 제4장인 '노인 독서가 서비스'장이 개정되었다. 이 장에서는 연방 정부가 주 정부에 노인 독서가를 위한 프로그램 개발을 재정 지원한다는 것을 골자로 하고 있다. 그러나 실제로 후원한 적이 없는데, 이 프로그램의 실패를 초래한 몇 가지 주원인은 지역도서관이 그 법안의 결정을 적극적으로 수용하지 않았고, 자금지원을 얻기 위해 노력하지 않았기 때문이다(Turock, 1982).

수년 동안 공립도서관과 주립도서관이 노인들에게 제공한 서비스로 이동도서관, 케이블 텔레비전, 우편서적 등을 들 수 있다. 많은 이동도서관은 수압승강기를 이용해 도서관 이용자들이 도서관 안으로 들어갈 수 있도록 편리를 제공했다. 우편서적들은 노인들에게 무료로 제공되었는데, 대형활자본 서적을 포함하여 노인들이 미리 선택한 서적을 발송해 주었다. 지역사회의 현지 도서관 프로그램들은 토론, 영화, 비디오, 예술, 기술 등으로 구성되었는데, 여기에 노인들의 취미를 반영하는 전시회, 콘서트, 소비자문제 포럼, 건강관리, 생활복지 등도 포함되었다(Manheimer, 1984). 수많은 도서관 프로그램들은 퇴직센터와 시니어센터에서 실시되었고, 특정 프로그램을 받기 위해 직접 도서관으로 이동하는 경우도 있었다(Casey, 1984).

공립도서관에서 이용가능한 훌륭한 노인 프로그램 중 하나로 국립노인대책위원회(National Council on Ageing: NCOA)에서 실시했던 '인문학을 통한 발견'을 들 수 있다. 이 프로그램의 상세한 설명은 이 장의 제7절 인문학 프로그램에서 다루도록 하겠다. 도서관 사서와 자원봉사자들이 칩거노인, 양로원 거주노인, 기타 기관 거주노인들에게 읽을 자료를 가져다주거나 또는 직접 읽어 주기 위해 방문하기도 한다. 책에 대해 이야기하거나 비디오를 상영해 주는 일 또한 공립도서관의 몫이다. 이러한 자료들은 시각적으로나 청각적으로 노인들에게 매우 적합한 것들이다(AARP, 1991). 공립도서관들은 또한 노인들에게 교육기회에 관한 정보를 제공하거나 소개하는 기관이다. 노인들은 자신들이 원하는 교수자, 교육 프로그램이 실시되는 곳, 특정 기술을 배우는 곳, 프로그램을 교육받기 위해 갖추어야 할 조건에 관한 정보를 얻을 수 있다(Turock, 1982).

오늘날 노인들이 이용할 수 있는 다양한 도서관 프로그램들이 있다. 브루클린 공립도서관의 노인 프로그램(Senior Action in a Gay Environment: SAGE)은 국가로부터 인정받은 것 중 하나다(Hales-Marby, 1990).

SAGE 프로젝트의 노인 자원봉사 프로그램은 도서관에 등록된 노인 그룹, 영화, 강연, TV를 통한 교육 프로그램, 문화행사 참여 여행, 가정 방문 서비스 등에 노인들의 참여를 유도한다. 자원봉사자들은 기술, 미술, 음악, 사진 등에 관한 미니강좌를 실시할 노인들을 직접 모집하기도 한다. 그들은 또한 노인들이 어린이들과 접촉할 수 있는 세대 간 프로젝트를 구성한다(Turock, 1982).

뉴욕, 로체스터의 먼로카운티도서관시스템(MCLS)은 노인들을 위해, 노인들에 의해 실시되는 살아 있는 오락 프로그램이다. 이 프로그램을 실행하는 노인들 중에는 마술사, 피아니스트, 수집가 등도 있다. MCLS의 또 다른 서비스는 노인들 자신의 의견을 표현하고 주장할 수 있는 기술을 가르치는 것이다. 노인 옹호인단들은 다양한 자신들의 의견을 지역, 주, 연방 사무소에 전달한다. MCLS는 또한 노인을 위한 서비스, 양로원, 노인주택문제에 관한 안내책자를 출간한다. 노인 후원자들은 MCLS의 지원을 받아 회보 'Sunburst'를 발행한다(Turock, 1982).

노인의 인구수가 증가함에 따라 노인을 위한 도서관 서비스도 증가하고 있다. 1970년대와 1980년대에 노인들에게 도서관 및 정보 서비스를 제공할 수 있는 도서관 사서를 교육시켜야 한다는 주장이 제기되었다. 서비스 제공자들의 욕구를 충족시킴으로써 노인들의 욕구를 충족시킬 수 있다는 입장에 바탕을 둔 것이었다. 그러나 그러한 태도들이 최근 점차 수그러들고 있다.

1987년 ALA, RASD(Reference and Adult Services Division)의 노인을 위한 도서관서비스(LSAP)위원회는 RASD 이사회에서 채택된 도서관 서비스에 관한 가이드라인을 발표했다(ALS, 1987). 이 지침은 노인을 세대 간 프로그램의 인적 자원으로 활용할 수 있도록 마련된 퇴직 전 및 노년기 직업 교육에 관한 이상적인 서비스의 중요한 기준이 된다.

7 인문학과 예술 프로그램

인문학 프로그램은 역사, 문학, 철학의 연구 및 예술의 역사화 평론에 기초한 학습경험이다. 노령화에 관한 미상원특별위원회에서 작성한 보고서 '노령화 사회를 위한 계속교육'에서는 데이비드 슐디너(David Shuldiner)의 정의를 인용하여 인문학 프로그램을 인간의 경험을 탐구하고 해석하는 교육 프로그램으로 본다. 슐디너는 좋은 인문학 프로그램은 참가자들이 현장토론, 비판적 사고, 삶의 재고 등의 주제에 관한 모든 의견과 생각을 그 자리에서 교환할 수 있도록 고안된 것이라고 주장한다.

1976년 NEH의 보조금으로 인문학 프로그램 시니어센터를 설립한 NCOA는 그 분야에서 주요한 개발에 착수했다. 이 프로그램은 인문학을 통하여 자기발견 및 삶의 풍요를 제공하도록 설계된 것이었다(Lowy & O'Connor, 1986). 1984년 이 프로그램은 시니어센터뿐만 아니라 다른 기관까지 확대되었으며, '인문학을 통한 발견'으로 개명되었다. 또한 지역사회의 주도로 비공식 토론그룹들이 프로그램에 포함되었다.

NCOA는 문학, 역사, 철학, 예술에 관한 자료들을 노인 서비스를 실시하는 단체나 그룹에게 대여해 주었다. 대형활자본으로 만들어진 15권의 명시선집들은 참가자들이 작가와 예술가의 작품을 탐구할 수 있도록 구성된 토론그룹의 기초자료로 사용된다. 그들이 읽고 듣는 것을 자신의 경험과 연관시키고 다른 세대에게도 심오한 의미가 있는 주제들을 다루면서 지역사회 수준에서 노인들은 책을 읽거나 작품을 감상하고, 토의그룹 리더의 안내로 서로의 생각을 공유하면서 정기적으로 만난다. 오늘날 NCOA의 인문학 프로그램은 도서관과 지역대학, 퇴직공동체, 시니어센터, 양로원, 일일센터, 주택단지, 교회 등에서 무료로 실시된다. 저렴한 비용으로 NCOA는 프로그램 자료나 토의그룹 지도자, 공공자료, 테이프 등을 제공하고 있다(NCOA, 1991).

프로그램을 구성하기 위해서는 자원봉사자로 이루어진 토의그룹 지도자, 200명 정도의 사람들이 모일 장소, 8~12주의 수업, 참가자를 모집하기 위한 홍보 프로그램 등이 필요하다. 인문학 프로그램은 지역 이벤트에의 참여를 유도할 수 있는 문화적, 교육적, 사회적 활동에 대한 관심을 불러일으킨다(NCOA, 1991).

'인문학 프로그램을 통한 발견'이라는 프로그램은 다양한 주제에 기초하여 일상생활 및 예술, 역사 등의 프로그램으로 구성되어 있다.

노인들은 다양한 유형의 프로그램에 적극적인 관심을 보인다. '주립 인문학 의회연합'에 관여했던 에스더 맥킨토시(Esther Mackintosh)는 '노인을 위한 인문학 프로그래밍'이라는 자료집에서 수많은 주립 인문학 의회는 노인들을 인문학 프로그램에 참여시키기 위해 의도적으로 여론을 조성하고 노인을 모집하고 있다고 언급한 바 있다. 그녀는 노인들이 지적인 자극을 원하고 있으므로, 적극적인 참가자 또는 자원봉사자로 인문학 프로그램에 참여할 준비가 되어 있다고 주장한다. 노인들이 이러한 프로그램에 참여함으로써 얻게 되는 학습경험은 프로그램들의 질을 향상시키고 아울러 프로그램을 살아 있는 것으로 만들기에 충분하다. 다른 연령층들은 노인들이 들려줄 수 있는 이야기 역사를 말해 줄 수 없다. 집에 거주하거나 보호소 같은 기관에서 살아가는 노인들도 인문학 프로그램이 제공하는 지적이고 사회적인 혜택을 누릴 수 있어야 한다 (Mackintosh, 1988).

수십 년 동안 Hospital Audiences, Inc(HAI)는 뉴욕 시티에 있는 7백만 명의 사람들에게 예술 및 인문학 프로그램을 실시해 오고 있다. 사적영역뿐 아니라 시, 주, 연방 사무소들이 HAI를 후원한다. HAI는 기관지향적 프로그램, 지역사회지향적 프로그램, 옹호인단이라는 이 세 가지 요소로 구성되어 있다. 기관지향적 프로그램은 전문예술가들에 의해 생음악, 춤, 연극 등을 실시하는 'In-Faculty Program'이다. 이러한 프로그램들 중 하나로 노인작곡자 프로그램을 들 수 있는데, 이는 전문작곡가들이 노인들에게 작곡하는 방법을 직접 가르치는 것이다. 지역사회지향적인 'Access Program'은 수천 명의 노인과 매우 연로한 노인들에게 1년 내내 문화행사를 실시한다. 뉴욕 필하모닉과 메트로폴리탄 오페라 콘서트를 공원과 델라코르테 극장에서 개최하거나, 추수감사절 퍼레이드 같은 것을 상연한다. 유명한 예술가의 주간 공연 또한 방청석에서 볼 수 있다. 옹호인단의 역할이란 HAI가 뉴욕 예술기금과 예술경영의회 사이의 조정자로서 활동하는 것을 말한다. 이들이 하는 일은 예술관련 사업을 노인과 장애인에게까지 확대하는 것이다. 주변식당, 영화, 다른 여가장소를 안내하는 업무로 HAI 사무소에서 'Access NY'라는 이름으로 실시되고 있다(HAI, 1992).

또 다른 독특한 프로그램은 수천 명의 60세 이상의 노인들에게 100여 개 이상의 이용시설을 갖추고 인문학 프로그램을 실시하는 워싱턴 D.C.의 'Museum One'이다. 인상주의, 미국의 유산과 전통, 르네상스 예술가,

현대미술, 아프리카계 미국예술, 예술과 노령화, 미국 여성예술가, 라틴 아메리카 미술 같은 수업과정이 개설된다. 병원, 시니어센터, 퇴직단체에서는 특별히 정신, 청력, 시각장애를 지닌 노인을 대상으로 특별과정과 워크숍 등을 개최한다. 게다가 'Museum One'의 지역 부서에서는 '인문학을 통한 삶의 풍요: 노령화관련 실무자 교육'이라는 주제로 교육, 훈련자료를 발간하고 있다. 특별히 노인전문가를 양성하는 데 사용될 목적으로 고안된 이 자료는 예술을 통하여 노인고객과의 의사소통을 증진시키는 데 목적이 있다(HART, 1992).

리츠 러먼(Liz Lerman)의 세대 간 댄스극단인 '노인 댄서들(Dancers of the Third Age)'이라는 프로그램에서 채터누거(Chattanooga)의 노인 드라마 앙상블 '성숙하고도 준비된 연극배우들(Ripe and Ready Players)'이라는 프로그램에 이르기까지 예술지향적인 프로그램들이 많이 있다. 일반적으로 노인전용 극장은 아마추어 공연의 빠른 확장과 더불어 연례회의 개최에 이르기까지 호황을 맞고 있다. 어떤 예술 프로그램들은 창의적인 드라마 안에 치료목적까지 포함하는 것도 있다. 그 대표적인 예로 ESTA(Elders Share the Arts) 조직에 기반을 둔 'New York'이라는 프로그램은 생생한 역사와 연극을 조합하거나, 창의적이고도 치료적인 연극을 구상해 상연하고 있다. 음악을 사용하여 노인성 치매환자나 기억감퇴로 고통받는 노인을 치료하는 작품들도 상당수 존재한다.

8 OASIS[1)]

OASIS란 기업과 비영리조직이 55세 이상의 성인 및 노인들의 삶의 질 향상을 위해 출범한 합작 프로그램이다. OASIS 센터의 교육, 문화, 건강, 자원봉사 프로그램들은 노인들로 하여금 지역업무에 보다 활동적이고 독립적으로 참여할 수 있는 기회를 제공하고 있다(OASIS, 1991). 전국 OASIS 이사인 말린 맨(Marylen Mann)과 마기 월콧 메이(Margie Wolcott May)가 1982년 세인트루이스에 OASIS를 설립했다. 중요한 전국적 후원자인 May 백화점은 OASIS 측에 교육활동 장소 및 공간을 제공하고 있다. 노인청에서도 상당한 후원을 했다. 이 프로그램은 세인트루이스에서 시작되어 전국적으로 확산되고 있다. 전국 사무소에서 프로그램 구비조건과 종합관리 및 운영지침을 마련한다. 관리훈련, 새로운 프로그램과 자료, 지역 프로그램 감독에 대한 지속적인 후원이 제공되고 있다. 현재 LA, 포틀랜드 등을 포함하여 12만 9천 명의 회원들이 이 프로그램에 참여하고 있다. 각 센터는 상시용 또는 특별히 마련된 장소, 학생용 라운지, 회의실 등을 가지고 있다. 많은 도시에서 지역병원과 비영리 지역사무소 등이 May 회사소유의 백화점과 연합하여 OASIS를 후원하고 있다. 다양한 사회경제적, 문화적, 교육적 배경을 가진 사람들이 참여하도록 권유받는다. OASIS의 회원료는 무료일 뿐 아니라 프로그램 참여도 최소비용이거나 무료로 활용가능하다. 수업은 분기별로 기획되며, 대개 1~12주 프로그램으로 낮시간 동안 실시된다. 시각예술, 음악, 드라마, 창작, 시사문제, 역사, 과학, 운동, 건강 등에 관한 내용이 수업에서 다루어진다. 많은 수업들이 지역의 문화기관과 교육기관의 협력 하에 진행

1) Older Adult Services and Information System.

된다(OASIS, 1991).

자원봉사는 OASIS 프로그램의 중요한 구성요소다. 많은 참가자들은 노인 동료 리더십(Older Adult Peer Leadership: OAPL)에서 수업 진행방법이나 어린이를 돕는 세대 간 프로그램에 관한 교육을 받는다. 1990년 2,000명 이상의 노인 자원봉사자들이 OASIS 운영에 11만 시간을 할애했다.

세인트루이스의 OASIS 센터는 Famous-Barr 백화점에 위치하고 있을 뿐 아니라 다른 지역 지점도 가지고 있다. 프로그램들은 Famous-Barr 백화점과 그것의 모회사인 May사, 세인트루이스 유태인병원, 워싱턴 의과대학으로부터 지원받고 있다. 자원봉사자들은 오전 10시~오후 3시까지, 월요일부터 금요일까지 수업에 관한 여러 분야의 일을 도맡아 하고 있다. 모든 건강관련 수업은 무료이고, 대부분 다른 프로그램들도 최소비용으로 1달러만 지불하면 된다. 복지, 교양예술, 직업훈련 등 다양한 수업이 진행된다. OASIS와 OAPL은 OAPL Outreach 프로그램으로 세인트루이스 전역에 거주하는 노인들에게 제공된다. 관련 주제와 지도력에 관하여 교육받은 자원봉사자들은 이러한 내용의 수업을 도서관, 교회, 시니어센터 등에서 실시한다. 1990년 세인트루이스 OASIS 센터는 지역사회에 지대한 공헌을 했다고 간주되는 자원봉사자에게 수여하는 OASIS Award를 제정했다.

특별행사와 여행 프로그램 또한 세인트루이스 OASIS 센터에서 실시하는 프로그램 중 하나다. 세인트루이스 오페라 극장, 동물원, Evening at Queeny Pops 같은 곳에서는 OASIS 참가자들에게 무료 또는 저렴한 비용으로 지역 문화행사를 경험할 수 있는 기회를 주고 있다. 윈스턴 처칠 기념관, Ozarks, 맥도넬-더글라스 우주센터, Bell of St. Louis를 방문하는 여행 프로그램은 OASIS 회원들에게 모험과 새로운 학습경험을 제공하고 있다(OASIS, 1991).

OASIS 센터는 1년 내내 수업, 세미나, 특별행사를 제공하는 중심지가 되었다. OASIS는 55세 이상의 성인들이 그들의 지식을 확장하면서 독립적으로 살아가고, 또 생산적인 개인 주체들로 활동할 수 있도록 최선을 다하고 있다(OASIS, 1992).

9 셔토퀴

셔토퀴(Chautauqua) 기관은 뉴욕 남서부 Chautauqua 호숫가에 자리잡은 750에이커짜리 다목적 건축물에 위치해 있다. 설립된 지 한 세기도 넘은 이 기구는 미국 전역과 해외의 모든 연령층의 사람들에게 교육, 종교, 오락, 교양 프로그램들을 제공하고 있다(Chautauqua, 1992).

셔토퀴 기관과 '55플러스 주말'은 다양한 특징을 지닌 'Chatauqua Experience' 프로그램들 중에서 빠져서는 안 되는 중요한 프로그램이다. 이 프로그램은 주말마다 한 가지 주제를 토론이나 연구모임, 강의, 영화, 카세트테이프 또는 다른 적절한 매체를 통해 제공한다. 토요일 밤에는 대체로 교양 프로그램이 제공되며, 주말에는 정치이념, 대통령 후보의 선거운동, 선거구조 등에 대한 내용을 주제로 논의하기도 한다. 기구 내에서 주거와 식사가 가능하며, 모든 편의시설료는 프로그램 수업료와 함께 등록금에 포함되어 있다. 이 기구에서는 주말뿐만 아니라 주중에도 노인들에게 강의와 음악, 레크리에이션, 드라마 그리고 친목모임 등의 내용이 담긴 'Chatauqua Experience' 프로그램들을 제공한다.

10 셰퍼드센터

셰퍼드(Shepherd)센터는 종교연합이 노인들에게 서비스와 프로그램을 제공하는 비영리 지역사회기구다. 이 기구는 콜(Elbert C. Cole) 박사에 의해 1972년 미주리 주의 캔자스 시에서 처음으로 문을 열었다. 스물세 개의 교회와 유대교회당이 노인의, 노인에 의한, 노인을 위한 봉사서비스를 제공하기 위해 교리를 초월해 같이 노력했다. 1972년 최초의 센터는 단 6명의 자원자로 시작했다. 그러나 오늘날에는 25개 주의 87개 셰퍼드(Shepherd)센터에서 1만 5천 명의 자원자들이 17만 5천 명의 노인들을 위해 봉사하고 있다. 셰퍼드센터의 서비스와 프로그램들은 노인들이 창조적이고 생산적이며 의미 있고 상호의존적인 삶을 살도록 이끄는 데 초점을 맞추어 설계되었다. 이 기구는 또한 노인들에 의해 통제되고 운영된다(미 셰퍼드센터, 1991). 콜 박사는 셰퍼드센터가 특정 지역의 종교모임과 같은 성격을 지닌다고 보고했다. 각 종교단체들은 센터 내에서 같이 일함으로써 혼자서는 할 수 없었던 것을 이루어 낼 수 있을 것이다. 셰퍼드센터는 주변지역의 주민이나 특정한 지역의 주민을 대상으로 한다. 참가자들은 이 센터 내에서 자신의 행복을 자신이 만들어 가는 주인의식을 키워 간다. 또한 이 센터는 노인층과 관련된 전문지식과 관심을 지닌 대표들로 계속 충원되는 이사회에 의해 관리된다. 교회와 유대교회당의 자산은 사무실 공간 확보나 주요 프로그램 및 서비스 제공에 쓰인다. 서비스의 중복은 셰퍼드센터가 피하려고 하는 문제점 중의 하나다. 이 기구는 항상 신뢰를 심어 주면서 노인들을 섬기는 다른 기구들과의 협력을 장려한다. 모임, 참여, 친구들, 사업, 시민조직과 동호회, 연합된 방식, 공공기금 그리고 기부금이 셰퍼드센터의 근간이 되는 원천들이다. 셰퍼드센터의 바탕에 깔린 개념은 퇴직 후의 노인들에게 건강한 비전을 제공하는 새로운 사회적 모델로 자리 잡았다. 이 개념은 노인과 관련되는 어떤 민족집단, 경제집단 또는 문화집단에도 적용될 수 있는 개념이다.

셰퍼드센터에 의해 제공되는 수많은 프로그램 중의 하나가 '모험으로서의 학습(Adventures in Learning)' 프로그램이다. 이 프로그램은 노인들을 교수자인 동시에 학생으로 그리고 계획자인 동시에 참여자로 활용한다. 강좌는 매주, 격주 또는 매달 열린다. 교육 프로그램의 목적은 노인들이 그들의 지식과 재능 그리고 기술과 새로운 관심들을 다른 노인들과 나눌 수 있는 환경을 제공하는 데 있다. 프로그램의 결정은 자원자위원회에 의해 이루어지며, 이때 교과과정, 교수단, 마케팅 그리고 평가 등이 고려된다. 자원자위원회는 교육, 공공관계, 행정, 예술, 건강 그리고 목회의 경험을 가진 교수단과 학생들로 구성된다. 대부분의 교수자들은 그들의 시간과 지식 그리고 기술을 자진해서 제공하는 사람들이다. 이 교육 프로그램은 학생들에게 자신의 주제를 선택할 수 있는 선택권을 준다. 만약 학생이 자신의 요구에 부합하지 않는 강좌라는 판단이 들면 다른 강좌를 시도해 볼 수 있다. 많은 강좌들이 공간부족 때문에 사전등록을 필요로 한다(Maves & Bock, 1990).

학생들은 시험이나 성적, 학위에 대한 압박감 없는 공부의 즐거움을 누리기 위해 '모험으로서의 학습' 프로그램에 참여한다. 강좌들은 낮시간 동안 열리는 대학의 강의를 고려하고, 대학의 학기나 분기와도 기간을 맞춰 구성된다. 어떤 센터들은 8월과 학기와 학기 사이의 중간 기간에는 문을 닫는다. 그 오랜 방학기간 동안 어떤 센터들은 우정과 자극을 느낄 수 있는 활동들을 기대하는 사람들을 위해 단기강좌나 소풍, 여행, 전시회 등의 대체 프로그램들을 제공한다. 등록금은 한 분기에 많아야

15달러밖에 안 되는 저렴한 수준으로 유지된다. 모든 강좌들은 일주일에 하루 일정한 장소에서 열리는데, 대체로 교회나 유대교회당이 그 장소가 된다. 강좌들은 1시간 정도 제공되는데, 내용은 시사, 역사, 철학, 문학, 종교, 예술, 자수, 공예, 회화, 운동, 요가, 영양학, 건강정보 그리고 여행정보 등 다양하다.

점심 친교시간은 '모험으로서의 학습'의 중요한 부분 중의 하나다. 이때 학생들과 교수자들, 자원자들이 같이 식사를 하며 대화를 나눈다. 점심 토론회에서 프로그램 조정자는 공지사항을 말하거나, 교수자들과 인사를 나누며, 그동안 이룬 업적을 축하하거나, 프로그램에 새로 들어온 참가자를 소개하고 환영한다. 이 외에도 뮤지컬 쇼와 영화 상영, 지역사회 지도자의 연설이나 학생들이 관심 있어 하는 주제에 관한 외부 교수자의 강의가 프로그램을 더욱 완벽한 것으로 만든다. '모험으로서의 교육' 프로그램의 계획위원회는 교리를 초월해 유지되고 있다. 신교도와 가톨릭 그리고 유대교의 사람들이 위원회에서 같이 일한다(Maves & Bock, 1990).

11 직장교육

직장 내 교육 · 훈련 프로그램은 새로운 현상은 아니다. 지난 몇 년 동안 사부문과 공공부문에서 근로자를 위한 사전교육과 재직 중의 교육이 이루어져 왔다. 그러나 전통적으로 이러한 프로그램들은 젊은 근로자를 위해 마련되어 왔다. 왜냐하면 나이 많은 근로자는 65세 이전에 퇴직하도록 강요되었기 때문이다.

사회정책은 노인들에게 고용의 기회를 제공하기보다는 퇴직을 권유해 왔다. 그러나 지난 28년간 노인들을 노동시장에서 빨리 퇴직시키기보다는 계속 참여하게 하려는 정책적 경향이 없었던 것은 아니다. 사람들은 전통적인 퇴직연령을 넘어서까지 일하는 것이 노인들을 사회에 계속 기여하게 해 주기 때문에 자존감(self-worth)을 경험하게 해 준다고 믿기 시작했다. 이러한 경향은 연방법을 보면 분명하게 나타난다. 1967년의 노인차별고용에 관한 법은 나이를 이유로 고용하거나 해고하지 못하도록 규정하고 있다. 그 후 10년 뒤에는 특히 노인근로자에게 초점이 맞추어진, 보다 진보된 법이 만들어졌다. 1978년에는 노인근로자의 의무은퇴연령이 70세로 연장되었으며, 1986년에는 정년퇴직연령이 거의 모든 근로자들에게서 사라졌다(Rosenwaike, 1985).

오늘날 근로자들은 새로운 문제에 직면해 있다. 비영리 사설기관으로 250명의 최고경영자와 대학총장으로 구성된 초당파적인 조사·교육 기구인 경제발전위원회(CED)는 미국이 현재 젊은 노동력은 감소하고 노인인구는 증가하는 시기에 와 있다고 하였다. CED는 경영자들과 정책결정자들이 지식과 기술에 의해 주도되는 직업의 증가에 발맞추어 자질을 갖춘 근로자를 양성해야 한다고 주장했다(미상원노인특별위원회, 1991b). 부족한 노인인구 때문에 나이 든 근로자들을 노동인력으로 잡아두려고 고용인에 대한 인센티브가 주어질 것이다. 노동인구는 점차 젊어지고 있다(Moody, 1986). 이러한 추정을 가능하게 하는 주목할 만한 경향은 35세 이후에 자녀를 갖는 여성들이 증가했다는 점이다. 이제는 대학에 다니는 자녀를 둔 60세의 부모들을 더 많이 볼 수 있게 될 것이다. 이것은 자녀의 대학 등록금과 다른 지출을 충당하기 위해 남녀 근로자들이 더 오랫동안 노동인력으로 남아 있으려 할 것임을 의미한다(Long, 1990). 노화와 고용 관련법의 변화, 생활비의 증가, 젊은 노동인구의 감소 그리고 노인인구의 증가 등을 이유로 현재 몇 개의 단체들이 나이 든 근로자들을 재교육하려고 프로그램을 준비하고 있거나 이미 실행하고 있다. 맥도날드 사에는 맥마스터즈라는 교육 프로그램이 있는데, 55세 이상의 노인들에게 기술을 가르치고 직업을 알선해 준다. 매년 80~100명의 근로자들이 맥마스터즈 프로그램에 의해 교육을 받는다. 제너럴 일렉트릭 사는 사내 항공전자시스템부 내에서 특별한 기술재교육 프로그램을 실시하고 있다. 이 프로그램은 기술자들에게 새로운 기술을 따라잡을 수 있게 기술향상교육을 제공한다. 노인근로자의 교육에 애쓰는 것은 사부문만이 아니다. 뉴저지 주의 유니온 시의 지역정부에서는 노인들이 아이들을 돌볼 수 있도록 교육하는 프로그램을 개발했다. 이 프로그램은 아동관련 프로그램들에게 인가를 내 주는 기구인 전국아동교육연합(NAEYA)에 의해 승인을 받았다. 보스톤의 독창적인 프로그램인 'Operation ABLE (Ability Based on Long Experience)'는 기업과 정부, 사설재단의 연합노력에 의해 생겨났다. 이 프로그램은 노인들이 직업전선에서 경쟁력을 갖도록 컴퓨터 교육을 제공한다(미상원노인특별위원회, 1991b). 많은 노인근로자들이 여전히 70세 이전에 퇴직을 선택한다. 그리고 계속 근무하고자 하는 사람들을 훈련시켜야 할 책임은 회사에 있다. 그러나 이러한 책임은 종종 부적합하게 느껴진다. 계속 근무하고자 하는 노인근로자들을 보조하기 위해 AARP에서는 연구회를 개발하고 창조적인 프로그램들에 대한 소개와 참여기회에 관한 정보를 노인들에게 제공하는 『삶의 경험 활용(Using the Experience of a Lifetime)』이라는 소책자를 편찬했다(노령화에 관한 미상원특별위원회, 1991b).

12 노인학습자에 대한 지원

1990년대에는 노인교육활동을 지원하거나 감시하는 중앙기관이 없었다. 프로그램들은 행정가들의 선호에 의해 개발되거나 지역사회의 필요에 의해 설계되었다. 이러한 과정은 노인들의 급박한 필요에는 대응할 수 있었을지 모르지만, 다른 지역에도 그대로 적용될 수 있는 프로그램의 기본틀이나 모델을 제공하지는 못했다. 연방 정부는 공공부문과 사부문의 고용자들과 지역사회 기관장들에게 노인들이 현재의 사회적 역할을 계속 유지하거나 새로운 직업을 구할 수 있도록 보조교육을 제공하라고 장려했다(Peterson, 1987; Manheimer, 1987-1988).

오늘날에는 성인학습자들이 계속 학업을 할 수 있도록 보조해 주는 주요한 연방법들이 여럿 있다. 대부분의 연방보조는 주 기관을 통해 전달되는데, 그 주 기관에서 지역정부에 기금을 분배한다. 이용가능한 프로그램들을 간략히 요약해 보면 다음과 같다.

'미노인법(The Older Americans Act)'은 소비자교육, 평생교육, 건강교육, 퇴직준비교육, 재정계획 등의 분야에 관해 60세 이상의 노인들에게 교육과 훈련을 제공하도록 주 노인기구들에게 책임을 부여했다. 연방정책과 더불어 많은 주에서는 수업료 면제 정책을 실시해 왔다. 몇 가지 조사들이 노인들에게 수업료 면제 프로그램의 혜택을 누릴 수 있게 기여했다. 그 조사에 따르면, 요구되는 최소연령이 60~65세라고 한다. 많은 기관들이 노인들의 학점을 인정해 주기도 하며, 다른 곳들은 청강생으로만 출석할 수 있도록 한다. 그리고 다른 많은 곳에서는 자리가 빌 때에 한해 제한된 등록을 할 수 있도록 해 준다. 모어와 라고(Moyer & Lago)의 조사에 따르면, 비용은 노인들이 교육 프로그램에 참여하는 데 있어 장애물도 아닐 뿐더러 인센티브도 될 수 없다고 한다(Leptak, 1987). 29개 주에서는 수업료 면제 프로그램에 관한 법규의 기본지침을 설정했다. 또 다른 9개 주는 여유공간이 있을 경우에만 수업료를 면제하거나 감해 주는 주 정책을 가지고 있다. 앨라배마 주, 애리조나 주, 콜로라도 주, 콜롬비아 시, 아이오와 주, 메인 주, 미시시피 주, 미주리 주, 네브래스카 주, 펜실베이니아 주, 버몬트 주, (서)버지니아 주 그리고 와이오밍 주는 여전히 법령이나 주 정책 면에서 아무런 조치도 없다(노령화에 관한 미상원특별위원회, 1991b). 교육을 받고자 하는 노인들이 점점 증가하면, 교육청에서 적합한 노인교육구조를 계획할 때 그동안의 노인교육에 관한 연구들이 도움이 될 것이다.

많은 선도적인 성인교육자들과 노인학자들은 교육이 노인들의 문제나 그로 인한 지역사회의 문제 모두를 해결하는 데 중요한 역할을 한다고 믿는다. 어떤 조사자들은 교육이 노인들의 정신적 · 육체적 건강을 증진시켜 주고 자신을 존중할 수 있도록 하기 때문에 자신감과 독립심을 키워 줄 수 있다고 주장한다. 교육은 끊임없이 변화하는 세계에서 발생하는 실질적이고 심리적인 문제들에 노인들이 효과적으로 대처할 수 있게 해 준다. 다른 이들은 노후의 삶이야말로 정말로 깊이 반추할 수 있는 학습이 가능한 특별한 시기라고 주장하거나, 모든 세대에 이로움을 안겨다 줄 수 있는 실제적인 지혜를 형성할 수 있는 기간이라고 강조한다. 많은 노인들이 자신을 드러내고 싶어 하며 배우고 싶어 한다. 그리고 이것은 교육을 통해 제공될 수 있다(Swindell, 1991).

현재의 미국 노인들은 미국 역사상 가장 교육 수준이 높고 가장 부유한 세대다. 노인들은 새로운 방식으로 일과 여가와 교육 그리고 개인적인 성장을 혼합하고 있다. 전문가들에 따르면, 몇 년 뒤에는 노인들의 업적과 성취가 지금보다 더 엄청난 상태가 될 것이라고 한다(Thorson & Waskel, 1990).

제 12 장

일본의 노인교육[1]

1 일본의 고령화 실태

고령화 사회에 대한 논의는 최근 모든 영역에서 두드러지고 있다. 이미 2000년에 고령화 사회로 진입한 우리나라는 역사적으로 어느 국가보다 빠른 속도로 고령화의 비율이 진행되고 있다. 고령화 사회의 문제와 그로 인한 사회적 과제가 심각하게 대두되었고, 이것들은 이미 일본, 미국, 프랑스, 스웨덴 등 이른바 선진국 공통의 사회적 관심사였다. 특히 일본은 우리나라보다 먼저 고령화 사회를 경험하고, 고령사회에 진입한 여러 국가들 가운데 노인교육정책이 가장 발달된 국가로, 우리나라의 고령화 추세와 유사한 특성을 지니고 있다.

---

1) 기영화(2004). '일본의 노인평생교육과 노인직업교육에 관한 연구' **직업능력개발연구**, 7(1), pp. 63-84에서 발췌함.

UN(국제연합)의 정의에 의하면, 65세 이상 고령자가 전 인구의 7% 이하의 사회를 성숙인구사회, 동비율 7% 이상인 사회를 고령화 사회, 14% 이상의 사회를 고령사회라고 한다. 일본의 경우, 고령인구 비율이 2020년대 후반 이후 25%를 넘게 될 것이라고 예측하고 있다. 일본은 1979년에 고령자 인구비 7%로 고령화 사회였고, 1995년에는 고령자 인구비 14%대의 고령사회에 들어섰다. 앞으로 2010년대 후반까지 고령자 인구비는 14~21%에 도달하고, 2010년 이후에 고령자 인구비는 21%를 넘어 초고령화 사회의 시대에 접어들 전망이다. 최근 일본의 후생성 인구문제연구소의 추계에서는 21세기 중반에는 고령자 인구비는 약 30%에 돌입할 것이라 한다.

〈표 12-1〉 일본의 전고령 사회에서 초고령 사회로의 이행

UN의 정의	해당국가	65세 이상 인구비(연도)
전고령 사회 (7% 미만)	개발도상국	4.9%(1950) 5.3%(1955) 5.7%(1960) 6.3%(1965)
고령화 사회 (7~14% 미만)	미국, 캐나다, 오스트리아	7.1%(1970) 7.9%(1975) 9.1%(1980) 10.3%(1985) 12.0%(1990)
고령사회 (14~21% 미만)	스웨덴, 스위스, 영국, 일본, 이탈리아	14.2%(1995) 16.3%(2000)
초고령 사회 (21% 이상)	스웨덴, 스위스, 일본, 이탈리아, 영국, 네덜란드	25.5%(2020) 28.4%(2045)

주) 후생성 인구문제연구소(1994)의 추계를 참고로 재편성한 표임.

2 일본 노인교육의 발전

고령화 사회의 이행과 함께 고령자문제는 일본의 근대화 과정에서 제기된 사회체제에 기인하고 있다. 이로 인해 일본은 고령자문제를 개인적 문제라기보다는 사회적인 차원에서 접근하고 있다. 노인문제가 사회체제의 변화로 인해 생겨난 것으로, 사회적인 차원에서 해결책을 강구하려는 노력으로 교육적인 접근이 논의되었다(阿部 正浩, 2000). 제2차 세계 대전 후 산업구조의 변화와 함께 제2차, 제3차 산업이 차지하는 비율이 증대하고 국민의 대부분은 무산계층으로서 봉급생활자가 되었다. 이로 인해 한 개인의 인생주기는 취학-취업-정년-은퇴라는 고정적인 주기가 확립되고, 평균수명의 연장에 의해 고령자, 즉 은퇴 이후의 의존인구가 증가되었다. 이와 함께 대도시로의 인구이동과 핵가족화, 지역사회 과밀현상을 가져오고, 극단적인 지역사회를 만들었다. 도시지역에서 집단으로서 학교나 직장의 조직을 비대화시키는 것과 동시에, 농촌지역사회의 문화나 유기적 연대를 해체시켰다(國立教育會館社會教育研修所, 1997). 이런 이유로 일본 사회에서 고령자문제는 근대 산업사회 속에서 지역사회의 책임이 아닌, 국가행정의 복지문제로서 구조적으로 기능적인 시스템을 확립하게 했다. 국가가 고령화 문제를 복지 차원에서 접근하는 것에 한계를 느끼고, 노인들의 자립적인 해결책을 강구하고 독립적인 존재로 노년기의 생활을 유지할 수 있도록 교육적 처방을 실시하였고, 이것이 노인교육으로 실천되었다(松井政明 外 編, 1997).

오오하시 겐사쿠(大橋謙策)는 일본의 고령자교육의 현실에 대해 '일본은 1970년대 고령화 사회에 진입한 이래 간호가 필요한 고령자를 대상으로 한 복지 서비스 정비에 주력해 왔다. 그러나 1990년 사회복지관계법이 개정되어 건강한 고령자를 대상으로 한 정책으로 노인복지법 제13조는 노인복지의 증진을 위한 사업이라는 항목으로, 지방공공단체는 노인의 심신건강의 유지에 기여하기 위한 교양강좌, 레크리에이션, 그 외 폭넓게 노인이 자주적, 적극적으로 참가가능한 사업(노인건강유지사업)을 실시하도록 장려하였다고 밝혔다. 지방공공단체는 노인클럽, 그 외 노인복지 증진을 목적으로 하는 사업을 행하는 사람에 대해 적절한 지원을 하도록 노력해야 한다는 '건강유지사업'이라는 시책이 만들어짐으로써, 건강한 고령자에 대한 지원의 필요성이 인식되기 시작했다. 그때까지 건강한 고령자에 대한 정책은 사회복지행정과 평생교육행정의 정책 사이에 매몰되어 있었다(阿部 正浩, 2000).

일본의 고령자시책은 1963년의 노인복지법 이후 본격화되었다. 이에 반해 평생교육에 있어 고령자를 대상으로 한 고령자교육이 제도화된 것은 1960년대 중반부터라 할 수 있다. 문부성이 '고령자학급'을 개설, 운영할 것을 장려한 해가 1965년이기 때문이다. 문부성은 전국의 지방자치체에 고령자학급을 개설할 것을 권유하고 그 비용의 일부를 보조하였다(Tamara, 1996). 이 사업은 1970년까지 계속되었다. 여기에서 문부성이 고령자교육에 대해 어떤 시점을 가지고 있는지 살펴보면, 1972년 6월 사회교육심의회가 제출한 답신 '급격한 사회구조의 변화에 대처하는 사회교육에 대해'에서 고령자학습은 '고령자의 학습활동은 지금까지 고령자학급이나 그와 비슷한 종류의 모임, 노인클럽, 친목회 등에 의해 이루어져 왔다. 그러나 앞으로의 고령자교육은 고령자 자신이 노년기에 맞는 사회적 능력을 길러 가능한 한 자립된 생활을 계속하고, 세대 간의 단절의 폭을 좁혀 보람 있는 생을 누리는 것에 주안점을 두어 행해야 한다.'고 언급되어 있다.

문부성은 1973년 '고령자교실' 조성사업을 시작하였다. 고령자교실

조성사업은 학습내용으로 사회 변화를 이해하고, 젊은 세대에 대한 지식을 가지며, 건강을 유지하고, 취미 · 교양에 충실하며, 사회봉사활동 참가를 독려하고, 그 외 연령에 맞는 사회적 능력을 향상시킬 것을 목적으로 하고 있다. 또한 고령자교실은 참가자가 가지고 있는 인생경험과 전통문화 등을 효과적으로 전달할 수 있는 방법을 학습하는 것과, 세대 간 교류에 의한 학습을 적극적으로 실시할 것에 유의하여 추진되었다(Yamazaki, 1994).

이러한 문부성의 고령자교육에 대한 시점은 10년 뒤인 1981년에 발표된 중앙교육심의회 '생애교육에 대해'에서도 볼 수 있다. 이 답신에서 고령자학습은 '고령자도 수명 연장에 따른 자유시간의 증대 등에 의해 많은 문화적 요구를 가지고 있으며, 또한 다양한 생활과제에 직면하고 있어, 이에 대응한 학습활동을 위한 시설정비 등의 정착이 요구되고 있다.'라고 언급하고 있으며, 개인차를 고려해서 학습을 지원할 것, 고령자 개개인의 경험과 능력을 정확히 평가, 사회참가를 지원할 것 등을 지적함과 동시에 고령화 사회에 대비, 국민 한 사람 한 사람이 고령기에 대비할 것의 중요성 또한 지적하고 있다.

3 일본의 노인교육기관과 교육 프로그램

일본의 노인교육 실천은 대학부설 노인교육보다 정부 차원의 노인교육이 우세하다(Fisher, Blazey, & Lipman, 1992). 대학부설 노인교육센터로서 엘더호스텔을 설립하여 운영하고 있으나, 그것은 일본 내에서 일본의 고령자들을 대상으로 하기보다는 외국에서 일본에 관한 것을 학습하고자 하는 외국의 노인들을 대상으로 하는 프로그램적 특성이 강하다(NPO법인 엘더호스텔협회, 2003; Mills, 1993). 이런 점에서 이 절에서는 일본의 국내 노인들을 대상으로 고등교육 차원의 교육을 제공하는 노인교육센터들을 대상으로 하였다. 일본 노인교육은 문부성과 후생성 산하의 노인교육기관에서 실시되고 있다(大社充, 1998). 문부성 산하의 노인교육대학기관으로서 고령자대학, 후생성 산하의 노인대학기관으로 노인대학과 스터디 서클, 노인들의 직업훈련을 목적으로 하는 고연령자 기술전문학교를 분석한다.

1) 이나미노가쿠엔 고령자대학

일본의 노인교육은 랭그랑의 '생애교육'사상, 고령자 인구증가 등의 영향으로 1970년대 이후 고령자를 주체적 학습자로서 바라보는 시각이 정착되기 시작했다(大社充, 1998). 일본 최초의 고령자 교육기관은 1969년에 설립된 효고현에 있는 이나미노가쿠엔(いなみ野學園)이다. 이나미노가쿠엔은 4년제 대학과 2년제 대학원을 갖추고 있는 고령자대학이다. 설립 당시에는 효고현의 교육위원회 위탁사업으로 '이나미노가쿠엔 운영위원회'가 관할하고 있었으나, 1975년 교육위원회에서 민생국으로 관할이 이전, 1977년에 설립된 '효고현 고령자이키가이창조협회'(여기에서 말하는 이키가이란 삶을 살아가는 데 있는 얻는 만족, 보람을 뜻한다)라는 재단법인에서 운영을 담당하고 있다.

이나미노가쿠엔은 현재 4년제의 고령자대학 강좌와 2년제의 지역활동 지도자 양성강좌(대학원), 특별강좌를 실시하고 있다. 지역활동 지도자 양성강좌는 고령자가 사회구성원으로서 그 역할을 다할 수 있도록 건강, 복지, 사회교육 등의 전문성과 실천능력을 익혀 지역의 지도자로서 활동가능한 인재를 양성하기 위한 코스다. 교육코스는 건강(45명),

복지(40명), 지역활동(60명)의 전문강좌가 설치되어 있다. 교양강좌는 전원 공통과목으로 지역활동의 지도자로서 필요한 일반교양 습득을 목적으로 정치, 경제, 시사문제, 건강, 복지, 문화 · 예술, 사회교육, 인간학, 심리학, 노인문제 등을 다루고 있다. 전문강좌는 건강, 복지, 지역활동으로 세분되어 있고, 건강과정은 건강관리와 실천활동, 스포츠 · 레크리에이션 보급 및 건강활동 상담과 지도가 가능한 인재를 양성하는 데 목표를 두고 있다. 복지코스는 지역의 상호부조 시스템을 추진하고 지역의 자원봉사활동과 복지 · 간호활동을 추진할 인재를 육성하고자 하는 것이다. 지역활동 코스는 노인클럽 활동을 육성하고 지역 커뮤니티를 구축하며, 지역청소년을 지도할 인재를 육성하는 데 목적이 있다. 이를 위한 교육내용은 노인클럽활동의 이론과 실제, 지역 커뮤니티 구축의 이론과 실제, 청소년 육성, 고령자 생애학습에 관한 이론과 실제를 다룬다.

이에 반해 고령자대학 강좌는 고령자가 삶의 만족을 느낄 수 있는 생활을 보낼 수 있도록 종합적이고 체계적인 학습기회를 제공함과 동시에 고령자 대상의 생애학습모델 사업으로서 운영되고 있다(Tamara, 1996). 원예학과(100명), 건강복지학과(200명), 문화학과(100명), 도예학과(40명)의 정규코스와 회화, 차도, 사진, 테니스 등의 클럽활동이 있다. 고령자대학부의 강좌는 교양강좌와 세부강좌로 구성되어 있다. 교양강좌는 지역활동의 실천자로서 필요한 일반교양 습득을 위해 고령자의 생애학습, 고령자의 복지, 사회 참가, 현대사회의 움직임, 문화, 종교, 사상, 고령자 문제, 건강, 인간관계, 지역활동, 환경문제 등을 다루고 있다. 원예학과는 원예에 관한 지식기술을 습득하고, 지역사회의 발전에 기여하는 능력과 태도를 양성하기 위해 재배의 기초, 병충해 방제, 야채, 꽃, 과수재배, 분재 만드는 법, 정원 설계와 감상 등을 학습내용을 하고 있다. 건강복지학과는 건강과 복지에 관한 학습을 통해 일상생활에 대해 다시 생각해 보고, 지역사회 발전에 공헌하는 태도를 기르기 위한 목적으로 고령자의 건강관리, 고령자의 질환, 고령자의 스포츠 · 레크리에이션, 고령자의 의식주, 정신위생, 사회 참가, 인간관계 사회복지, 자원봉사활동, 간호 · 카운슬링 등을 학습한다. 문화학과는 문화에 관한 교양을 넓혀 취미와 생활에 충실함과 동시에 학습 성과를 지역사회 발전에 활용할 수 있도록 문학, 종교, 사상, 역사, 예술, 민족학, 지역문화, 일본 및 세계문화를 프로그램으로 구성한다. 도예학과는 직접 도자기를 만들어 보는 실습을 체험하고, 도예에 관한 학습과 교양을 넓혀 그 성과를 토대로 지역사회 발전에 기여할 수 있도록 도예의 역사와 감상, 도자기 굽는 법을 그 프로그램으로 한다.

마지막으로 특별강좌는 고령자를 대상으로 생애학습을 보급하기 위한 목적으로 컴퓨터 등의 강좌형태로 실시되고 있다. 이나미노가쿠엔의 활동은 노인대학과 대학원을 설치, 계속성 있는 고령자교육을 실시하고 있는 곳으로, 고령자복지와 고령자교육을 연계한 일본 노인교육의 성공적 사례라 할 수 있다(松井政明外 編, 1997).

2) 세타가야구 노인대학

노인대학은 고령자들의 생활의 기반이라 할 수 있는 지역사회 단위로 실시되고 있어, 고령자대학과는 다른 목표를 갖고 있다. 후생성 산하 지역자치체의 노인교육활동의 대표적인 예로 1977년에 설립된 세타가야구 노인대학(世田谷區老人大學)을 들 수 있다. 세타가야구에 사는 고령자의 수는 2003년 통계에 따르면 인구의 17%를 차지하고 대부분은 화이트칼라 출신으로, 다른 지역에 비해 학력이 높다는 특징을 가지고 있다. 그만큼 학습의욕이 높고 다양한 서클활동과 문화활동에 관심을 갖는 사람이 많다.

세타가야구 노인대학은 고령자가 지금까지 자신이 알지 못했던 또 다른 자신의 발견과 자기계발을 통해 각자 새로운 인생을 창조함과 동시에, 노인대학에서 배운 지식과 경험을 활용하여 지역사회에 주체적으로 참가하는 것을 목적으로 설립, 세타가야구 보건복지부 보건복지활동추진과 소관 하에 있으며, 노인복지법의 적용을 받는 시설이다(세타가야구 노인대학은 세타가야구 노인복지회관의 시설을 이용하고 있다. 노인복지회관은 노인대학 외에 노인휴게실, 회의실과 강의실, 체육실, 도서관, 원예강좌, 도예교실 등을 이용할 수 있다).

(1) 세타가야구 노인대학의 학습활동

'설립구상'에서는 노인대학의 활동을 크게 문화 · 학습센터, 상담 · 활동센터로 구분하고 있다(三浦文夫, 1996). 제1의 축으로서 문화 · 학습센터 활동은 지적 탐구, 정치의 주인공으로서의 정치적 교양, 취미, 오락을 포함한 문화활동, 생리적, 육체적 노화에 대비한 스포츠 활동, 지역활동의 담당자로서의 인격 형성, 사회인식을 넓히기 위한 이동교실 등을 포함한다.

이에 비해 제2의 축으로서 상담 · 활동센터는 고령자가 안고 있는 문제에 대응하는 상담사업센터와 고령자가 지역발전과 연대에 기여하는 시민활동센터를 포함한다. 상담사업센터는 고령자의 생활상담에 대응할 뿐 아니라, 상담사례를 학습소재 및 과제로 발전시키는 것을 목적으로 하고 있다. 시민활동센터는 고령자가 가지고 있는 능력을 재훈련, 도움을 필요로 하는 사람들에게 제공하는 것을 목적으로 하고 있다. 이러한 시민활동은 고령자가 경애의 대상만이 되는 것이 아니라 스스로 커뮤니티 만들기의 역군으로서 때로는 자원봉사자로서 새로운 지역창조의 추진자가 될 것을 지향하는 것이다(Pilley, 1990). 이러한 구상 하에 세타가야구 노인대학의 5개의 프로그램과 교육방법이 만들어졌다.

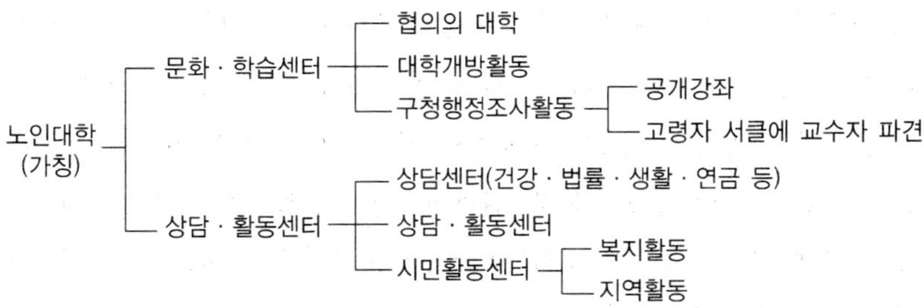

[그림 12-1] 일본 노인대학의 활동 예

(2) 세타가야구 노인대학의 프로그램

세타가야구 노인대학 프로그램은 사회 · 복지 · 생활 · 문화 A · 문화 B의 5개 코스 중 한 코스와 건강체육을 수강하도록 구성되어 있다(三浦文夫, 1996). 5개의 각 프로그램에는 전임교수자가 배속되어 2년 동안 한 교수자에 의해 강의가 이루어진다. 따라서 교수자에 의해 각 코스의 커리큘럼과 교재가 정해지며, 수업방식 또한 교수자가 일방적으로 지식을 전달하는 강의방식 이외에 세미나 형식을 중심으로 학습자 스스로가 자신의 생각을 토론하고 발표할 수 있는 학습방법을 채택하고 있다. 코스에 따라 필수인 건강체육코스가 오전이면 코스별 학습이 오후, 건강체육코스가 오후이면 코스별 학습을 오전으로 나누어서 실시하고 있다.

프로그램별 학습내용을 보면 사회코스는 고령화 사회, 지역사회, 가족, 사회변동에 관한 문제들이 주요 학습테마로서 노인대학을 대상으로 한 생활실태조사를 실시하는 경우도 있다. 복지코스는 고령화 사회의 복지문제를 학습테마로 노인홈, 장애자시설에서의 자원봉사활동, 급식서비스 활동 등 실천에도 직접 참여하는 특색을 가지고 있다. 생활코스는 활기찬 노후생활을 보내기 위해 자신들이 살았던 쇼와(1926년부터 1989년까지)의 역사를 배우고 현재를 인식, 앞으로의 자신의 삶의 방식을 찾는 것을 학습테마로 하고 있다. 문화코스는 전술한 세 코스와는 달리, 교양강좌 성격을 띠고 있으며, 교수자의 전문성을 살린 강의형식의 수업을 실시하고 있다. 그렇기 때문에 교수자에 따라 학습테마가 달라지지만 크게 향토사, 문화사 등의 역사를 배우는 학급과 고전문학을 배우는 학급으로 나눌 수 있다.

세타가야구 노인대학에는 이와 같은 정규코스 외에 문화강연회, 1년차 연수(이동연수)와 숙박연수가 있다. 문화강연회는 코스별 학습을 보충함과 동시에 학생 간의 교류를 촉진하기 위한 것이며, 이동연수와 숙박연수는 각각 1년차와 2년차의 학생을 대상으로 한 것으로, 프로그램 간 학생들의 교류를 겸해 실시되고 있다.

세타가야구 노인대학의 가장 큰 특성은 프로그램의 구성에 있다. 다른 노인대학과는 달리 건강체육을 필수로 지정, 학습활동과 병용하게 함으로써, 자칫 쇠약해지기 쉬운 노인들에게 일주일에 한 번씩 있는 건강체육코스를 통해 몸을 움직이도록 하고 있는 것은 이 대학만의 특징이다. 즉, 몸을 움직임으로서 해서 고령자 자신의 자립심을 고양시키고자 하는 것이 목적이다(Tamara, 1996). 두 번째로, 일반문화센터와는 달리 세미나와 강의형식을 병용해 사용하고 있다는 점이다. 수동적으로 지식을 받아들이는 것이 아니라 이른바 성인학습자로서 자기 자신을 표현할 수 있도록 세미나 방식을 채택하고 있는 것이다(三浦文夫, 1996). 그리고 한 교수자가 2년 동안 한 코스를 담당하도록 하고 있기 때문에 수강생들뿐만 아니라 교수자와도 결속감과 동료의식이 생기고 있다는 점이다. 즉, 학습을 통해 지식을 넓힘과 동시에 같은 세대의 동료, 친구들을 만들 수 있는 장을 제공해 주는 것, 이러한 만남을 통해 고령자 자신의 성장뿐 아니라 주체적으로 지역사회의 발전에 기여할 수 있는 네트워크의 형성으로까지 이어진다는 점이 세타가야구 노인대학의 강점이라 할 수 있다.

3) 자주연구회: 노인 스터디 서클

노인 스터디 서클은 노인대학이나 고령자대학에서 2년간의 정규코스가 끝난 뒤 희망자에 한해 이루어지고 있다. 그 예로 세타가야구 노인대학 졸업생들에 의해 운영되는 '자주연구회(自主研究會)'를 들 수 있다. '자주연구회'는 1979년 개설된 것으로 2년간의 노인대학과정을 마친 수료생이 자주적으로 만든 학습조직이다. 자주연구회는 코스별로 이루어지던 노인대학과는 달리, 합동으로 자주연구활동을 운영하도록 만들어져 있으며, 회원회비와 구와 교육위원회보조금(2년간)으로 운영된다. 세타가야구 노인대학에서도 우선적으로 강의실을 대여해 주는 방식으로 자주연구회를 지원하고 있다. 자주연구회는 노인들의 지역사회 리더십을 개발하고 노인들의 정치적 결집체로 만드는 역할을 하기도 한다 (Cusack & Thompson, 1999).

자주연구회는 연간 예정표를 갖고 있고, 매주 1회씩 월 4회 모임을 갖고 주제를 정해 연구하고 있다. 예컨대, 토요일 오전 10~12시 2시간으로 교수자를 초청하고 현장탐방 학습을 하고 있다. 다루는 학습내용은 '미디어와 사회-활자미디어의 역사와 사회' '현대사회와 빈곤문제' '중요한 식생활' '절 탐방' '일본의 예능' '세계의 예능' '영화의 역사와 사회' '고령자대상의 레크리에이션에 대해' '세타가야에서 즐겁게 생활하자' '가족간호의 시점에서 본 간호보험' '고령자가 지역에서 활기 있게 살아가기 위해서는' '가정에서 가능한 간호의 기본' '간호보험의 재평가' '지금이 가장 행복한 때' '현대의 고령자 사회복지' '다음 세대로 이어지는 생명' 등이 있다.

4) 고연령자 기술전문학교

노인대학이나 고령자대학이 노인들 대상의 일반교양에 초점을 둔 반면, 고연령자 기술전문학교는 이미 퇴직한 고령자들을 상대로 한 교육 프로그램을 실시하고 있다(Adult Training Program, 1999). 고연령자 기술전문학교의 프로그램은 2~6개월 과정으로, 시간대별로 비교적 다양하다. 수업료는 기본적으로 무료이고 교과서 등의 실비만을 학습자가 부담하도록 되어 있다. 입학을 원하는 사람들은 간단한 테스트—수학, 국어시험 및 면접 등—을 치러야 한다. 주간부 정원은 160명, 야간부 정원은 240명으로, 학습자의 평균연령은 56세다.

2개월 코스는 비지니스 리플래시(reflash)과로 45세 이상의 사무에 관한 지식과 경험은 풍부하지만 컴퓨터를 잘 다룰 수 없는 사람들을 상대로, 컴퓨터에 대한 지식과 기능을 익혀 재취업이 가능하도록 하는 것을 목적으로 하고 있다. 이 외에도 사회, 체육 등 32시간의 강좌가 있다. 또한 기술직을 중심으로 보일러 보수관리코스, 전기공사 기초코스, 전기공사 실기코스, 소방설비 보수관리코스, 위험물 취급코스, 냉동기계 보수관리코스를 실시하고 있다. 이 코스의 경우, 수료 후 일본상공회의소가 수여하는 워드프로세서 검정과 부기검정 3급, 컴퓨터 재무회계 주임자 2급 자격증이 취득가능하다. 취직가능한 업종으로 일반기업이나 각종 단체의 경리, 상품판매관리 부문 등이 있다.

3개월 코스인 빌딩설비 관리코스는 50세 이상의 고령자를 대상으로 빌딩 관리에 필요한 자격증 취득, 보일러나 소방설비, 냉동기계 등을 코스별로 나누어 자격증 취득에 필요한 지식과 기능을 배우도록 되어 있다. 교육내용은 안전위생, OA기기, 공중위생학, 접객지식, 호텔·레스

토랑개론, 법규, 안전위생작업, OA 기기 기본조작, 프런트 작업, 청소·객실정비 작업, 웨이터 작업, 영어회화이며 이외에 사회와 체육수업이 있다.

6개월 코스는 빌딩관리과, 하우스서비스과(주·야간), 호텔레스토랑과, 경영관리실무과, 비즈니스경리과, 부동산조사실무과(야간), 경리실무과(야간), 재무실무과(야간)로 프로그램을 개설하고 있다.

제 13 장

러시아의 노인교육[1)]

1 러시아 노인의 지위

러시아에서 제3연령기(third age)는 노인교육의 대상이 되는 집단을 지칭하고 있다. 노인은 퇴직자 혹은 연금자를 일컫는 것으로 남자의 경우는 60세 이상, 여자의 경우는 55세 이상을 일반적으로 의미한다(Vasilchikov, 1998; Djourinski, 2003에서 재인용). 이런 노인의 수는 3,850만 명으로 전체 인구의 20% 이상을 차지하고 있다. 바실치코브(Vasilchikov, 1998)의 연구에 의하면, 러시아 노인들은 매우 이질적인 집단으로 교육적, 경제적, 사회적 지위는 서로 상이하고 심리적인 안정감도 다르게 나타났다. 교

1) 기영화(2003). '사회주의체제 붕괴 이후 러시아 노인교육' 비교교육연구, 13(2), pp. 39-62에서 발췌함.

육적, 경제적 배경이 안정적인 노인들은 심리적인 안정감도 높았지만, 아직까지 노인인구의 30% 이상이 일을 하고 있으며, 더 많은 노인들이 직장을 원하고 있다.

러시아 노인들은 아직까지 사회주의 체제 하의 정치적, 사회적 신념을 갖고 있어, 젊은 세대와 노인세대 간의 차이는 점점 커지고 있다(Verchlovski, 1998). 특히 노인들의 지위와 경제적 보장은 소비에트 연방 체제 하에서보다 오히려 열악해 짐으로써, 구체제에 대한 노인들의 향수는 새로운 정부에 대한 반감을 불러일으키기도 한다. 노인은 전통적으로 사회적 하위집단으로 취급되면서 사회적 손실을 가져오는 집단으로 간주되었다. 노인에 대한 이런 접근으로 인해 노인들은 사회적, 심리적으로 고립되고 외로운 존재로 취급되었다. 최근 러시아에서 실행되는 사회개혁은 노인을 특수집단으로 인식하고, 그들의 요구와 필요를 고려하여 국가 차원의 정책으로 수립하고 노인들의 사회적, 문화적, 심리적 문제들을 해결하기 위한 각종 시도가 이루어지고 있다. 각종 노인교육기관이 1996년 이후 설립되고 있는 것도 그 예다.

그럼에도 불구하고 노인인구가 증가하면서 경제적 위기와 관련된 많은 문제가 드러나고 있다. 노인들은 시간적 여유는 늘어났지만 여가시간을 사회적, 경제적으로 지원할 수 있는 여건이 마련되지 않았다. 피터버그(Peterberg)에서 1998~1999년에 걸친 조사에서 약 80%의 응답자 노인들이 '정상적인 생활을 할 수 있는 권리(right for the normal life)'마저 없다고 응답했고, 약 88% 이상은 미래에 대해 비관적으로 보고 있었다(Djourinski, 2003에서 재인용). 러시아가 노령사회로 인해 겪는 여러 가지 문제들을 단적으로 보여 주는 것이다. 이런 상황은 노인들을 위한 교육이 특수한 연구 분야로 자리 잡게 하였다.

노인교육은 노인들의 삶의 경험과 심리적 상태를 연구하여 새로운 삶을 향유할 수 있도록 교육적 기회를 제공하고, 교육을 통해 노인문제를 처방하고 예방하려는 노력이다. 노인은 정체된 존재가 아니라 생산적인 존재로, 노인기에 새로운 지적 능력이 형성되기도 하고, 타인의 퍼스낼리티에 대해서도 개방적인 관심을 갖고 있다. 이런 관심은 자신의 경험과 삶을 재평가하게 하며, 인간관계를 깊이 있게 이해하도록 한다. 노인기의 특성은 자신의 생애와 타인의 삶을 비교하기 원하는데, 예를 들면 철학적 추성성과 사회환경을 분석하는 것이다. 노인들의 이런 특성으로 인해 성공과 실패에 대한 경험과 지혜, 심리적 성숙은 다른 세대에게 유용한 자료가 되며, 행동지침을 제공하므로, 노인교육은 노인만이 아닌 다른 세대들을 위한 교육이기도 하다.

러시아 노인연구자들은 노인기의 중심과제로서 과거 삶에 대한 만족스러움이나 불만족스런 감정의 관리를 제시하고, 과거에 대한 감정들은 노인들로 하여금 새로운 정보나 지식을 얻고자 하는 교육에 대한 자극요소가 된다는 점을 강조했다. 노인기에 무엇인가를 보상받으려는 기능이나 활동을 유지하려는 것은 바로 이런 자극에 의해 촉진되고, 러시아에서 많은 노인들은 자신의 경력에서 쌓은 잠재력을 충분히 사용하지 못한다고 믿고 있다. 1990년대에 시작된 연구에 따르면, 노인들의 23%는 과거보다는 미래를 더 중요시여기는 것으로 드러났다(Djourinski, 2003에서 재인용). 다른 연구들의 결과도 많은 노인들이 교육을 더 원했고, 그들의 전문적 경험을 후세에 전수시키기를 원했다. 러시아 연구자들은 노인교육을 하나의 학문으로 인정되어야 한다고 주장한다.

2 노인교육의 필요성

노인교육의 필요성은 몇몇 기관과 공식적인 문서에서 선언됨으로써 그 실효를 거둘 수 있었다. 러시아가 국민교육 체제를 최초로 확립한 것은 소비에트 사회주의 연방체제 하에서 1918년 10월 16일 공포된 노동학교령(The Degree on the Unified Labor School)에 의해서였고, 성인교육을 위한 교육행정제도의 개혁은 1984년 1월 교육개혁에 의해서였다(이규환, 1990). 이런 점들은 러시아에서 노인교육이 법적 근거를 갖기 어려웠던 점을 뒷받침하는 것으로, 현재 러시아에서 노인교육은 합법적인 근거를 갖고 있다. 프로젝트 '노인시민을 위한 교육'은 즈나니(znanije) 협회에 의해 1996년 채택되었고, '1997~1998을 위한 기성세대'라는 연방 프로그램은 1997년에 러시아 연방 정부에 의해 채택되었다. 러시아의 과학적이고 실제적인 회의 '노인을 위한 교육'의 제언은 1998년에 채택되었다. 연방 정부의 프로그램 '노년세대를 위한 2000~2004'는 1997년에 러시아 연방 정부에 의해 채택되었다(기영화, 2003). 이 프로그램에 따라 몇 개의 노인교육 프로젝트가 시작되었다.

공식적인 프로젝트는 노인인구의 지적이고 문화적인 요구의 실현, 대학교의 조직과 다른 교육기관 설립에 양질의 조건을 제공한다. 노인교육의 토대를 만들기 위한 기초작업으로 법률 개정을 제안함으로써 러시아 의회는 노인교육에 대한 관심을 명확히 하였다. 예를 들면, 1999년 4월의 동맹 의장은 회의에서 그의 메시지를 통해 '교육이 노년인구들이 사회적으로 중요한 세대의 위치를 유지할 수 있도록 도와준다.'라고 선언했다. 노년기 교육의 전망은 2003년 3월에 두마(Duma) 주에서 논의되었다.

3 러시아의 노인교육 체제

1) 노인교육의 주체

러시아 노인교육 체제는 러시아 연방지역의 관리와 민간단체가 주요 역할을 담당하고 있다. 주요역할은 러시아의 교육단체 즈나니(Znanije), 러시아 무역과 사회발달의 정부기관, 러시아 지역의 관리와 몇 개의 도시의 의회, 공립대학교와 독일의 민중대학(IIZ/DVV) 및 독일 성인교육단체와 국제협력조직 및 고등교육단체가 담당한다. 대표적으로 즈나니협회는 노인교육 체제 수립에 중심역할을 했다. 이 협회는 1947년에 새로운 지식과 정보를 민중들에게 제공할 목적으로 설립되어, 74지역에 지부와 시 지부의 네트워크를 가지고 있고, 사설단체로 비영리조직이며, 수백만 명의 회원들을 갖고 있다. 이 협회는 우리나라의 비영리 자원단체에 해당되는 것으로 처음에는 인민대학이 일반성인들을 위한 각종 여가교육을 비롯하여 인문, 예술교육 프로그램을 실시하도록 만들어진 것이다. 그러나 오늘날 즈나니는 노인교육을 포함한 성인교육에서 다양한 서비스를 제공하고 있고, 성인교육문제를 주로 다루는 저널 『Novije Znanija』을 출판하기도 한다(백종억, 2000). 이 협회는 정부의 보조금을 전혀 받지 않고 회원의 회비에 의해 운영되며, 주로 교육과 관련된 활동들을 무료로 전개하고 특별강좌의 개설, 전시회 개최와 정기간행물을 출간하고 있다. 즈나니는 노인교육 교사의 준비를 위하여 제공되었고, 노인교육을 위한 센터의 교사를 위한 세미나를 실시하고, 도서관의 기금을 마련하고, 인터넷 웹페이지에 노인교육에 관련된 정보를 교사에게 제공한다. 또한 노인교육의 문제를 해결하기 위한 정확한 조사가 계획되기도 하고, 노인을 위한 외국의 교육경험을 소개하기도 한다.

노인교육을 위한 기관은 1996년에 본격적으로 시작되었다. 안드라고지(Andragogy) 내에서 러시아의 노인교육문제를 이론적으로 조사하고, 그 연구결과는 노인교육기관에서 사용될 수 있도록 전문저널지 『Novije Znanje』(새로운 기술)를 통해 배포된다. 이 저널지에 발표된 논문과 현실적인 문제에 대한 각종 충고와 권고는 실제 노인교육기관의 활동에 활동지침을 제공한다.

2) 노인교육의 목표

러시아의 노인교육은 노인들의 긍정적인 변화를 목표로 한다. 많은 연구들이 노인들이 교육에 의해 긍정적인 개인의 변화를 가져오고, 또 그 변화가 교육에 의해 지속되며, 개인의 심리적, 신체적 능력이 줄어든다고 해서 그런 변화들이 감소되지 않음을 보여 주었다. 이런 연구들은 노인들의 교육과 관련해 몇 가지 원리를 발견하였다. 노인들에게 교육이란 외적 영향을 끼치는 아주 중요한 요소라는 점이다. 교육은 노인들의 생활활동을 보존하고 자기관리 능력을 유지하게 하며, 가족과 친구 그리고 자신의 정신적 가치에 대해 확신을 갖게 하며, 자신의 사회적 역할을 강화시키는 역할을 한다. 따라서 노년기의 교육과제는 퇴직 후 노인들의 고용 선택에 대비하기 위한 부가적인 교육을 실시하고, 노인세대와 다른 세대 간의 차이를 극복하며, 노인에게 기대되는 사회적 위치를 파악하게 하는 것이다.

구체적으로 러시아 노인교육은 첫째, 생애 개념의 재조명과 좀 더 젊은 세대와의 화합 고취, 평화주의자와 관용의 형태로서의 삶, 노인세대의 사회적 격리와 고독 극복, 노인세대의 사회적 이미지 변화를 지향하고, 노인연령의 사회적 불일치를 거부한다. 둘째, 자본주의와 민주주의 실물을 위한 적응, 연금의 법령에 대한 적응, 더 적은 수입과 새로운 스타일의 삶에 대해 적응하게 하는 것이다. 셋째, 활동적인 레저교육을 위해 여가시간의 활용을 위해 지식을 제공하고, 새로운 취미를 개발하고, 여가습관을 형성하여 활동적인 사회적 삶을 완성시키는 데 있다. 그리고 마지막으로, 노년기의 사회적 위치를 향상시키기 위해 개인의 부가적인 능력을 개발하고 그들의 연령에 대한 이해를 도와주는 것이다. 특별히 건강교육과 관련해 육체적 변화에 적응, 신체적 · 정신적 변화 대처에 대한 지원, 체중의 변화, 정기검진, 나이에 적합한 규칙적인 운동, 약의 고유한 처방법, 스트레스를 이기는 법, 잠재적인 삶을 보호 · 관리하게 한다.

이런 러시아 노인교육의 목표는 1993년 성인교육센터 설립에 관한 문서의 영향을 받았다(Zajda, 2001). 1993년 5월 교육부 차관보 아쉬몰로프(A. G. Asmolov)는 약 60% 정도의 성인교육센터의 시설의 취약성과 안전문제를 지적하고 성인교육센터를 재구축하도록 하는 정책을 폄으로써, 노인을 포함한 성인관련 교육들을 적극적으로 계속교육과 훈련을 제공하는 데 목표를 두게 되었다(Institute of Adult Education, 2003).

3) 노인들의 교육요구

1991년 소비에트 연방체제가 붕괴되고 경제체제가 전환됨으로써 러시아 노인교육과 성인교육에 대한 요구는 극적인 전환점을 맞게 되었다. 경제적 이윤 추구와 직업적 목적을 실현시키는 교육에 대한 요구가 급증한 것이다. 이로 인해 직업관련 재교육 프로그램과 실직자를 위한 구직교육에 초점을 두게 되었다(Zajda, 2001). 노인들의 교육적 요구에 대한 연구들 역시 노인들이 은퇴 후 직업관련 교육과 수입을 유지하기 위한 교육에 관심을 갖고 있음을 발견했다(Djourinski, 2003).

노인들의 교육요구는 성별에 따라 차이가 있었다. 남성 노인들은 첫째, 건강을 유지하고 향상시키기 위한 정보를 요구했고, 이어서 전문적인 활동에 관계되는 정보를 필요로 하였다. 경제와 정치적인 교육의 요구가 세 번째와 네 번째를 차지하고 있었다. 다섯 번째는 가족교육이다. 여섯 번째 요구는 비즈니스 관리에 대한 학습과 동료들과의 업무패턴 관계에 대한 것이다. 일곱 번째와 여덟 번째를 차지하고 있는 것은 레저교육, 컴퓨터 교육이다. 마지막 아홉 번째 요구는 종교적인 교육이다. 우리나라 노인들을 대상으로 한 연구(조해경, 2002)에서 종교적인 교육에 대한 요구가 높은 점과는 대조적이다. 여성 노인들은 남성들과 다른 교육적 요구를 가지고 있었으나, 건강교육에 대한 요구가 가장 높은 것은 남성들과 같았다. 두 번째는 예술교육, 세 번째는 가족교육, 네번째는 경제교육이었으며, 다섯 번째 요구는 레저교육이었다. 여섯 번째 요구는 종교교육, 일곱 번째 요구는 정치교육이었다. 여덟 번째와 아홉 번째는 전문적인 교육과 컴퓨터교육을 요구하였다.

교육적 요구에 대한 남녀 노인들의 요구를 비교할 때 가장 큰 차이는 종교적인 것과 예술교육이다. 남성들은 비즈니스 교육을 더 요구하였으며, 여성들은 가족교육을 더 요구하였다. 남성 노인들의 교육요구를 젊은 세대와 비교해 볼 때, 전문적인 교육인 컴퓨터교육과 가족교육, 외국어교육에 대해 젊은 세대보다 더 낮은 관심을 가지고 있었으나, 정치교육이나 건강교육에는 더 많은 관심을 보여 주고 있었다. 여성 노인들도 젊은 세대와 비교하면, 요구되는 교육 프로그램 간에도 차이가 있지만, 명확한 교육계획은 노인세대에 감소된다는 점이 발견되었다. 이 시기의 남성들은 여성들보다 교육계획을 더 구체적으로 갖고 있었고, 지식과 교육경험이 여성보다 더 많은 것으로 나타났다. 이것은 노인세대의 교육요구가 심리적으로 자기인식의 갈증에 의해 촉진되는 것임을 간접적으로 보여 주는 것이다.

프로그램별 관심에 관한 연구는(Djourinski, 2003) 60~70%의 노인들이 심리적, 정신적 측면의 교육에 흥미를 가지고 있었다. 심리적 측면의 교육에 관심을 갖는 것은 노후에 생을 돌아보고, 자신을 이해하기를 원했으며, 인간의 정신적 특성에 대한 이해하고, 자신의 행동과 감정에 대한 이해를 얻기 위한 것이다. 러시아 노인교육자들의 연구에 의하면, 노인들은 매일 8시간 정도의 자유시간을 가지고 있고, 대다수가 여가교육에 대한 요구를 가지고 있었다(오렐지역연구, 2003). 노인들은 여가교육을 통해 휴식을 하게 되고, 그로부터 정신적 안정감과 삶에 대한 의미를 부여받게 되는 효과가 있었다. 여가교육에의 참여는 학습활동을 위한 지적 발달과 부가적인 지식을 획득하기 위한 것이며, 요구와 취미가 창조적인 활동 안에서 조화를 이루고 명상과 묵상의 세계를 갖는 것이다.

4) 노인교육의 내용

러시아 노인교육의 내용은 성인교육의 기능을 살펴봄으로써 명확해진다. 러시아 성인교육은 문해교육과 지역사회 개발, 교육기회의 확장, 보상교육이라는 네 가지 역할에 초점을 두고 있고, 노인교육은 이런 기능을 실현하면서 노인들만의 요구를 반영한 것으로 조직되었다(Zajda, 2001). 노인교육은 노인기의 발달과업과 사회적 적응을 위해 필수적이고 원칙적인 삶의 문제에 초점을 두고, 사건과 사실에 대한 심도 깊은 분석능력, 특수한 것에 대해 토론할 수 있는 능력, 영속적인 아이디어에 기초한 능력을 증가시키는 것이다(Kreativnosti, 2001).

노인교육 프로그램의 내용을 보면 노인들을 위해 특수하게 개발되거나 혹은 정형화되지 않은 프로그램이다. 첫째, 법률 이슈로 상속, 기부, 유언, 소유권관계 법률 등에 관한 것, 둘째, 의학과 위생에 관한 지식으로 질병의 식별, 만성적 질환에 대한 적응, 셋째, 원조에 대한 준비, 자신의 질병에 대한 처리, 의사와의 상담과 협력, 넷째, 환경에 대한 것으로 환경오염의 진단, 음식과 물에 대한 청결, 쓰레기 처리에 관한 것, 다섯째, 심리적 측면의 지식을 강조하여 연금생활자의 심리적 묘사, 의외의 연령의 대한 심리적 준비와 의사소통에서의 심리적 문제, 젊은 세대와의 대화 속에서 심리적 문제를 다루고 있다. 또한 노년기 삶의 반추와 행복한 노년의 삶을 위한 철학적 지식에 관한 내용으로 삶과 죽음의 본질, 세계관, 우주, 신 등을 다루고 역사, 문학, 외국어, 정치, 건축, 여행 등 교양과목도 다루고 있다. 그리고 취미생활을 위한 실용적인 지식과 기술로 정원 가꾸기, 요리, 컴퓨터, 아이들과의 게임, 회고록 작성, 대중적인 수공예 등을 실시하기도 한다. 마지막으로, 다문화적인 지식 그리고 다문화적 환경과 올바른 시민의 지식으로 그들의 사회적 흥미와 다른 사회적 이슈들에 대한 해결에 참가하기 위한 것도 있다(Djorinski, 2003).

5) 노인교육의 방법

노인교육은 일반학교에서의 교육과는 다른 방법을 사용하고 있고, 교육기법을 개선하려는 다양한 방법을 개발하고 있다(Zajda, 2001). 러시아 노인교육 관계자들은 노인들을 위하여 다른 교육방법을 제안하고 있다. 그것은 노인들의 생활공간 혹은 일터에서 이들의 교육을 조직하여 실행할 수 있도록 한 것이다. 일반적으로 제안되는 노인교육 방법은 강연, 경험학습, 현장의 방문, 유람 등이다. 이런 방법은 교육적인 환경을 기초로 시각적인 교육효과와 함께 주로 그룹교육으로 실시되며, 교실수업보다는 활동적인 교육으로, 게임이나 신체의 움직임을 활용하는 것들을 포함한다(Institute of Adult Education, 2003).

시각적인 교육은, 예를 들어 그림 그리기는 노인교육에 특별히 도움을 준다. 그리기의 과정은 노인들에게 혼란, 불안 등을 극복하는 데 도움을 준다. 시각적인 요소는 더욱 효과적이며, 포스터를 비롯한 다양한 형태의 그림들이 그려진다.

노인교육의 도구로써 개인 혹은 집단학습 기술이 자주 사용된다. 그룹교육 기술은 몇 개의 단계로 이루어지고 있다. 효과적인 집단교육 방법은 그룹 나누기, 학생들의 얼굴 익히기, 학생들의 기대 파악, 새로운 정보의 전달과 획득된 정보의 해석, 요약과 분석의 연구활동 및 심리적 이완, 휴식의 과정을 거친다.

활동교육의 형식은 노인교육에서 가장 일반적으로 활용되고 있다. 활동교육은 노인들에게 정보를 전달함에 있어서 최소의 노력과 시간으로 최고의 효과를 기대할 수 있다. 교사들의 역할은 활동교육에서는 다르다. 교사와 학생들은 교육과정에서 동등한 참가자로 함께 하기 위해 서로 얼굴을 바라보며, 둥글게 모여 앉는다. 이는 서로 대등함을 느끼게 하여 학습자들이 단지 수동적인 지식의 '소비자'가 아니라 지식에 활동적으로 참여하도록 한다. 교사는 단지 지식의 해석자일 뿐만 아니라 학생들의 상호관계와 자기학습에 대한 관리자다. 이러한 교사들을 '조정자'라고 부른다. 조정자들은 특정한 누군가의 위치에 있지 않다. 그들은 모든 의견에 대하여 사고하며, 타협을 촉진하고, 개방된 의사 표현과 토론에 수동적인 학생들을 참여시키고, 공격성을 완화시켜 주며, 오랜 시간 동안 한 사람의 독주를 종결시켜 주는 등의 역할을 한다. 전통적인 강의는 활동교육 안에서 반박된다. 활동교육은 학생을 창조적으로 만들어 준다. 때때로 창의적인 줄거리가 활동수업에 사용되기도 한다. 이 방법은 학생들에게 교육의 성취 효과를 높여 주며, 자신에 대하여 말할 수 있게 해 준다. 활동교육은 집단노인교육에서 자주 이용된다. 게임과 운동은 노년기의 교육에서 특별한 위치를 차지한다. 노인들의 마음의 평정과 신체적 우울증을 극복하고, 신체의 협력과 건강을 유지하는 데 도움을 준다.

매스미디어와 정보통신 기술은 러시아 노인교육을 위한 중요한 자원이다. 2000년 조사에 의하면, 인구 천 명당 신문은 101개 복사되고, TV는 369대 보급되었으며, 라디오 청취는 329, 개인용 컴퓨터는 32, 인터넷 접속은 0.9에 이른다(Djourinski, 2003). 현재 개인용 컴퓨터와 인터넷 보급은 미비하지만, 급속도로 확산될 것으로 전망되어 노인교육의 중요한 자원이 될 것이다. 매스미디어, 현대 정보와 기술(Information and Communication Technology: ICT)은 노인들에게 스스로 학습의 기회와 정형적인 교육, 노인들이 사회적 역할을 정의하기 위해 필요한 정보를 얻도록 도와준다. 그러나 노인들의 ICT 교육은 뒤처져 있다. 러시아에서는 정보와 자기교육의 유형으로서 인터넷은 다른 선진국들에 비해 매우 요금이 저렴하다. 문제는 노년기의 컴퓨터교육에 있다. 노인을 위한 교육적 특성이 고려된, 실제적 컴퓨터 수업에 이용가능한 프로그램은 만들어지지 않았기 때문이다.

6) 노인교육의 재정

1992년 러시아 정부는 매우 열악한 상황이었지만, 기본적으로 노인교육은 무료로 제공된다. 그로 인해 노인교육을 위한 재정 확보는 어려움을 겪고 있고, 대부분 노인교육 재정은 정부보다는 사조직에 의해 충당되고 있는 실정이다. 그러나 1993년 정부는 법으로 연령이나 성 혹은 인종 등에 의해 교육에 차별을 받지 않도록 하는 규정을 둠으로써 노인교육을 방관할 수는 없는 상황이 되었다. 노인교육 재정은 몇 가지 방법으로 지원되고 있다. 먼저 사조직 즈나니(znanije)로부터의 자금 조달과 교육과 출판활동에서 지불되는 수입, 둘째, 몇몇 러시아 지역과 시 예산,

셋째, 사회발전기금과 무역기금의 정부예산, 넷째, 국제기금(유럽위원회/TACIS)으로부터의 자금 조달. 다섯째, 독일연방 국립대학기구(IIZ/DVV)의 국제협력 학회로부터 자금 조달을 한다. 다양한 조직으로부터 재정을 충당하여 노인을 위한 교육 설립에서 연구에까지 지원하고 있다. 일부 대학의 경우, 예컨대 옴스크(Omsk)과 스타브로폴(Stavropol)의 노인을 위한 대학교는 특별히 교육 서비스에 대하여 비용을 지불하도록 하고 있기도 하다.

7) 노인교육 교사 훈련

노인교육 교사들은 특별한 양성과정이 없다. 러시아 대학들은 노인교육 교사들을 위한 특별한 교과 과정을 가지고 있지 않지만, 노인교육을 위한 다양한 자문과 조언을 실시하고 있다. 예를 들면, 오렐 노인대학은 노인세대의 교육을 위한 지원자 컨설턴트 교육을 수행한다.

노인교육 교사들은 지방정부, 연방 정부 그리고 국제적인 세미나와 회의를 통하여 양성된다. 즈나니와 무역기구의 사회보장 부문, 독일 국립대학기구연합(IIZ/DVV)들은 이러한 세미나와 회의의 주요한 창시자다. 그러한 세미나와 회의에 참석한 교사나 전문가들은 러시아의 다른 연방이나 다른 나라의 특별한 노인교육에 보내지게 된다. 우선적 과제와 노인교육의 커리큘럼은 이러한 세미나들과 회의에서 논의된다. 이러한 세미나와 회의에 참석하여 그들의 실제적인 경험을 다른 나라의 노인교육이나 성인교육학자, 현장실무자들과 교환하고 있다. 1998~2002년에 모스크바, 첼랴빈스크, 오렐, 야로슬라블에서 세미나와 회의가 개최되었고, 많은 의견들이 교환되었다. 독일, 벨기에, 슬로베니아, 네덜란드 등 다른 나라들과 러시아 교사와 전문가들은 경험을 교환했다. 일부 세미나는 마스터-학급(Chelyabinsk, 2001)의 형태로 조직되었다. 이 기회에 교사들을 위한 이론적인 세미나는 노인교육을 위한 교육 설립으로 결합되었다. 러시아의 교육자들도 세미나에 참여하는 것을 통해 해외에서 실시되는 노인교육에 대해 경험하게 된다. 예를 들면, 노인교육을 위한 교사의 수업은 성인교육의 주(Adult Educational Week)를 정하여 성인들과 노인들의 교사로서 필요한 능력과 기술을 특강을 익히게 된다(Vladivostok-Petersburg, 2001). 노인교육을 위한 교과과정을 개선하는 방법에서 논의된 방안은 노인교육에 참가하는 세대의 필요성과 관심에 적합하게 만들어진다.

여러 세미나와 교육경험의 교류를 통해 러시아 노인교육 담당자들에게 권유되는 교사의 기능은 삶의 경험에 근거를 두고 있는 문답과 학생들에 관한 지식의 형태로 수업을 구성하고, 사려 깊고, 학생들에게 관대할 것과, 교사의 의견과 일치하지 않는 학생들의 의견에 대한 존중과, 자신의 불만을 제한하는 것이다. 또한 활동적인 유형의 교육을 자주 활용하도록 하고, 학생들의 사회적, 교육적 차이에 대해 배려하며, 수업을 편안하게 기다릴 수 있도록 학습촉진자의 역할을 한다.

4 러시아의 노인교육기관

러시아 노인교육기관은 노인대학, 리바이벌-클럽, 정보화교육센터, 개방국립대학, 사회보호센터, 노인국 등 다양한 기관에 의해 운영되고 있다.

1) 노인대학

러시아 노인대학의 개념은 1996년 11월 러시아 중앙기구 즈나니(znanije)에 의해 채택되었다. 즈나니는 노인교육에 대한 요구를 새로운 법과 관련되어 기본적 인권, 건강을 유지하기 위하여 질병을 예방하는 실제적인 기술과 지식의 필요성, 실물시장경제의 적응, 아이들과 손자들의 교육, 집안일, 정원 가꾸기 등의 일상적인 차원에서 필요성을 제기했다. 이는 1993년 지역사회 교육센터들의 교육목적을 일상생활과 결합된 교육, 일상생활의 질 제고를 위한 교육과 사회적 재건으로 제시한 것과 일치하고 있다(Zajda, 2001). 노인대학은 노인의 커뮤니케이션 이슈의 요구를 분석하고, 그들의 흥미와 함께 하기 위하여 필요하다고 강조하고, 각 주와 정당이 노인교육에 참가해야 한다고 하였다.

노인대학의 교육과정은 법률교육(러시아 연방 정부조직, 연금수령자와 노인인구에 대한 법률 제정), 역사교육, 의학교육(응급처치, 가족구성원의 도움, 대중적인 의약품, 약이 필요하지 않은 응급처지 등에서의 가이드라인), 정치교육(정치학의 기본적인 기초, 현대사회와 정치적 상황의 해석, 국제적 관계 등), 노인교육을 위한 교사의 교수와 수준을 기르는 것이다(Djourinski, 2003).

이러한 노인교육 과정은 노인대학의 창조적 정의와 재정을 규정한다. 대학은 즈나니의 부차적인 조직이다. 즈나니의 활동은 직접 혹은 간접적으로 인민대학(People's University)과 연결되어 있다. 인민대학은 고등교육기관으로서 성인들을 대상으로 입학조건을 따지지 않고 학습할 수 있는 곳이다. 인민대학의 교육과정은 1년에서부터 2~3년, 4년 과정이 설치되어 있고, 영국의 개방대학과 매우 유사한 형식으로 운영되고 있다(Peterson, 1982). 노인대학의 이사회와 사무총장은 즈나니와 연계 하에 모스크바에 있어야 하고, 인민대학 참여자의 22% 이상이 정년퇴직자인 점 등은 즈나니와 인민대학, 노인대학의 관련성을 보이는 것이기도 하다. 지역대학들과 그들의 이사는 이사회의 하위에 위치한다. 대학은 법, 건강, 역사, 국내와 부가적인 정책 등을 창출해 낼 능력을 가질지도 모른다.

노인대학의 중요한 과제는 노인 학생들을 위해 무엇을 도울 것인가를 준비하는 것이다. 즈나니 중앙협회는 대학에, 특히 노인들이 가까이 참여할 수 있는 인민대학에 자금을 지원하고 있다. 즈나니의 기금은 조직 자체의 교육 서비스 비용을 제공하며, 각종 활동을 조직하여 배포하며, 예산을 집행하고, 외국과 국제적인 교류활동을 하고, 러시아 기업과 개인들에게서 자금 지원을 받는다. 지역에 있는 대학교와 인민대학은 즈나니협회의 지역 부서에서 노인교육과 성인교육 프로그램 실행을 위한 재정적 지원을 받을 수 있다. 즈나니는 노인교육 프로그램의 평가도 실시하고 있으며, 프로그램의 효과성은 즈나니 협회의 지역 부서에 의해 정해지기도 한다.

노인대학 학생들의 숫자는 120~1,500명 사이로 다양한 규모지만, 참여자의 수는 점차 증가하고 있는 추세다. 마그니토고르스크 노인대학 학생 수는 1991년에 대략 120명이었고, 오렐 노인대학의 1998년 학생들 수는 200명에서 1999년에는 300명으로 증가하였다. 첼랴빈스키 노인대학의 학생들 수는 2002년 대략 1,500명이었다. 스타브로폴 노인대학의 2001년 학생들 수는 170명이었다. 학생들의 나이는 대략적으로 41~84세이며, 대표적인 집단연령은 64~67세다. 여성은 남성의 4~7배로 구성되며, 참여 노인의 대다수는 평균 이상의 높은 교육을 받았다. 75~87%의 참여 노인들이 평균 이상의 학력으로 과학과 문학 등의 학문적 교육 프로그램에 관심을 갖고 있었고, 이들의 대부분이 여전히 사회적 활동을 하고 있고, 다양한 사회단체의 리더였다. 이런 점들은 북미대륙이나 유럽의 노인교육 참여자들이 상대적으로 고학력이면서 사회적인 지위를 점하고 있는 것과 동일한 현상이다.

노인대학 교사는 경험전문가들로 구성되어 있다. 교육자, 심리학자, 의사, 경제학자, 농업학자 그리고 사회 서비스 관련 전공자들로 이루어져 있고, 고등교육기관들의 전문가들이 잠재적인 노인대학의 교사로 참여하기를 사회적으로 격려하고 있다. 또한 대학과 대학원 재학생들이 노인대학의 교사로 활용되는 경우도 있다. 예를 들면, 오렐 노인대학의 일부 학생들은 환자를 간호하고 체육과 영양학에 관해 지도한다.

노인대학에서의 교육 동기는 질문에 응답한 학생의 15%가 '집에서 무엇을 해야 할지 몰라서'라고 답하였다. 10%의 응답자들은 자신에 대하여 외로운 사람이라고 생각했다. 40～50.5%의 응답자들은 대학을 대화 상대를 찾는 곳이라고 생각했다. 그러나 많은 응답자들은 어떠한 동기도 갖고 있지 않았다. 학생들의 대부분은 정신적으로 동요하지 않으며, 고독, 우울 혹은 부족한 대화에서 오는 신드롬을 앓고 있지 않았다. 대부분의 응답자들은 교육에 대한 명확한 입장을 가지고 있었다. 그들은 장수를 위한 생활습관과 병을 예방하는 방법, 타인에게 방해가 되지 않으면서 자신의 권리를 보호하는 기술, 스트레스를 줄이는 방법을 알고자 하였다. 그들은 젊은 세대들과 주에 도움이 되기를 원했다. 응답자들의 우선적인 동기는 새로운 정보를 획득하고 계속교육을 받기를 원한다는 것이다(100%). 그들은 새로운 정보와 기술을 도구로 하여 현대사회에 적응하는 것과, 사회적으로 참여하는 삶을 원한다. 응답자의 33.3%는 새로운 정보와 지식을 대중매체, 친구와의 접촉, 가족구성원, 자신에 대한 교육으로 가능하다고 응답하였다(Djourinski, 2003 재인용).

노인대학에서 학생들이 선택하는 교육은 의학이 73%(여성 68.2%, 남성 71.1%)로 가장 선호되었고, 심리학 32.4%(여성 13.6%, 남성 37.1%), 법

24.3%(여성 63.6%, 남성 14.4%), 역사 18.9%(여성 54.5%, 남성 10.1%)였다. 2003년 현재 러시아에는 약 30개의 노인대학이 있고 Ivanvo, Krasnoyarsk, Kursk, Kostroma, Kurgan, Omsk, Peterburg, Riazan, Tver, Chelybinsk, Jaroslavl 등에 소재해 있다(Djourinski, 2003).

2) 재건클럽

Kurgan에서의 White Acacia 재건클럽은 1997년 지역의 문화센터 산하로 설립되었다. 재건클럽의 교육 프로그램은 무용교습, 클래식 공연, 연금법 강의와 패션 전람회, 레트로 무용축제로 구성되어 있다. 교양교육 외에 노인들이 새로운 제2의 전문직을 가질 수 있도록 하기 위해 자격증 취득 교육으로 모자재단사, 미용사 등의 프로그램을 제공하고 있다.

재건클럽은 1999년 이후 노인대학의 설립에도 큰 영향을 미쳤으며, 중장년층의 교육과 일상생활에 활력소를 제공하고, 이들에게 제2의 삶을 제공하기 위한 목적으로 설립되었다. 따라서 재건클럽은 다음과 같은 활동을 추구한다. 첫째, 심리학적인 지원(심리학자의 협의회), 둘째, 의학적 지원(내과의사의 협의회, 건강클럽에서의 연구와 활용), 셋째, 법률 지원(법률정보, 사회적인 공공서비스 공무원과의 만남), 넷째, 러시아와 Snakt-Peterburg의 역사공부(강의, 극단 방문, 전람회, 극장, 박물관, 등)와 여행을 지원한다. 일반적으로 여름에 여행을 기획하며, 1998년 여름에 32개의 여행을 계획하였다. 클럽의 멤버들과 같이 가이드 역할을 하고, 원예(강의, 식물에서 원예에서 실제직업과 자연에서)와 출판업의 활동(주간 저널 Vestnik Veterana의 출판업)(Veteran's Bulletin)을 하기도 한다. 이 클럽의 주간지는 중장년층의 생활양식을 준비하고, 다양한 주제와 관련해 노인들과 상담하고, 노인들과 관련된 법률 제정에 관해서도 상담한다.

3) 개방공립대학

개방공립대학은 노인학생들을 위한 특별한 교육을 실시한다. 그 예로, 야로슬라블 개방공립대학은 1997~1998년 운영되었다. 이 대학은 프로젝트 1997~1998의 노인들의 적응과제를 수행하기 위해 새로운 사회적 환경 변화에 의한 교육요구를 받아들였다. 대학에서 노인을 위한 소단위의 수업이 시작되고, 이 수업에는 심리학자와 상담을 제공하는 의사, 심리학적 훈련 지도과정, 자기조절의 기초지도를 하였다. 실시 프로그램은 노년기의 감정 조절, 억압된 행동 스트레스, 노인세대와 그들의 손자간의 대화의 특성 등 일반적인 프로그램과 심리학, 의학, 정치, 원예, 종교 강의들이 포함되었다. 교사들은 고등교육기관의 교수, 유명한 예술인과 문화인 그리고 성직자로 구성되었다. 1999년에 노인들을 위한 클래스를 기초로 하여 야로슬라블 개방공립대학을 기반으로 노인대학이 설립되었다.

개방공립대학의 노인교육은 심리적인, 지방역사와 문화, 러시안 민속예술, 의학 세미나의 교육과정을 개설하고 노인들의 일상생활에 도움을 줄 수 있는 세미나를 개설하였다. 세미나는 기초적인 영양건강학, 자기치료법, 의학, 경험 있는 내과의사의 강의, 실용적인 셀프마사지 등 노인들이 자신의 건강을 위한 치료의 목적과 함께 도구들을 직접 사용할 수 있게 하는 방법을 사용한다. 참여자들은 문서로 된 교육설명서를 보면서 불면증을 극복하는 방법과 셀프마사지 방법을 배운다. 또한 법률 세미나의 교과과정은 시민과 소비자의 권리를 포함하여 사회적인 보증금논쟁, 부동산 소유논쟁, 연금의 법률에 관한 것을 다룬다. 러시아 민속예술 세미나의 교과과정은 민속예술, 농촌에서의 삶의 모습, 가족의 장으로서 전업주부, 민속인형, 러시아 민속전설 연구, 민속생활, 민속교육학 등 러시아 고유의 특징을 교육한다(기영화, 2003).

4) 사회보호센터

RF 무역부 사회보호센터에 의해 1997년에 4개의 사회보호센터에서 노인교육이 실행되었다. 키로프(Kirov) 지역은 1997~1998년에 4개 사회보호센터가 노인교육을 담당하였고, 약 160개의 강의로 개설되었으며, 원예와 정원 가꾸기가 성공적인 프로그램이었다. 그 외에 연금 법률에 대한 상담과 컴퓨터교육이 실시되었다. 모스크바의 사회보호센터는 2002~2003년 모스크바의 사회보호센터 아래 주간보호 부서가 창설되었고, 체류기간은 한 달이며, 노인들에게 무료급식을 제공하고 있고, 취미클럽에서 활동을 즐길 수 있다. 2001년 케메로보(Kemerovo)의 사회보호센터 산하에 두 개의 그룹(클럽)이 노인들을 공동으로 원조하고 있고 노인들의 참여는 서류신청만으로도 가능하다. 이 사회보호센터의 주된 활동은 자기부조교육(self help education)이다. 다른 예로 Revival 클럽은 구성원들 간에 지식과 정보, 경험과 취미 등을 교환하는 활동에 초점을 두고, 모임은 한 달에 한 번씩 이루어진다. Yoblochko 클럽 멤버들은 원예와 정원 가꾸기에 대한 자신들의 경험을 교환한다. 케메로보의 주간 사회보호센터에서는 노인들을 위한 학교도 운영한다. 이러한 학교들은 신체의 노화과정에 대한 정보, 질병 예방, 자기부조 그리고 다양한 도움을 제공한다.

5) 극장, 도서관, 박물관

노인들의 문화적 교양수준을 높이고 특정한 기능을 연마시키기 위한 비형식적 교육활동으로 극장과 도서관, 박물관 등이 활용되고 있다. 특히 러시아의 극장은 네트워크를 형성하고 노인들의 문화적 이해와 교육을 실시하고 있다. 도서관과 박물관 역시 노인교육을 위해 사용된다. 55,000개의 도서관과 460개의 극장, 1,547개의 박물관이 노인교육에 자원으로 활용되고 있고, 참가는 무료다. 또한 문화의 집(Houses of Culture)과 문화의 궁전(Palaces of Culture)은 퇴직한 노인들에게 광범위한 교육 프로그램을 제공하고 있다.

노인들의 교육 참여를 독려하기 위해 일부 도시에서는 이벤트를 실시하기도 한다. 이러한 노인 대상의 행사들은 극장이나 도서관 등과 연계하여 문화활동을 촉진하기 위한 목적으로 실시되고, 그 예로 일부 도시는 '노인의 날' 행사를 벌이고 있기도 하다. 예를 들면, 이러한 페스티벌은 2001년 첼랴빈스크에서 조직되었다. 페스티벌 동안 모든 노인들은 박물관, 극장 등을 방문할 수 있고 무료로 진행된다.

5 러시아 노인교육의 변화와 전망

러시아 노인교육은 소비에트 연방 사회주의 체제 붕괴 이후 몇 가지 변화를 보이고 있다. 교육제도의 기본골격은 소비에트 연방체제의 것을 답습하면서 1992년 러시아 의회에서 승인된 교육법이 근간을 이루고 있다. 1992년 러시아 교육법은 교육의 인간주의적 특성과 보편적 인간가치의 우선, 연방의 문화 및 교육 분야의 단일화, 모든 시민에게 교육받을 권리 보장, 각 주 교육기관의 무상교육 실시, 자유롭고 다원화된 교육, 민주적인 교육행정과 교육기관의 자율적 운영이라는 기본원칙을 천명하고 있다(백종억, 2000). 노인복지의 초점이 노인들의 학습욕구 충족에 있고, 노인교육의 목표가 변화되었고, 이를 실행하기 위한 재정적 투자가 증가하였다.

첫째, 사회주의 체제 붕괴 이후 노인교육은 러시아 노인들의 복지 증진을 위해 순기능을 하였다. 사회보장제도를 통한 노인세대들에 대한 경제적 보상이 열악해짐으로써 사회적 지위가 약화되었고, 이로 인해 노인들의 지위를 강화시키기 위한 교육의 필요성은 강화되었다. 소비에트 연방의 사회주의 체제 하에서 노인들은 연금제도를 통해 노후생활이 보장되었으나, 새로운 국가 러시아 체제에서의 노후생활은 국가적 책임에서 개인들의 책임으로 전환됨으로써 노인들은 사회주의에 대한 향수를 갖게 되고, 이로 인해 정부에 대한 반감마저 갖기도 하였다. 이로 인해 러시아 정부는 노인들이 스스로 생계문제를 해결할 수 있는 능력을 갖출 수 있게 하는 교육훈련에 관심을 갖게 되었다. 러시아의 노인교육학자들은 노인교육과 수명의 연장은 직접적인 상관관계가 있는 것으로 파악하였다. 노인교육이 라이프스타일, 소비문화, 질병에 대한 태도를 바꾸기 때문에 교육은 수명의 연장을 가능하게 한다는 것이다. 노인들은 교육을 통해 새로운 시스템과 가치를 습득하고, 그들의 현재 삶에 적용시켜 젊은 세대와 조화를 이루고, 변화에 순응하며 받아들이게 된다. 그리하여 교육은 노년기에 사회적으로 뒤처지는 것을 막아 주는 순기능을 하게 된다.

둘째, 러시아 정부는 노인교육이 그들의 사회적 문제를 해결하고 복지를 증진시키는 수단임을 인식하고 있다. 러시아 정부는 '2002~2004 노인세대(The Older Generation 2002~2004)'를 승인하였고 노인들의 복지와 교육을 위한 재정은 러시아 정부 초기보다 증진되었다. 노인복지 차원에서 노인교육 프로그램에 초점을 두고 노동복지부(Russian Labour and Social Development) 장관 알렉산더 포키노(Alexander Pochinok)는 78억 루블을 노인교육 프로그램에 투자하기로 승인했다(Vladivostok-Petersburg,

2001). 노인교육 프로그램 실행을 위한 예산은 130만 명의 노인연금 수령자들에 대한 지속적인 사회보장과 함께(이전까지 100만 명을 포함하던 것에서 확장), 노인복지 관련자들의 임금인상과 교통수단에 대한 지원 등을 포함하고 있다. 그러나 무엇보다도 중요한 것은 노인들이 교육에 대한 강한 욕구를 갖고 있고, 연금수령 노인들을 위한 노인교육센터를 제공함으로써 그들의 시간을 효율적으로 활용할 수 있게 한 것이었다. 노인들의 연금대상자는 3천 20만 명이며, 이 가운데 500만 명은 최저생계 이하의 수준의 생활을 하고 있어 이들을 위한 국가적 차원의 지원이 시급한 실정이다.

셋째, 러시아 노인교육의 목표는 사회적이고 집단적인 차원의 목적을 강조하고 있었으나, 노인 개인적인 차원으로 목표가 전환되었다. 우리나라를 비롯한 미국, 영국, 일본, 호주 등에서 노인교육은 노인의 개인적 발전이나 즐거운 노후생활에 초점을 두는 반면, 러시아는 사회적 변화에 대한 적응에 목적을 두고 있다. 소비에트 연방 체제가 붕괴되기 이전 노인교육은 노동과 학습의 연결에 초점을 두고 있었다. 그러나 공산주의 체제의 붕괴로 인해 노인들의 노후생활이 더 이상 정부에 의해 보장될 수 없는 상황에서 러시아 노인교육의 목표는 변할 수밖에 없었다. 노인교육의 목표는 퇴직 후의 생활을 개인적인 차원에서 스스로 대비하도록 하는 것이다. 그래서 노인교육은 퇴직 후의 고용선택에 대비하고, 세대차를 극복하고, 노인들로 하여금 자신들의 사회적 위치를 파악하게 하는 것으로 전환되었다.

넷째, 러시아에서 노인교육은 가족생활과 지역사회생활 등에 순기능적인 역할을 하고 있다. 1997~2001년 몇 개의 노인대학은 교육이 삶의 활동, 심리학적 안정성, 건강과 노인들의 긍정적인 감정을 지지해 주는 것을 증명했다. 오렐 노인대학의 학생은 노인교육에 참여함으로써 활동적인 생활에서 소외되었던 노후를 인생의 황금기로 즐길 수 있었다고 하며, 첼랴빈스크 노인대학의 학생은 노인대학에 출석함으로써 수명을 연장하게 되었고, 대학에서 인생의 새로운 희망을 찾았다고 하였다. 특히 노인대학 참여자들은 노인대학에서의 교육이 삶에 대한 새로운 자극이었음을 말하고 있다. 노인대학 학생들은 교육에 참여함으로써 가족 간 혹은 세대 간의 분쟁이 12~60% 줄었다고 하였다. 특히 의학과 생리학관련 연구들은 노인대학 학생들이 교육에 참여함으로써 얻는 긍정적인 효과로서 건강증진(71%), 혈압의 안정(30~47%), 수면과 식욕증진(6,2%), 고민의 감소(12,3%) 등을 밝혀냈다. 노인대학 참여자들은 노인교육 시스템이 참여노인들의 교육요구를 기본적으로 만족시키고 있다고 응답했다.

이상에서 논의된 것처럼 러시아 노인교육은 여러 면에서 긍정적인 효과를 얻고 있는 반면, 미래 러시아 노인교육의 지위 증진을 위해 몇 가지 문제를 지적할 수 있겠다. 러시아 노인교육은 정부주도로 이루어져 개인들의 차이를 다양하게 반영하기 어렵고, 노인교육을 통한 사회적 지위 향상은 참여노인들에게만 영향을 미칠 수 있어, 노인교육에서 소외되어 있는 노인들에 관한 문제는 미완의 과제로 남아 있다. 러시아 노인교육에서 발견할 수 있는 문제점은 다음과 같다.

첫째, 노인교육을 설립하고 실시할 수 있는 네트워크가 충분히 발달되지 않았다. 노인교육기관은 노인대학과 즈나니의 지부를 중심으로 구성되어 있으나, 이들 기관을 상호 연결시키고 가지고 있는 자원들을 공유할 수 있게 하는 조정기관이 부재하다. 소비에트 연방 정부 하에 모든 교육은 중앙정부가 독점적 권한을 행사하던 것을, 러시아 정부체제에서 지방정부로 권한을 이양함으로써 과거의 과도한 중앙집권화, 획일화, 표준화의 특성에서 벗어나 다양화를 추구하고 있다. 그러나 이런 기관들을 상호 연계하는 시스템이 구축되지 못함으로써 자원이 효율적으로 활용되지 못하고 있다.

둘째, 노인교육이 정부주도로 행해짐으로써 사기관의 노인교육에의 관여 가능성은 줄어들고 있다. 특히 정부의 재정상태가 열악한 점을 감안하면 노인문제를 해결하기 위한 수단으로서 민간조직의 노인교육에 대한 관심과 투자가 장기적으로 절실히 요구된다. 그러나 민간조직으로 노인교육에 참여하고 있는 기관은 소수에 불과해, 민간단체의 노인교육에의 관심을 증가시킬 수 있는 정책이 요구된다.

셋째, 노인교육을 위한 법적인 제도와 정책이 결여되어 있다. 노인교육을 위한 법이 아직 정비되지 않아, 노인교육 프로그램은 다른 나라와 비교해 사회적 차원에서의 요구를 실현하고자 하는 프로그램을 주로 개설하고 있다. 개인적 차원에서 노인교육이 효과적으로 활용될 수 있도록 노인들의 개인적 특성을 반영한 다양한 프로그램이 개발되지 못했고, 이런 프로그램을 개발할 수 있는 재정적 혹은 제도적 지원조차 미흡한 상황이다.

넷째, 노인교육 교사들의 양성을 위한 효과적이고 조직적인 교사훈련 체제가 부재하다. 러시아에서 노인교육 교사들의 양성은 주로 외국 혹은 국제조직에 의해 행해지고 있어, 러시아의 특성을 반영한 독자적인 노인교육 교사 양성이 이루어지지 않고 있다. 노인교육 교사 교육이 독일 등에 의한 워크숍 형태의 단기간 교육에 의해 양성됨으로써, 전문적이고 체계적인 지식을 갖춘 교사들을 양성하기가 어렵다.

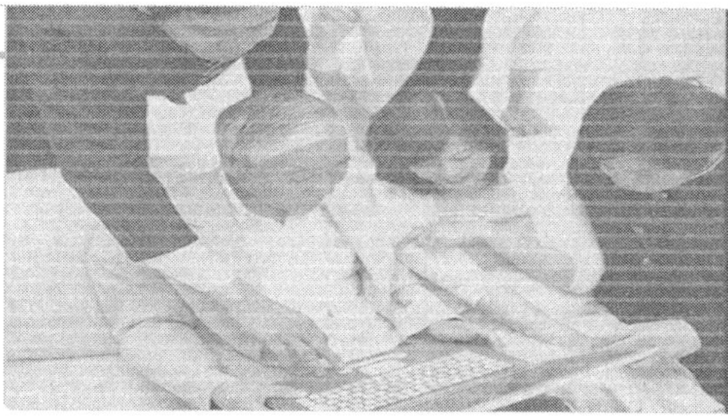

제 14 장

노인교육의 전망

1 노인교육의 정책과 전망

미국사회를 고령화 사회로 볼 때 노인교육은 그러한 프로그램을 둘러싸고 있는 사회정치적 현실과 분리될 수 없다. 더 큰 맥락을 무시하거나 부적절한 공공정책과 개인의 동기를 간과함으로써, 현장 실무자들은 경제적 상황의 변동에 따라 노인교육이 움직이는 것처럼 자신들이 이리저리 움직이고 있다는 것을 알게 될 것이다.

우리는 캘리포니아 대학들의 극적인 역전을 상기해야 한다. 1970년대와 1980년대 주 정책과 학교정책은 수만 명의 노인들을 대학으로 불러들였다. 그러나 1990년대 초 캘리포니아에 경제적 위기가 들이닥치자, 노인의 대학 공간, 시간 사용은 다른 압력단체의 입장에서 본다면 참기 어려운 것이었으므로 새로운 비판의 대상이 될 수밖에 없었다. 따라서 수업료 면제 정책은 철회되었고, 노인들의 등록률은 급격히 감소하였다. 노인교육이 영원할 것이라고 믿었던 노인대학교육자연합(Community College Educators of Older Adults: CCEOA)은 이 반전을 예측할 수 없었다. 1988년 노스캐롤라이나에서 지역대학을 위한 기금 보조를 중단했을 때도 대학 당국은 비슷한 대응을 했고, 수업료 무료인 강의에 참가하는 노인의 수가 급격히 감소했다.

노인과 관련된 교육은 여전히 대부분의 학교에서 주변적이다. 노인들은 다른 세대들과 부족한 자원을 놓고 경쟁하고 싶지 않을 것이다. 제한된 자원을 보고 교육행정가들은 어떤 프로그램이 존속하고 폐지될 것인가를 가려서 그들의 색깔을 분명히 나타낼 필요가 있다. 그들이나 우리 사회는 인생과정에 대해 포괄적인 그림과 단계나 연령의 관례를 잘 모르기 때문에, 폭넓은 수용과 지지를 이끌어 낼 노인교육의 철학을 찾기가 쉽지 않다. 특별히 10년 후면 퇴직연령 인구가 증가할 것이고 이는 학습기회의 확장을 가져올 것이다. 우리는 고령화 사회에서의 노인교육의 목적과 노년기의 의미와 목적을 고찰해야 한다.

노인학습자의 고령화 의미와 교육의 역할은 미국의 계속교육과 노인교육의 역사와 분리해서 생각할 수 없는 것들이다. 지난 30년간의 극적인 발전과 제도적 혁신을 평가하기 위해서는 시작단계와 최근의 사건과 경향을 고찰하는 맥락에서 새로운 조직 출현과 그것의 변화를 조사하는 것이 유용하다.

2 노인정책 및 노인 행정부서의 강화

1) 노인정책 종합조정관 역할의 필요성

미국의 경우, 보건사회부의 차관급으로 노인행정처가 격상된 것을 보면 노인정책의 부처 간 협조 및 조정역할의 중요성을 인식할 수 있다. 특히 보건, 복지, 교육 및 재정 등 다양한 부처 간 역할의 종합 조정을 통하여 국가 주요정책으로서의 노인정책이 효율적으로 수립될 수 있다. 이러한 체계적 의사결정 및 조정기구를 바탕으로 노인교육 프로그램의 효과적인 개발과 활성화를 기대할 수 있을 것이다.

2) 중앙정부와 지방정부 간 협조체제의 수립

미국의 사례는 노인교육 프로그램의 개발과 수행이 중앙정부와 지방정부 간의 유기적 협조체제와 역할분담으로 이루어지고 있음을 보여 주고 있다. 예를 들어, 기금 및 연구개발 분야에 중앙정부 역할이 중시되고 지방정부는 실제 수행 및 평가 역할이 중시되고 있는 것을 볼 때, 중앙정부와 지방정부 간 역할 분담과 협조체제의 수립은 전국적 차원에서의 노인교육 프로그램 활성화를 위한 필수적 과제라 하겠다.

3) 대통령 직속 위원회의 필요성

노인정책은 이제 국가 차원의 주요 정책이슈로 등장하고 있으며, 미국의 경우 노령화에 대한 백악관 회의는 대통령에게 직접 노인정책에 대한 보고와 심의를 위하여 정례적으로 개최되고 있다. 따라서 국가 차원의 노인정책 수립 및 조정 그리고 효율적인 실행을 위한 대통령 직속 위원회의 설치 필요성이 제기된다.

3 연구 및 개발기능의 강화

1) 중앙정부의 연구기금 확충

노인교육 프로그램의 개발과 평가 그리고 관련 정보자료의 수집과 보급은 전문 연구센터의 지역별 설치를 통하여 효율적으로 제공될 수 있다. 미국의 경우, 중앙 및 주 정부는 다양한 연구기금의 확보와 제공을 통하여 노인교육 프로그램의 확산 및 개발을 추진하고 있다. 대학 및 기타 기존 비영리단체와의 연계를 통한 정부의 연구기금 확충 및 제공은 노인정책의 주요 집행방법으로 제시될 수 있다.

2) 노인관련 종합 데이터베이스의 구축 및 정보 서비스의 제공

노인과 다양한 세대 간 이해와 상호작용을 지원하기 위한 종합 데이터베이스와 정보자료 제공 서비스는 연구 및 개발 기능의 주요요소로서 중앙정부 차원에서 추진되어야 할 사업이라고 할 수 있다. 미국 노인행정처(AoA) 홈페이지의 예를 볼 수 있듯이 인터넷과 웹서비스를 통한 세대 간 공동체 프로그램의 정보 서비스는 중요한 역할을 수행하고 있다.

3) 기업 및 재단의 노인교육 연구기금 출연 촉진

기업 및 각종 사회복지재단과의 연계를 통한 노인교육 시범사업 및 연구개발 프로젝트 활성화를 중앙 및 지방정부와 연계할 필요가 있다. 이는 노인인력의 경제적 가치와 사회복지적 측면을 고려하는 미국의 경우 매우 효과적이었음을 볼 수 있다. 특히 보건 및 적절한 영양상태의 측면은 의료비용의 절감을 통한 사회적 비용 효과성이 높은 분야로서 노인교육 방법론의 활용이 필요한 과제라 할 수 있다.

4 민간 및 비영리단체의 활성화

1) 노인교육 프로그램의 실질적 추진체로서의 인식

미국의 경우, 노인교육 프로그램의 주체는 전통적으로 지역사회의 자발적 봉사조직을 통하여 이루어진 것을 볼 수 있다. 특히 4-H 클럽이나 YMCA 등의 민간 비영리조직 및 단체가 노인교육 프로그램의 발전에 기여한 성과를 보면 지역사회의 특정한 요구에 대응하는 노인교육 프로그램의 실행 주체가 민간 및 비영리단체의 자발적 참여가 되어야 함을 볼 수 있었다. 중앙 및 지방정부 혹은 대학 등 전문연구기관은 이와 같은 민간 비영리단체의 노인교육 프로그램 운영에 있어 기금 및 기술적, 전문적 지원 역할을 맡아야 할 것이다.

2) NGO의 활용

정부의 실패와 시장의 실패를 보완하는 제3영역으로서의 NGO는 향후 노인교육 프로그램의 주요 관련자로서 역할을 담당하게 될 것이다. 정부는 이와 같은 NGO의 지원대책과 함께 효율적인 네트워킹 역할을 담당할 필요가 있다.

5 지역사회운동으로의 세대간 교육운동 추진

범죄, 빈곤, 질병 등의 사회적 문제를 해결하기 위한 지역사회 차원의 노력으로서 세대간 교육 프로그램의 효용성은 미국의 마약예방 프로그램, 학업결손아동 프로그램 등을 통하여 볼 수 있다. 세대간 교육 프로그램의 사례는 지역사회 주민의 자발적 참여를 통한 사회문제의 해결방법론을 제시하는 것에 의미가 있다. 세대간 교육 사례는 노인인력의 전문성과 활용을 통하여 기존의 학교교육 서비스 및 관련부처의 행정 서비스의 한계점을 극복하고, 보다 장기적이고 현실적인 사회문제 해결방법을 제시해 주고 있다. 이는 곧 지역사회의 지속적 활동으로서 노인교육운동이 승화되어야 할 필요성을 보여 준다고 하겠다.

참고문헌

강기정 외, 노인교육연구회(2004). **노인교육**. 서울: 학지사.

교육부(1998. 12). 평생학습사회와 노인교육. 정책과제 보고서.

國立教育會館社會教育研修所(1997). 高齢者の學習・社會參加活動の國際比較.

극동문제연구소 편(1989). **소련 · 동유럽총람**. 극동문제연구소.

기영화 외(2005). 기업규모와 퇴직준비교육경험에 따른 중 · 고령 생산직 근로자들의 퇴직준비교육요구 분석. **직업능력개발연구**, 8(1). 한국직업능력개발원, No.4. 한국성인교육학회.

기영화(1999). 평생학습사회의 고령자 직업교육훈련. **직업과 인력개발**, 2(2). 한국직업능력개발원.

기영화(2000). 퇴직준비를 위한 평생교육 프로그램 개발모델의 이론적 토대. *ANDRAGOGY TODAY, Vol.3* No.4. 한국성인교육학회.

기영화(2001). 노인학습의 신화와 교육기회 증진방안. *ANDRAGOGY TODAY, Vol.4.*

기영화(2001). **평생교육 프로그램 개발**. 서울: 학지사.

기영화(2002). 퇴직준비를 위한 평생교육 프로그램 개발모델의 이론적 토대. *ANDRAGOGY TODAY: Interdisciplinary Journal of Adult & Continuing Education, 3*(4), 17-41. 한국성인교육학회.

기영화(2003). 고등교육기관의 노인교육센터 개설을 위한 기초연구. 학술진흥재단 미간행 연구보고서.

기영화(2003). 사회주의 체제 붕괴 이후 러시아 노인교육. **比較教育研究**, 13(2). 한국비교교육학회.

기영화(2004). 일본의 노인평생교육과 노인직업교육에 관한 연구-우리나라 노인평생교육의 새로운 이론적 모델 정립과 지원 프로그램에 관한 기초연구. **직업능력개발연구**, 7(1). 한국직업능력개발원.

기영화(2005). 고등교육기관에서의 노인들의 평생교육 프로그램 참여요인 정립에 관한 연구. *ANDRAGOGY TODAY, Vol.8,* No.3. 한국성인교육학회.

기영화(2005). 고령층 인적자원개발의 현황과 과제. 직업과 인력개발, 8(2). 한국직업능력개발원.

김기홍(2003). 노동시장과 연계한 중 · 고령자 평생학습모델 개발 연구 -조기퇴직자 전직교육 지원 방안-. 한국직업능력개발원.

김대동(2003). 노년기 죽음준비교육에 관한 연구. 서울신학대학교 신학대학원 석사학위논문.

김동규 역(1984). 소련의 학교교육. 도서출판 주류.

김동선(2005). 노인의 죽음에 관한 의식 조사 연구. 한남대학교 사회문화과학대학원 석사학위논문.

김선오(1988). 노인학교 발전방향 탐색을 위한 조사연구: 서울 시내 노인학교를 중심으로. 성균관대학교 대학원 미간행 석사학위논문.

김신일 외 5인(1999). 퇴직교원의 노후준비를 위한 교육 프로그램 개발연구. 교육부 정책연구과제 보고서.

김영숙(1982). 노인의 학습욕구에 관한 연구. 연세대학교 교육대학원 미간행 석사학위논문.

김은미(2002). 노인의 죽음에 대한 태도 및 임종서비스 개발에 관한 연구: 수원시 천주교 노인을 대상으로. 강남대학교 대학원 석사학위논문.

김일성(2002). 퇴직교육 프로그램 운영에 관한 연구. 한양대학교 대학원 박사학위논문.

김정한(2003). 임금피크제 도입방안. 한국노동연구원.

김정후, 한만수(1998). 노인인력 활용정책과 프로그램. 아산재단 연구보고서 제42집.

김지경(2002). 성별 은퇴사유와 은퇴 후 소득 비교. 한국노동연구원.

김형기, 우준모, 이백용 공역(1999). 러시아, 21세기를 향한 도전(스티브 보일러드 저). 한울아카데미.

大社充(1998). 高齢者のための大學開放-エルダーホステル. 小野元之 · 香川正弘 編. 廣がる學び開かれる大學. ミネルヴァ書防

모선희, 강지영(2003). 55세 이상 은퇴자들의 노후생활적응에 관한 연구. 한국노동연구원.

文部省大臣官房(1993, 1996). 社會教育調査.

박경숙(2002). 노동시장의 고령화와 업종 · 직종에서의 분리현상. **노동정책연구,** 2(2). 한국노동연구원.

박동석(2004). **고령화쇼크**. 서울: 굿인포메이션.

박태성(1995). 러시아교육의 변화와 연속성-10월 혁명 전후를 중심으로. 한국외국어대학교 박사학위논문.

백종억(2000). **주요국의 교육행정제도와 교육개혁동향**. 서울: 교육과학사.

三浦文夫(1996). 世田谷區老人大學のあゆみ. 三浦文夫 編. **老いて學ぶ老いて拓.** ミミネルヴァ書防.

三浦文夫(1996). 世田谷區老人大學のあゆみ. 三浦文夫 編. **老いて學ぶ老いて拓く.** ミミネルヴァ書防.

성미애(2002). 남성퇴직자의 생활태도 유형화 및 유형별 퇴직 후 적응도. 서울대학교 대학원 박사학위논문.

손유미, 김철희(2003). **중 · 고령자의 직업능력개발**. 한국직업능력개발원.

松井 政明, 山野井 敦德, 山本 都久(1997). **高齡者教育論.** Tokyo: 東信堂.

市川 昭午(1981). 생애교육과 교육의 기회균등. **교육사회학연구,** 35.

신효숙(1999). 러시아 성인교육: 사회주의 체제 붕괴 이후. **앤드라고지 투데이,** 2(3). 한국성인교육학회.

신효숙(2002). 현대 러시아 교육의 변화와 문제점. **중소연구,** 제25권 제2호.

阿部 正浩(2000). 現役時代のはたらき方と高齡期のすごし方. 電機總研 編. **人生80年時代のライフデザイン**. 日本評論社.

유네스코 한국위원회(1984). 노인문제와 노인교육. 유네스코한국위원회연구세미나 보고서. 1984년 8월 28일-29일.

이규환(1990). **선진국의 교육제도**. 서울: 배영사.

이병준 외(1999). 21C 노령화사회를 대비한 노인교육 활성화방안 연구. 교육부 정책연구과제 보고서.

이이정(2003). 노인학습자를 위한 죽음준비교육 프로그램 개발 연구. 연세대학교 대학원 교육학과 석사학위논문.

임찬란(2005). 죽음준비교육 프로그램의 개발과 평가: 노인집단을 중심으로. 신라대학교 사회복지대학원 석사학위논문.

정용진(2003). 기업체 퇴직준비교육 프로그램개발 및 과정에 관한 연구. 고려대학교 대학원 박사학위논문.

주용국(2002). 성공적 전직지원서비스의 지원과 장애요인. 연구노트 02-3. 한국직업능력개발원.

차갑부(1999). 퇴직 전·후 교육프로그램 연계모형 개발에 관한 연구. *The Journal of Educational Research, 37*(1), 347-368. 교육학연구.

천영희(2002). 전직지원 프로그램의 효과분석 및 개선방향 연구. 중앙대학교 사회교육대학원 박사학위논문.

최병현(2003). 노인의 죽음불안과 내세준비교육에 관한 연구. 호서대학교 행정대학원 석사학위논문.

통계청(1997, 1998, 1999, 2000, 2001, 2002). 통계연감.

통계청(2000~2004). 장래인구추계.

통계청(2005). 장래인구특별추계.

통계청(2006). 2005 사망원인통계결과.

한국교육개발원(2001). 퇴직예정자 재취업 및 고령자 직업재조정 교육프로그램 개발연구. 수탁연구 CR 2000-31. 한국교육개발원.

한국노동연구원(2000). 소규모사업장 직업능력개발사업 활성화.

한국노동연구원(2000). 중·고령자 노동시장의 특성과 지원정책.

한국노동연구원(2000). 한국노동패널 2차년도.

한국노동연구원(2004). 은퇴자의 은퇴사유 및 은퇴 소득 원천. *KLIPS Research Brief, 8.*

한국보건사회연구원(1994). **노인생활실태 분석 및 정책과제**. 서울: 한국보건사회연구원.

한국직업능력개발원(1999). 중·고령자 직업훈련 프로그램 개발연구. 수탁연구 99-37.

한국직업능력개발원(2002). 중·고령자의 직업능력개발 지원대책.

한정란 (1994). 세대공동체를 통한 노인교육 교육과정의 예시적 실천연구. **한국노년학, 14**(1). 한국노년학회.

한정란(1994). 노인교육과정 개발 실천연구. 연세대학교 대학원 박사학위논문.

한정란(1998). 고령화 사회에 대비한 퇴직준비교육. **연세교육연구**, 11(1), 263-285. 연세교육연구소

한정란(2001). **교육노년학 : 노인을 위한, 노인에 관한, 노인에 의한 교육**. 서울: 학지사.

한준상 외(1998). **평생교육의 21세기 장기발전과 비전을 위한 전략모형 연구**. 교육부.

한준상 외(1999). **21세기 한국노인교육의 장기정책 발전방안 연구**. 교육부.

한준상(1999). **호모 에루디티오**. 서울: 학지사.

한준상(2000). **Lifelong Education: 모든 이를 위한 안드라고지**. 서울: 학지사.

허재준(2002). 고령화와 노동정책방향. **사회보장학회**, 2(4).

허정무(1998). 퇴직자의 사회적응에 영향을 미치는 관련변인 탐색을 통한 퇴직준비교육 프로그램 모델 개발, **한국노년학**, 18(3), 1-18. 한국노년학회.

허정무(2000). **노인교육론**. 청주: 협신.

허정무(2002). **노인교육이론과 실천방법론**. 서울: 양서원.

홍기형 외(1998). **한국형 노인교육 프로그램 모델개발을 위한 연구**. 교육부 정책연구과제 보고서.

Aday, R. H., McDuffie, W., & Sims, C. R. (1993). Impact of an intergenerational program on black adolescents' attitudes toward the elderly. *Educational Gerontology, 19*(7), 663-674.

Alan, L. (1995). Retirement measures in the health and retirement study. *The Journal of Human Resources, 30*(2).

American Association of Retried Persons(AARP). (1998). *A profile of Older Americans 1998.* Washington, DC: AARP Resources Serivce Corp.

Ames, B. D., & Youatt, J. P. (1994). Intergenerational education and service programming: A model for selection and evaluation of activities. *Educational Gerontology, 20*(8), 755-764.

Anderson, M., Li, Y., Bechhofer, F., McCrone, D., & Stewart, R. (2000). Sooner rahter than later? Younger and middle-aged adults preparing Ageing and Society. *The Journal of Human Resources, 28*(4).

Anikejchik, V. (1998). *Podarim ludiam radist,* traslated in English by Djurinski, A. (2003).

Arnold, B., & Fülgraff, B. (1980). Der Workshop-ein Erfolg in Richtung einer alterspluralen Universität? in: Öffnung der Universitäten für ältere Erwachsene, Universität Oldenburg. *Informationen zu wissenschaftl. Weiterbildung, 14,* S. 97-100.

Arnold, B., & Schnittker, G. (1988). Ich warte auf den Tag an der Uni. Studienerfahrungen von Studierenden über 60 Jahre, Universität Oldenburg. *Informationen zu wissenschaftl. Weiterbildung, 37.*

Atchley, R. C. (1985). *The Social Forces in Later Life.* 4th edition, Belmont, CA: Wassworth.

Atchley, R., & Barusch, A. (2004). *Social Forces and Aging: An Introduction to Social Gerontology.* Belmont, CA: Wadsworth Thomson Learning.

Baltzer, J. (1986). Fünf Jahre Marburger Senioren-Studium, in: Arnold, B. (Hrsg.). *Ältere Studierende in den Universitäten Oldenburg.*

Battersby, D. (1985). "Education in Later Life" *Covergence, Vol 18,* No. 1-2.

Beatty, P. T., & Wolf, M. A. (1996). Connecting with Older *Adults: Educational Responses and Approaches.* Malabar, Florida: Krieger Publishing Company.

Bengtson, V., & Schaie, K. (1999). *Handbook of Theories of Aging.* New York: Springer Publishing Company.

Bernheim, B. D., Skinner, J., & Weignberg, S. (1997). *What accounts for the vriation in Retirement Wealth among U.S houselod.*

Betty, P., & Wolf, M. (1996). *Connecting with older adults: Educational responses and approaches.* Malaber, FL: Krieger Publishing Company.

Blau, B. L. (1973). *Old Age in a Changing Society.* New York: A Divison of Franklin Watts. Inc.

Butler, R. N., Lewis, M. I., & Sunderland, T. (1991). *Aging and Mental Health: Positive Psychological and biomedical approaches.* New York: Macmillan.

Caffarella, R. S. (1996). *Program planning programs for adult learners.* San Francisco: Jossey-Bass.

Chamberlain, V. M., Fetterman, E., & Maher, M. (1994). Innovation in elder and child care: An intergenerational experience. *Educational Gerontology, 20*(2), 193-204.

Charlotte, E. (1990). Aiding Employees with Preretirement Planning. *Health Care superv.*

Clark, M., & Caffarella, R. (1999). *An update on adult development theory: New ways of thinking about the life course.* San Francisco: Jossey-Bass.

Clark, R. J. (1984). Year of Poverty, Years of Plenty: the Changing Economic Fortunes of American Workers and Familes, ann Arbor: *Survey Research Center.* Institute for social Research.

Cross, K. P. (1982). *Adults as learners.* San Francisco: Jossey-Bass Publishers.

Cyphert, F., & Boggs, D. L. (1981). Learning Opportunities in Higher Education for Older Persons. *Health Values, 5,* 20-25.

Dellmann-Jenkins, M., Fowler, L., Lambert, D., Fruit, D., & Richardson, R. (1994). Intergenerational sharing seminars: Their impact on young adult college students and senior guest students. *Educational Gerontology, 20*(6), 579-588.

Djurinski, A. (2003). *Education of Third Age in Russia.* Unpubished paper.

Eroshin, V. (1996). "Sources of the Financing of Education" *Russian Education and Society.* ERIC, EJ 525 278.

Fisher, R., Blazey, M., & Lipman, H. (1992). *Students of the third age.* NY: Macmillan Publishing Company.

Frank, G. (1985). *Educational Gerontology: International Perspectives.* New York: St. Martin's Press.

Franks, L. J., Hughes, J. P., Phelps, L. H., & Williams, D. G. (1993). Intergenerational influences on midwest college students by their grandparents and significant elders. *Educational Gerontology, 19*(3), 265-272.

Freeman, C., Clark, J., & Soete, L. (1982). *Unemployment and Technical Innovation:* A Study of Long Waves and Economic Development Frances Pbulishers London.

Freeman, C., Clark, J., & Soete, L. (1982). *Unemployment and Technical Innovation:* A Study of Long Waves and Economic Development Frances Pbulishers London.

Hareven, T. (Ed.) (1996). *Aging and generational relations: Life-course and cross-cultural perspectives.* NY: Aldine De Gruyter.

Harris, D. K., & Cole, W. E. (1986). *Sociology of aging.* 노년사회학(최신덕 역). 서울: 경문사.

Herrmann, U. (1987). Das Konzept der Generation. In: *Neue Sammlung 3,* 364-374.

Hudson, H. D., & Hoffman, A. (1993). "Educational Reform in Russia and the USA: Where Are the Troops?" *Educational Studies. Vol. 19*(3), 255-265. ERIC, EJ 492 017.

James, H. (1996). Across the generation: *Selecting and using intergenerational resources.* Fort Atkinson, WC: Highsmith Press.

Janelli, L. M. (1998). Depictions of grandparents in children's literature. *Educational Gerontology, 14*(3), 193-202.

Jarvis, P. (1990). Trends in Education and Gerontology. *Educational Gerontology, 16*(4), 401-410.

Jarvis, P. (2001). *Learning in Later Life: An Introduction for Educator & Carers.* London: Kogan Page.

John, B. (1999). Happily ever After? An Exploration of Retirement Expections, *Journal of Education Gerontology, 25.*

Kaplan, M., Kusano, A., Tsuji, I., & Hisamichi, S. (1998). *Intergenerational programs: Support for children, youth and elders in Japan.* NY: State University of New York Press.

Knowls, M. S. (1989). Learning after retirement. *Adult Learning, 1*(3), 8-9.

Kolland, F. (1988). *Universitäre Weiterbildung in der nachberuflichen Lebensphase.* Universität Wien.

Kreativnost, I. (2001). *Pojilyje: vozmojnosti obrazovanija.* Djurinski, A. (2003).

Lamdin, L., & Fugate, M. (1997). *Elderlearning: New Frontier in an Aging Society.*

Lebel, J. (1978). Beyond Andragogy to Geragogy. *Lifelong Learning: The Adult Year, 1*(9), 16-18.

Lefrancois, G. R. (1991). *Psychology for Teaching* (7th ed.). Belmont, CA: Wadsworth Publishing Company.

Lgnas, E., & Corsisni, R. (1988). *Comparative Educational Systems.* Itasca, IL: F.E. Peacock Publishers, Inc.

Lowy, L., & O'Connor, D. (1986). *Why Education in the Later Years?* Lexington, MA: Books Lexington.

Manheimer, R. J., Snodgrass, D. D., & Moskow-McKenzie, D. (1995). *Older Adult Education: A Guide to Research, Programs, and Policies.* Westport, Conn.: Greenwood Press.

Merriam, S. (1998). *Qualitative research and case study application in education.* San Francisco: Jossey-Bass.

Metal-Corbin, Josie (1990). Uniting the generations. In R. H. Sherron, & D. B. Lumsden (Eds.), *Introduction to educational gerontology,* 151-170. NY: Hemisphere Publishing Corporation.

Mills, E. S. (1993). *The Story of Elder Hostel.* NH: University Press of. New England.

MoHong, S. H., & Keith, P. M. (1992). The Status of the Aged in Korea: Are the Modern More Advanced? *Gerontologist, 32*(2), 197-202.

Mutran, E. J., Retizes, D. C., & Fernandez, M .E. (1997). Factors that influence toward retirement. *Research on Aging, 19.*

Newman, E. S., Sherman, S. R., & Higgins, C. R. (1982). Retirement expectations and plans: A comparison of professional men and women. In

M. Szinovacz (Ed.), *Womens' retirement: Policy implications of recent research.* Beverly Hills. CA: Sage.

Newman, S. (1989). *A history of intergenerational programs.*

Newman, S. et al. (1997). *Intergenerational programs.* Taylor & Francis.

Newman, S., & Brummel, S. W. (1989). *Intergerational programs: Imperatives, strategies, impacts, trends.* NY: Haworth Press.

Olakunle, A. (2004). Attitudes toward retirement and pre-retirement education among nigerian bank workers. *Journal of Education Gerontology, 30.*

Peter, J. (2001). Learning in Later Life: an introduction for education & Cares. Kogan Page.

Peterson, D. A. (1983). *Facilitating education for older learners.* San Francisco: Jossey-Bass Publishers.

Peterson, R. E. et al. (1982). *Adult Eudcation and Training in Industrialized Countries.*

Pilley, C. (1990). Adult Education, Community Development and Older People. *Adult Learners, Education and Training.* Cassell Educational Ltd. Villers house 41/47 Strend. London.

Reggentin und Dettbar-Reggentin (1992). *Erhebung zur Bestandsaufnahme im Be-reich der Alten-Selbsthilfe in Nordrhein-Westfalen.*

Reinhold, G. (1990). *Soziologie-Lexikon.* R. Oldenbourg Verlag.

Richard, B. Fischer, Mark, L. Blazey, & Henry, T. Lipman (1992). *Students of the Third Age: University/College Programs for Retired Adults.* American Council on Education/Oryx Press.

Riedel, M. (1971). *Wanderungen des Generationenproblems.* Bad eilbrunn.

Sandra, A., Cusack, & Wendy, J. A. Thompson (1999). *Leadership for Older Adults: Aging with Purpose and Passion.* Talor & Francis.

Schaie, K. W., & Hans-Werner Wahl & Heidrum Mollenkopf & Oswald, F. (2003). *Aging Independently: Living Arrangements and Mobility.* New York: Springer.

Schaie, K., & Schooler, C. (1998). *Impact of Work on Older Adults.* NY: Springer Publishing Company.

Schleiermacher, F. (1966). *Pädagogische Schriften.* Düsseldorf und München.

Schmalenbach, H. (1922). Die Soziologische Kategorie des Bundes, in: *Die Dioskuren Bd. 1,* München.

Schwartz, A., & Peterson, J. (1979). *Introduction to Gerontology.* NY: Holt, Rinehart and Winston.

Sherron, R., & Lumsden, D. (1990). *Introduction to Educational Gerontology.*

Storm, R. D., & Storm, S. K. (1995). Intergenerational learning: Grandparents in the schools. *Educational Gerontology, 21*(4), 321-336.

Tamara, K. Hareven (1996). Aging and Generational Relations: Life-Course and Cross-Cultural Perspectives. Aldine De Cruyter, Inc.

Thornton, J. E., & Harold, S. A. (1992). *Education in the Third Age: Canadian and Japanese Perspectives.* Vancouver, BC: Pacific Education Press.

Vasilchikov, V. (1998). Socialnaja zachita gradan tretijego vozrasta vsovremennoj Rosii. Djurinski, A. (2003).

Verchlovski, A. (1998). *Andragogika.* Djurinski, A. (2003).

Walker, J. (1990). Is there a future for retirement education? *Employee Counselling Today, 2.*

Walker, J. (1996). *Changing Concepts of Retirement:* Educational Implications. Aldershot, England: Arena.

Wienken, Cornelia (1996). *Brücken bauen zwischen den Generationen.* University of Vechta.

William, K. (2002). Retirement planning and retirement satisfaction: The need for a national retirement program and policy in Hong Kong. *The Journal of Applied Gerontology, 23*(3). The Southern Gerontology Society.

Withnall, A., & Percy, K. (1994). *Good practice in the education and training of older adults.* England: Arena.

Yamazaki, T. (1994). Intergenerational interaction outside the family. *Educational Gerontology, 20*(5), 453-462.

Zajda, J. (2001). 'Recent Trends in the Practice of Lifelong Learning and Adult Education in Russia' from Aspin, D., Chapman, J., Hatton, M., & Sawano, Y. (Eds.), *International Handbook of Lifelong Learning.*

인터넷

- 각당복지재단/삶과 죽음을 생각하는 회 http://www.kakdang.or.kr
- 고령자기술전문학교(2003). http://www.hataraku.metro.tokyo.jp/school/kounenrei
- 고령자사업단사업(2003). http://www.tokyosilver.or.jp/silver/rekishi.html
- 광진노인종합복지관 http://www.gjsenior.or.kr/default.asp
- 노인인력뱅크 www.silverworld.co.kr
- 대한불교 조계종 봉은사 http://www.bongeunsa.org
- 대한은퇴자협회 www.karpkr.org
- 동경기술학교노인교육과정(2003). http://www.tokyo-hollowork.go.jp/koureiki
- 라이프컨설팅/임종체험 http://www.life2die.com/expe/expe1.asp
- 러시아 교육부 홈페이지 http://www.ed.ru.
- 밝은 죽음을 준비하는 포럼 http://www.gooddeath.or.kr
- 비영일사단법인 엘더호스텔협회(2003). http://www.elder.or.jp
- 서울시 노인취업알선센터 www.noinjob.or.kr
- 시립노원노인종합복지관 http://www.nowonsenior.or.kr
- 아름다운재단/아름다운이별학교 http://www.beautifulfund.org
- 워크넷 www.work.go.kr
- 정토사관자재회재단의 정토마을 http://www.jungtoh.com
- 중앙고용정보원(2004). 고령자취업가이드 www.work.go.kr
- 평화성결교회 http://www.pyunghwa.org

- 하이패밀리/사랑의 가정연구소 http://www.hifamily.net
- 한국시니어클럽협회 www.silverpower.or.kr
- 한국죽음학회 http://www.kathana.or.kr
- 한림대학교 생사학연구소 http://www.huspc.or.kr

- Adult Education Week 2001 (2001). http://www.adweek.cv.ua
- Adult Training Program (1999). http://www.doleta.gov/programs.
- An Overview of AARP Community Programs (1999). http://www.aarp.org
- BEAS(Bereau of Elder and Adult Services: Maine Department of Human Services) (1999). http://www.state.me.us
- California Task Force For Employment of Older Workers (1999). http://www.sjtcc.cahwnet.gov
- Capital region Reemployment Center (1999). http://www.crrc.com
- Center for Avocacy for the Rights and Interests of the Elderly. http://www.carie.org
- Continuing Education for Seniors (1999). http://old.city.toronto.on.ca
- Eurolink Age (1999). http://www.eurolinkage.org.
- Generation Together: An Intergenerational Studies Programs. http://www.pitt.edu/~gti/
- http://www.aarp.org
- http://www.aarp.org/intl/frenstrat.html
- http://www.asaging.org/at/at-214/continuity.html
- http://www.bretagne-online.com/telegram/htdocs/archive/2000/20000929/une/une.htm
- http://www.csudh.edu/dearhabermas/aging02.htm
- http://www.donga.com '퇴출 이후 … 무너지는 중산층'-2004. 9. 5.
- http://www.eurag.org
- http://www.gu.org/progservice.html
- http://www.mairie-athis-mons.fr/citoy/retrinfo/rinfo177.htm
- http://www.mariaberg.ch: Kantonales Lehrerinnen-und Lehrerseminar Rorschach

- http://www.reap.org.nz/~ftritt/retire. text
- http://www.reeusda.gov/ip/intergenerational.html
- http://www.riaq.uqam.ca
- http://www.uia.org/reviews/xhignes2.htm
- http://www.uni-stuttgart.de: Akademische Gesellschaft Burse
- http://www.uni-ulm.de/LiLL/5.0/E/5.3/3inter.html
- http://www.uni-ulm.de: A new vision of the third age
- http://www.uni-vechta.de: Brücken bauen zwischen den Generationen
- http://www.webster.edu/~woolflm/lrdisengage.html
- Institute of Adult Education (2003). http://www.iov.ru
- IUCAR(Indiana University Center of Aging Research) (1999). http://www.iupui.edu/~iucar
- Kljutcharev, G. (2001). *On the Legislative Background of Adult Education in Russia.* http://www.andras.ee/papers
- Petrozavodsk State University (2003). http://www.isep.org/nus/russia
- Senior citizens activities Network. http://www.scannj.com
- Senior Net: Brining Wisdom to The Information Age. http://www.seniornet.org
- Vladivostok-Petersburg (2001.08.23). http://english.pravda.ru/economics
- Work (1999). http://www.ont.hrdc-drhc.gc.ca
- Walker, G. (1999). Older Russian People Get the Edge on Services. *Senior Guide Russia.* http://www.dhs.vic.gov.au/hs.html

찾아보기

인 명

내 용

저자 소개

■ 기영화

이화여자대학교 행정학과 졸업

University of Texas at Austin, Ph.D.

Texas A & M University, 연구교수

현재 숭실대학교 평생교육학과 교수

한국성인교육학회 회장

[저서 및 역서]

- 평생교육 프로그램 개발(저)
- 평생교육 프로그램 개발 매뉴얼(저)
- 평생교육방법론(저)
- 평생교육의 이론과 실제(공저)
- 한국 성인인력개조론(공저)
- 근대 한국성인교육사상(공저)
- Non-Western Perspectives on Learning and Knowing(Coauthor)
- Self-Directed Learning(Coauthor)
- 성인교육의 철학적 기초(역)
- 학교를 버려라(역)

[논문]

- A Study on the Self-Directed Learning Readiness of Junior College Students
- A Study of Participation Strategies of Cooperative Education in Junior College
- Cross-Cultural Comparison on Open Learning System in APEC Member Economics
- Power & Positionality: Negotiating Insider/Outsider Status in Multicultural & Crosscultural Research
- Research Issues and Problem in 21st Century

노인교육의 실제

2007년 5월 15일 1판 1쇄 발행
2015년 1월 20일 1판 6쇄 발행

지은이 • 기 영 화
펴낸이 • 김 진 환
펴낸곳 • (주) 학지사
121-838 서울특별시 마포구 양화로 15길 20 마인드월드빌딩 5층
대표전화 • 02) 330-5114 팩스 • 02) 324-2345
등록번호 • 제313-2006-000265호
홈페이지 • http://www.hakjisa.co.kr
커뮤니티 • http://cafe.naver.com/hakjisa

ISBN 978-89-5891-472-3 93370

정가 **13,000**원

저자와의 협약으로 인지는 생략합니다.
파본은 구입처에서 교환하여 드립니다.